유숙열의
뉴욕 페미니즘 리포트

1 9 8 4 - 1 9 9 1

New york

Sook, our Korean friend, gets a very special view of America

Report

유숙열의 **뉴욕 페미니즘 리포트**

1 9 8 4 - 1 9 9 1

유숙열 지음

뉴욕 페미니즘 리포트를 펴내며

지금 이 글을 쓰고 있는 2025년 1월 대한민국은 윤석열 대통령에 대한 탄핵심판으로 엄청난 역사의 소용돌이 속에 휘말려 있다. 지난 12월 3일 밤 TV에 생중계된 대통령의 비상계엄 선포 장면을 본 나는 45년 전의 악몽이 되돌아온 듯 몸서리를 쳤다. 내가 바로 1980년 전두환의 5·18 비상계엄으로 인한 포고령 위반 혐의로 잡혀들어가 고초를 겪었기 때문이었다. 역사의 시계를 거꾸로 되돌리는 대통령의 폭거를 보며 나는 나 자신의 역사를 되돌려 보았다.

나는 합동통신 기자로 재직하던 1980년 5월 광주와 연루

돼 검열 거부와 제작 거부 투쟁을 벌이다가 쫓겨난 1,000명 가까운 강제 해직기자 중 한 사람이다. 스물일곱 팔팔한 청춘(?)에 사직서도 쓰지 못하고 감옥에서 해직당한 나는 당시 붐을 이뤘던 사회과학서적을 읽다가 페미니즘을 발견했다. 페미니즘을 접하고 나는 내가 이 시대에 대한민국에서 여성으로 태어난 이유가 페미니즘에 있다고 판단하고 내 인생지도를 새롭게 그릴 수 있었다. 언론계 취업이 금지되어 백수가 된 당시의 나는 대학 시절부터 사귀고 있던 남자 친구와 결혼하고 1982년 미국 뉴욕으로 떠났다. 남편이 뉴욕의 컬럼비아대학으로 유학가게 되었기 때문이었다.

나의 뉴욕 생활 첫 2년은 아이를 낳고 키우느라 여념이 없었다. 본격적으로 페미니즘 공부를 시작한 것은 1984년부터. 뉴욕에 사는 동안 나는 기자(미주조선일보: 1984-1990)와 학생(헌터컬리지와 뉴욕시립대 대학원:1984-1991) 신분을 유지하면서 일과 육아 그리고 공부까지 세 가지를 병행하는 워킹맘이자 학생으로 정말 바쁘게 살았다. 뉴욕 생활 중 가장 인상적인 것을 들라면 나는 지하철 출퇴근과 홈리스들, 그리고 여성학 공부를 꼽겠다.

그 당시 뉴욕 지하철은 각종 범죄와 홈리스들의 소굴로 악명이 높았다. 매일 아침마다 지하철역에서 잠자고 있는 노숙자들을 밟지 않으려고 건너뛰며 출근해야 했던 나는 세계 최고 부국인 미국에서 더구나 뉴욕이라는 세계 최고의 도시에서 그 많은 노숙자를 그냥 방치하는 것을 보고 충격을 받았다. 한국 유학생 중에는 무서워서 지하철을 한 번도 타보지 않은 사람들도 있었다. 그러나 그 유명한 할렘가 바로 아래 위치한 컬럼비아대학 부근에 살면서 8년 동안 출퇴근과 학교생활을 병행해야 했던 나는 지하철을 피할 수 없었다. 나는 뉴욕에서 제일 오래된 지하철 노선인 1번 트레인을 타고 한인 식당과 가게들이 밀집한 32가 5번 애비뉴에 자리잡고 있던 신문사 사무실로 출퇴근하면서 뉴욕의 여러 얼굴을 경험했다.

매일 출근길에 〈뉴욕타임스〉와 〈USA투데이〉를 사서 지하철 안에서 읽고 출근해 오전 중에 필요한 기사를 써 넘기고, 점심을 먹고 오후에는 학교로 가서 여성학을 공부했다. 다행히 내가 여성학 학부과정을 공부한 헌터컬리지는 사무실에서 지하철로 서너 정거장 거리에 있었고 이어서 진학한 뉴욕시립대 대학원CUNY Graduate Center은 10블록 떨어진 거리라 걸어다닐만 했다. 그렇게 나는 매일 맨해튼을 오르내리고 헤집고 다니는 뉴요커가 되어 국가에 의해 강제로 중단된 기자로서의 커리어를 이어갈 수 있었고 또 필생의 업으로 삼게 된 페미니즘도 공부할 수 있었다. 그것이 모두 뉴욕이라서 가능한 일이었다. 그렇게 뉴욕 생활은 오늘의 나를 설명하는데 가장 중요한 바로미터가 되었다. 이 책《유숙열의 뉴욕 페미니즘 리포트》는 그렇게

10년 가까운 나의 뉴욕생활을 결산하는 보고서와 같은 책이다.

그리고 나의 뉴욕생활을 설명하는데 빠트릴 수 없는 인물이 있다. 바로 미국의 흑인 페미니스트 시인이며 교수이기도 했던 오드리 로드Audre Lorde, 1934-1992. 내가 오드리 로드를 만나고 그녀에게 시를 배웠다는 것은 내 뉴욕 생활의 가장 중요한 출발점이 되었다. 나는 여성학을 개척해 페미니스트 대학으로 불리우던 헌터컬리지에서 1984년부터 1986년까지 2년 동안 여성학 학부과정을 공부했는데 오드리 로드는 그 시절 내 스승이었다. 나의 페미니스트 마더라고 부를 수도 있는 그녀는 유색인종들의 인권을 위해 싸운 전사로, 문학과 철학을 가르친 교수로, 도서관 사서로, 출판인으로, 암생존자로, 엄마로, 사회주의자로 그리고 레즈비언으로 차별과 혐오의 대상일 수 있는 교차적인 얼굴을 숨기지 않고 다양한 정체성을 거침없이 드러낸 여성이다.

그녀는 페미니즘의 바이블로 꼽히는 에세이집《시스터 아웃사이더》한국어판을 통해 억압의 교차성을 이론화한 최초의 페미니스트로 국내에 소개되었다. 암 투병을 하던 그녀는 내가 뉴욕 생활을 끝내고 한국으로 돌아온 다음 해인 1992년 58세의 나이로 사망했다. 그러나 그녀는 사후에 더욱 많이 읽히고 전파되면서 지금까지도 전 세계에 그 존재를 알리고 있다. 그녀가 세상을 떠난 나이를 훌쩍 넘기고 어느새 70대에 들어선 나는 새삼스레 그녀를 증언해야 한다는 생각이 들었다. 그래서 그녀에 대한 글을 쓰다가 나의 뉴욕 생활 전체를 보고하는 '뉴욕 페미니즘 리포트'가 탄생하게 된 것이다.

모두 네 챕터로 이루어진 이 책의 첫 챕터 '오드리 로드 기억하기'는 헌터컬리지에서 오드리 로드와의 시-워크숍을 추억한 글이다. 그리고 두 번째 챕터는 귀국 전인 1990년 한국의 〈여성신문〉과 계약하여 연재했던 '미국 여성운동의 현장' 시리즈 기사이다. 세 번째 챕터는 〈미주 조선일보〉에 주간 칼럼으로 연재됐던 '류숙렬의 뉴욕일기'를 옮긴 것이다. (나는 미국에 있는 동안 이름을 류숙렬로 표기하다가 한국에 돌아온 다음부터 주민등록에 있는 대로 유숙열로 쓰고 있다) 마지막으로 실린 네 번째 챕터 '페미니즘과 나의 삶'은 1980년 5월 내가 어떻게 계엄법 위반 범법자가 되었는지, 나의 1980년 경험을 밝히면서 동시에 미국 생활을 마치고 귀국한 1991년 이후 내가 어떻게 페미니스트로 살았는지를 고백하는 글이다.

40년 전 얘기를 지금 책으로 엮어 내놓을 필요가 있을까를 고민하는 나에게 출판을 권하며 용기를 준 사람은 나의 남편 박수헌이다. 그는 1980년 내가 포고령 위반 혐의로 서대문 구치소에 수감되어 있던 때, 직계가족이 아니라 면회도 허용되지 않았음에도 불구하고 매일 와서 책을 넣어줬다. 그 책들을 읽으며 난 페미니즘을 발견하게 되었다. 이후 미국 생활을 하

는 동안에도 그의 도움과 지지가 없었다면 나는 그 많은 일들
을 해낼 수 없었을 것이다. 그는 극렬 페미로 소문난 나를, 그래
서 전통적인 아내의 내조 같은 데는 관심도 없고 오로지 페미
니즘 전파에만 열심이었던 나를 평생 외조하고 응원해 주었다.
우여곡절이 많았지만 계속 내 곁에서 나를 지켜준 남편에게 특
별한 고마움을 전한다.

Chapter 1

오드리 로드 기억하기
- 침묵을 깨는 시

(left to right), Gina Rhodes, Lorde, So

* 1985년 12월 13일 〈오드리 로드 여성 시 센터〉 개원식에서의 오드리 로드.

류숙렬의 뉴욕일기

min Adib, Jean Johnston and

1937년 나찌독일에서 열렸던 「퇴페미술전」이 오는 91년 10 ○로스앤젤리스 미술관에서 54 ○에 다시 열릴 계획이다.

○찌정부가 아방가르드예술 ○일문화에 끼치는 「부도덕」 ○야을 폭로하고 또 「비독 German)적인 작품활동 반국가적 화가들을 규 ○막기 위해 기획한 이 전시회 에는 약6백50여점의 미술품들이 전시되었었다.

1933년 정권을 잡은 나찌정 부는 당시 유럽을 풍미하던 큐 비즘, 퓨쳐리즘, 다다이즘 등의 급진예술들에 부도덕, 반국가의 낙인을 찍고 탄압하기 시작하여 「바우하우스」폐쇄를 시발로 숱 한 예술가, 지식인들을 내쫓았 다. 같은해 5월 베를린오페라하 우스앞에서는 토마스만, 칼○○ 크스, 지그문트, 프로이○○ 히, 레마르크 등 금○○ 의 책들이 장작더○○

올랐다.

37년 뮨헨에서 열린 「퇴페미 술전」은 나찌정부의 「반국가문 화」소탕작전의 최대정점을 이룬 사건으로 정부는 내용이 붙온한 것으로 간주되는 1만6천점의 책, 회화, 조각품들을 전국의 박물

8/7 ○○

나찌의 「퇴○

관들로부터 압수했다.
이 압수된 리○○는 독일
작가뿐만 이○○
세잔, ○○ 고갱○
의 ○○ 우럽
○○ ○○
○○

시되
지금
페미
받았
클레
르크
러박
가늘
이고

1984년 9월 28일 새벽, 꿈

꿈속에서 나는 아찔한 낭떠러지에 매달려 있었다. 밑으로는 시퍼런 강물이 무섭게 회오리치며 흐르고 있었고 위는 너무나 가팔라서 아무것도 보이지 않고 그저 아득하기만 했다. 나는 그렇게 절벽 중간쯤에서 위로 오르지도 또 아래로 내려가지도 못한 채로 떨어지면 어쩌나 하는 공포감에 사로잡혀 있었다. 악몽이었다.

악몽은 그뿐이 아니었다. 나는 또 누군가에게 쫓기다가 발각되어 처형 당하기 직전의 상황에 놓여있는 꿈도 자주 꿨다. 십자가에 못 박힌 듯 꼼짝없이 처형을 기다리는 그 공포가 너무나도 끔찍해 나는 꿈속에서 나를 겨냥하고 있는 그 총이나 화살, 또는 칼이 나에게 발사되거나 날아와 내 몸속으로 들어온다면 꿈인데도 불구하고 실제로 죽을 것만 같았다. 그 정도로 꿈속에서 느끼는 공포는 끔찍했다. 가장 괴로운 건 꿈속에서 내가 한 발자국도 움직이지 못한다는 사실이었다.

그런데 그 날은 달랐다. 어느 순간 내가 움직이기 시작한 것이다. 그 가파른 절벽을 내가 4족 보행으로 한 발 한 발 조금씩 기어오르기 시작했고 그러다보니 어느새 절벽 꼭대기 안전지대에 도착한 것이었다. 나는 꿈속에서도 너무 놀라 그 순간 깜짝 깨어 일어났다. 꿈에서 깬 나는 그것이 꿈이라는 사실을 알고 너무나 놀랐다. 왜냐하면 그동안 꿈속에서 늘 꼼짝도 못하던 내가 스스로 움직여서 절벽 위 안전지대로 올라갔기 때문에 나는 그 사실에 놀란 것이었다.

나는 내 안에서 무언가 심리적인 변화가 일어났다는 사실을 깨닫고 꿈이 바뀐 이유를 생각하기 시작했다. 난 스스로에게 말했다. "자 가만 있어봐. 오늘 꿈은 무언가 심상치가 않아. 그동안 꿈속에서 한 발짝도 움직이지 못하던 내가 스스로 움직여 안전한 곳으로 피신하는 데 성공했어. 오늘은 나한테 너무나 중요한 날이야. 그런데 오늘이 며칠이지? 난 오늘을 꼭 기억해야만 해." 허둥지둥 침대에서 일어나 시계를 보니 새벽 4시 반이었다. 그리고 머리맡에 달력을 본 나는 그 날이 1984년 9월

28일 새벽이라는 것을 알았다.

"자 9월 28일이 무슨 날이지? 난 이 날을 잊어버리면 안 돼. 내 꿈이 바뀐 날이니 반드시 기억해야 해. 9월 28일… 구월 이십팔일… 구이팔… 아 9·28 수복. 그래 6·25 때 서울이 수복된 날이지. 그래서 9·28수복이라고 말하잖아. 오늘은 나 자신에 대한 신뢰가 회복된 날이야. 그러니 서울이 수복된 9월 28일을 내 자존감이 되돌아온 날로 기억하자."

그렇게 책상에 앉은 나는 '내 꿈이 바뀐 이유가 무엇일까?' 생각하기 시작했다. 나에게 일어난 변화를 생각하니 그때는 바로 20개월짜리 딸아이를 한국에 계신 친정엄마에게 맡겨 놓고 유학 중인 남편과 합류한지 딱 한 달 만이었다. 내가 꿈을 꾸고 깨어난 그곳은 미국 뉴욕 맨해튼에 있는 컬럼비아대학 박사과정의 기혼 학생 아파트(기숙사?)였고 아이를 한국에 보내 놓고 남편과 나 둘만의 생활을 한지 딱 한 달이 되는 시기였다. 두 돌이 채 안 된 아이를 한국에 남겨두고 혼자 미국으로 돌아오는 비행기 안에서 나는 잠깐 울었던가?

그리고 나에게는 또 다른 변화도 있었다. 여성학의 개척지라고 말할 수 있는 뉴욕의 헌터컬리지에서 여성학 학부 과정을 공부하기 시작한지도 딱 한 달이 된 시기였다. 나는 당시 뉴욕에서 발행되던 〈미주 조선일보〉에서 기자로 일하면서 오전에는 신문사에 나가서 기사를 쓰고 오후에는 파트타임 학생이 되어 공부를 하고 있었다. 페미니즘을 공부하고 싶었던 나는 육아와 직장 그리고 공부까지 병행할 수 없어 아이를 한국에 떼어놓고야 내 공부를 시작할 수 있었던 것이다. 그리고 보니 내 꿈이 바뀐 것이 설명이 되었다. 그런 변화들 탓에 내가 스스로에 대한 신뢰를 회복하고 꿈속에서도 움직일 수 있게 된 것이라고 나는 나 자신을 납득시켰다.

오드리 로드와의 첫 만남

<오드리 로드 여성 시 센터> 개원식 사진.
왼쪽 두 번째가 오드리 로드이고 그 오른쪽 옆이 저자 유숙열

내가 페미니스트 시인으로 유명한 오드리 로드를 처음 만난 것은 1984년 10월 뉴욕 헌터컬리지의 여성학수업에서였다. 당시 나는 '여성과 정치변화 *Women and Political Change*'라는 나의

첫 여성학 수업을 듣고 있었고 중간고사 기간이었던 그 날은 마침 내가 '아시아 여성'에 대해 리포트하기로 되어 있던 날이었다. 그 클래스에는 나 같은 외국학생들도 몇은 있었지만 대부분 영어를 모국어로 하는 미국 학생들(주로 여성들)이었고 그 앞에서 영어로 발표를 하게 된 나는 거의 초주검이 돼있었다. 자다가도 벌떡벌떡 일어나고 생각만 해도 손에 진땀이 나는 공포에 시달리며 시라고는 써본 적이 없던 내가 '황인종 여성이 쓴 시 *Poem by a Yellow Woman*'라는 제목의 시를 썼고 그 시를 리포트 마무리로 발표했다. 나도 한 사람의 아시아 여성으로 한국 이민여성의 얘기를 하는 것이 좋을 것 같다는 판단에서였다. 중간고사 리포트를 대신해 발표된 나의 시는 그날 나도 의아할 정도로 열렬한 환호를 받았다. 어쩌면 유색인종 여성에 대해 이야기하는 그 클래스에 아시아 여성이 없었기 때문이 아닐까하는 생각이 들었다. 나는 그 클래스에서 유일한 '황인종' 여성이었던 것이다.

Poem By A Yellow Woman 황인종 여성이 쓴 시

When I first saw America, 내가 처음 미국을 보았을 때
it was like a huge giant, 그것은 거대한 거인 같았고
and I was like a pygmy woman. 나는 피그미족 여자 같았지

I made a desperate struggle with this giant not to fall.

나는 그 거인에 걸려 넘어지지 않기 위해 필사적인 투쟁을 했어.

He whistled merrily, waving his hands.

그는 손을 흔들며 즐겁게 휘파람을 불었어.

He was a huge man, but a man like a snake.

그는 거대했지만 뱀같이 교활한 남자였지.

Now, here I am in America, where 이제 나는 여기 미국에.

people drink Coca-Cola, where 사람들이 코카콜라를 마시고

people are crazy about Spielberg's silly films, where

스필버그의 어리석은 영화에 열광하며,

people chase endless desires, where 끝없는 욕망을 추구하지만

people choose an old anachronistic movie star as their president, where

시대착오적인 늙은 영화배우를 대통령으로 뽑고,

people enjoy powerful wealth 엄청난 부를 즐기지만

but keep homeless people in the street, where

노숙자들을 거리에 방치할 수 밖에 없는,

people shout, "ladies first," '레이디퍼스트'를 외치지만

and don't allow a woman to be a president.

여자 대통령을 허용하지 않는 나라.

Now here I am from the country, where　이제 나는 여기 미국에.

the people are burning American flags,　사람들이 성조기를 태우며

singing, "Yankee, go home!"　'양키 고 홈'을 노래하는 나라로부터.

Now here I am in America, where　이제 나는 여기 미국에.

most of my yellow people are hungry　황인종 사람들 대부분은

for McDonald's and greedy for "Made in U.S.A."

맥도날드에 허기지고 미제 물건에 욕심을 내지.

My brother who has a master's degree in English literature

영문학 석사학위를 가진 내 오빠는

thinks about Norman Mailer's American Dream

노만 메일러의 '아메리칸 드림'을 꿈꾸며

while selling fishes and vegetables　백인 이웃에게 하루 24시간

to his white neighbors 24 hours a day.　생선과 야채를 팔고.

My sister, who liked paintings of Picasso's Blue Period

피카소의 청색시대 그림을 좋아했던 내 언니는

is working on a sewing machine, with dyed blond hair.

염색한 금발머리로, 재봉틀에 앉아 일하고 있지.

When colored friends are making a rainbow coalition,

유색인종 친구들이 무지개연합을 만들 때

my yellow people wonder whether yellow is on the rainbow.

황인종 사람들은 황색이 무지개에 있는지 의심하지.

They think the lighter the skin, the closer to heaven,

그들은 피부색이 밝을수록 천국에 가깝고

the darker the skin, the closer to hell.

어두울수록 지옥에 가깝다고 생각하지.

They decide yellow is in between.

그래서 그들은 황색이 중간이라고 결정하고.

So they smile at white and frown at black.

백인에 미소짓고 흑인에 찡그리지.

They make money in the hope of becoming a majority

그들은 다수에 끼기 위한 희망으로 돈을 모으며

and forget about the minority.   소수에 대해서는 잊어버리지.

Now, here I am torn between   이제 나는 여기 미국에,

my own self - flattery and my own revolt.

나 자신의 아부와 반란 사이에서 찢기며.

When I think about the Native Americans

자신들의 땅을 박탈당한 아메리칸 인디언들을 생각하면

who were deprived of their land, my stomach cramps.   나는 배가 뒤틀리고,

When I think about the African slaves

자신들의 땅으로부터 도둑질 당해 미국에 오게 된

who were stolen from their land, I throw up.

흑인 노예들을 생각하면 나는 토하고 말지.

Now here I am in America, where   지금 나는 여기 미국에,

I develop a serious ulcer, a sickness of wrath.

분노의 질환, 위궤양을 앓고 있어.

    오드리 로드는 내 리포트가 끝나자 코멘트를 하면서 초면의 학생인 나에게 자기 시 수업을 들으라고 권했다. 나는 그때까지 오드리 로드가 누군지, 그 시간에 거기에 언제부터 왜 와 있었는지도 몰랐다. '여성과 정치변화' 과목의 담당 교수는 블랑쉬 비젠쿡이라는 이름의 정치학 교수로 라디오방송과 함께 수업을 진행하면서 뉴욕의 다양한 페미니스트들을 강의에 초빙했고, 내 리포트가 예정되었던 그날은 마침 페미니스트 시인이면서 헌터컬리지의 교수이기도 한 오드리 로드가 초대되었던 것이다.

    수업이 끝나자 그 수업을 듣고 있던 페미니스트들이 모두 나에게 몰려와 "오늘 같은 날은 파티를 해야 한다"며 나를 학교 근처 맥줏집으로 끌고 갔다. 그 자리에는 담당 교수였던 블랑쉬 비젠쿡 교수를 포함해 그녀의 절친인 듯한 또 다른 교수도 합류하여 더욱 떠들썩한 자리가 되었다. 그날의 술자리는 마치 영화의 한 장면처럼 하나하나 모두 내 머릿속에 각인이 되어 있다.

자정 가까운 시간이 되어 집으로 돌아갈 때가 되자 누군가 "자이제 모든 레즈비언들이 이성애자 남편이 기다리는 집으로 돌아갈 시간"이라고 마치 전투에 임하는 전사처럼 말하며 떠났다.

그 뒤풀이 자리에서 나는 헌터컬리지의 페미니스트 동아리에 편입이 되었다. 나의 시 '황인종 여성이 쓴 시'는 곧 〈더 리터닝 우먼The Returning Woman〉이라는 교내 뉴스레터에도 소개가 되고 또 《전쟁 중인 여성들Women on War, 1988년 초판, A Touchstone Book》이라는 책에도 실리면서 단번에 나를 한국 이민 여성들을 대변하는 시인(?)으로 만들었다. 그 후 오드리 로드의 시 워크숍을 포함하여 3학기 연속 그들과 함께 공부하고 각종 페미니스트 행사에도 참여하면서 나는 행복한 페미니즘의 세례를 듬뿍 받았다.

오드리 로드 시 워크숍

나는 오드리 로드가 '여성과 정치변화' 수업에서 권유한 대로 다음 학기인 1985년 봄, 그녀의 시 워크숍 수업을 들었다. 실제로 클래스에 들어가 보니 오드리 로드가 가르치는 그 강좌는 매우 인기있는 수업이었고 경쟁도 치열했다. 흑인, 백인, 남자, 여자 할 것 없이 많은 학생들이 몰렸고 오드리 로드는 학생들에게 여신처럼 추앙받았다. 그러나 당시만 해도 페미니즘이

나 여성학이 학계에 뿌리내리는 초창기였던 탓인지, 가르치는 교수들은 물론 학생들 중에도 동양인은 찾아보기 힘들었고 내가 들은 여성학 강좌에선 대부분 내가 유일한 동양인이었다. 오드리 로드의 수업은 교수가 강단에 서는 것이 아니라 원탁 같은 테이블에 학생들과 똑같이 둘러앉는 탈권위적인 방법으로 진행되었다. 그리고 늘 수업 시작 전에 누구라도 페미니즘과 관련된 교내행사 또는 뉴욕시에서 벌어지는 다양한 페미니스트 행사를 소개하는 공지시간을 가졌다. 이를테면 오드리 로드는 자신이 관여하고 있는 남아공의 인종차별 철폐를 위한 시위가 열리는 것을 알려 학생들의 참여를 독려하는 식이었다.

　　오드리 로드는 워크숍 첫 시간에 알제리 출신 혁명가 파울로 프레리의 《민중교육론Pedagogy of the Oppressed》을 교재로 소개하며 그 책을 그냥 읽는 것이 아니라 "씹어 먹으라"고 말했다. 책을 '씹어 먹는다'는 것은 과연 어떤 의미일까? 그것이 시인이었던 그녀의 표현법이고 교수법이었던 것 같다. 일을 하면서 공부를 병행했던 나는 절대적인 시간 부족으로 교재로 주어진 프레리의 책을 씹어 먹을 만큼 읽지는 못했다. 그렇지만 매번 주제를 주고 시를 써오게 했던 오드리 로드의 숙제를 안 해 갈 수는 없었다. 예를 들면 지금도 잊지 못하는 수업이 있는데, 오드리 로드가 분노에 대한 시를 써오라고 했던 때였다. 그 때 오드리 로드는 그러니까 분노에 관해서 써오라는 것이 아니라 분노의 경험으로부터 직접 나온 'not about anger but out of anger' 시를 써오라는 것이었다. 그래서 나는 당시 미국에서 중국인들이 극장 앞에서 항의시위를 하며 불매운동을 벌이고 있던 마이클 치미노 감독의 영화 〈용의 해 Year of the dragon〉를 보고 분노를 과제로 하는 시를 써서 갔다.

Year of the Dragon 용의 해

Year of the Dragon, 용의 해

This is the title of the movie. 그것이 그 영화의 제목이다.

The hidden, real face of America. 숨겨진, 아메리카의 진짜 얼굴.

The true message. 진정한 메시지.

Yes, I know, 그래 나도 안다.

We are not friends. 우리는 친구가 아니다.

You make a mockery of us. 너는 우리를 조롱한다.

You spit on yellow people. 너는 우리 황인종에게 침을 뱉는다.

I feel your boasting saliva on my face.

나는 내 얼굴에서 너의 자랑스러운 침을 맛본다.

Is your white skin so precious? 너의 그 하얀 피부가 그렇게 소중하더냐?

Fuck you Cimino! XX 놈의 치미노!

Fuck you America! XX 놈의 아메리카!

I want to cut your penis 난 너의 페니스를 잘라서

and make you unable to rape 누구도 다시는 강간하지 못하게 만들고 싶다.

ANYBODY! ANYMORE!

Bless your forgetfulness, your own violence, your own killing,

너의 망각증, 너 자신의 폭력성, 너 자신의 살인에 축복을!

your ethnocentric foolishness!

너의 민족중심적인 어리석음에,

Bless America! 아메리카에 축복을!

Helpless tear, 무력한 눈물,

helpless anger 무력한 분노가

roll down on my cheek. 내 뺨 위로 흘러내린다.

I fiercely wipe out my tears. 나는 혹독하게 내 눈물을 닦는다.

The only cruelty of the powerless. 힘없는 자의 유일한 잔혹함으로.

   내가 이 시를 발표하자 클래스에서는 문자 그대로 난리가
났다. 몇 안 되는 남학생들이 집단적으로 흥분해서 발언하기 시
작했고, 그 와중에 한 백인 남학생은 진짜 자기 팔뚝을 꼬집으
며 "그래 내 하얀 피부가 그렇게도 소중하다"고 나에게 들이대

며 수업은 난장판이 되었다. 예상치 못한 상황 전개에 나는 할 말을 잃은 채 침묵을 지킬 수밖에 없었다. 내 영어실력은 이성을 잃은 싸움판이 되어버린 토론에 일일이 응대할 만큼 출중하지 못했고, 무엇보다 나는 뜻밖의 상황에 겁이 나서 한마디도 할 수 없었다. 중구난방으로 여기저기서 터져 나오는 학생들의 발언을 지켜보던 오드리 로드는 좌중을 조용하도록 만들더니 "미국은 전 세계를 강간하고 있다*America is raping the whole world*"라고 말하며 클래스를 평정시켰다. 학생들은 로드 교수의 한 마디에 일순간 잠잠해졌다.

그리고 그녀는 3세계 여성들과 그 외 소수자들은 안전한 환경이 필요하다며 다음 1985년 가을 학기에 총 10명 가량의 학생들을 위한 후속 시 워크숍을 열어주었다. 그 클래스에는 내가 포함된 것은 물론 그녀의 딸도 포함되어 우리는 함께 오드리 로드의 시 수업을 계속 들을 수 있게 되었다. 수강생을 선별해 받은 오드리 로드의 논리는 여성들을 비롯한 소수계급이나 약자에게는 안전한 환경이 필요하다는 명분이었다. 그래서 그녀는 황인종 여성인 나도 그녀의 콜로퀴엄 시 수업에 들어갈 수 있게 배려해 준 것이었다. 그렇게 나는 그녀를 만난 여성학 첫 수업을 포함해 3학기 연속으로 그녀의 수업을 듣는 영광을 누릴 수 있었다.

〈오드리 로드 여성 시 센터〉

오드리 로드는 매번 주제를 주고 시를 써오게 했는데, 어떤 날은 바퀴벌레를 주제로 쓰라고 하기도 하고 또 어느 날은 자기 자신의 모습을 거울로 5분 이상 지켜봤다가 시를 써오라고 하기도 했다. 그렇게 그녀는 자신과의 관계를 아주 중시했고, 인종차별, 성차별, 계급차별에 시달리며 여러 가지 정체성을 갖고 있는 유색인종 여성들의 삶의 경험을 밀착해서 들여다보길 원했다. 오드리 로드는 또 헌터컬리지에 1985년 12월 그녀의 이름을 딴 〈오드리 로드 여성 시 센터The Audre Lorde Women's Poetry Center〉가 생겼을 때 개원식에서 그녀의 다른 제자들과 함께 나의 시를 낭송하게 만들었다. 당시 무대 공포증과 영어 공포증까지 겹쳐 겁에 질려 있던 나에게 그녀가 단호한 목소리로 말한 "삶은 테러와 직면하는 것"이라는 한 마디는 40년 가까운 세월이 흐른 지금에도 내 귓가에 쟁쟁하다. 그녀는 "무섭다"며 도망가려는 나에게 "침묵은 너를 보호하지 못한다Your Silence Will Not Protect You"고 말하며 내가 "들려져야 할 목소리를 갖고 있다"고 말했다.

나는 그날 '자본주의의 냄새The Smell of Capitalism'를 포함한 내 시 두세 편을 낭송했다. 침묵을 죽음과 동일시했던 오드리 로드는 그렇게 나에게 목소리를 찾아준 내 영혼의 엄마 같은 사람이었다. 그날 시 낭송을 마치고 왜 그랬는지 알 수 없지만 나는 그녀 앞에서 울음이 터졌다. 그녀는 눈물을 흘리며 펑펑 우는 나를 말없이 꼭 안아주었고, 나는 그녀의 품 안에서 한참을 울었다. 그때 왜 울었는지 그 이유는 잘 모르겠다. 그렇지만 그녀의 품 안에서 나는 어린 시절 엄마의 품속 같은 무언가를 느꼈고 그 느낌은 막혀있던 무언가가 시원하게 뚫린 듯한 그런 청량한 기분을 나에게 선사했다.

The Smell of Capitalism 자본주의의 냄새

This morning 오늘 아침

I met a homeless man in the subway. 나는 지하철에서 한 노숙자를 만났어.

While all the other cars were so crowded, 다른 칸들은 모두 혼잡했는데

his was vacant, 그의 칸만 비어 있었지.

I entered there. 난 그곳으로 들어갔어.

"WOO...OOH! What the hell is this bullshit smell?"

"우...우! 이 끔찍한 냄새는 뭐야?

There he was 거기 그가 있었어.

with ignorant face, bare feet, 무지한 얼굴에 맨발로

some kind of ragged clothes. 누더기옷을 걸치고.

Embodiment of ALIENATION, 소외의 현현,

sleeping in the seat. 그가 자자고 있었어.

Is it you, God 신이여, 당신인가?

who created this man? 이 남자를 만든 이가?

People left his car to forget him. 사람들은 그를 잊기 위해 그 칸을 떠났어.

They couldn't breath his smell. 그들은 그 냄새를 참을 수가 없었지.

It was so severe. 그것은 그토록 지독했어.

I named it the smell of capitalism.

나는 그것을 자본주의의 냄새라 이름 붙였어.

For some tiny bunch of people 한 줌도 안 되는 소수의 사람들에게

it is elegant, glamorous and sexy 그것은 우아하고 화려하며 섹시하지. 마치

like the smell of wine which 존 매켄로와 테이텀 오닐이

John McEnroe and Tatum O'Neal might drink

맨해튼에 있는 그들의 화려한 펜트하우스에서

in his luxurious penthouse in Manhattan. 마시는 와인의 향처럼.

For most other people 대부분의 다른 사람들에게

it is chaotic, tired and boring 그것은 먹거리 장바구니처럼

like a grocery shopping bag. 혼란스럽고, 피곤하고, 지루하지.

For the rest of the people 나머지 사람들에게

it is the smell of the homeless. 그것은 노숙자의 냄새야.

If you live in New York City, 만약 당신이 뉴욕시에서 산다면

you know what I mean. 내 말의 의미를 알거야.

Is there any difference between the humanhood

백악관에서 살고 있는 사람과

of the man who lives in the White House 지하철에서 살고 있는 사람의

and the man who lives in the subway? 인간성의 차이란 무엇인가?

This morning 오늘 아침

I met a homeless man in the subway. 나는 지하철에서 한 노숙자를 만났어.

The smell hangs on my nose. 내 코에 매달려 있는 그 냄새로

I feel nauseous 나는 하루 종일

all day long. 속이 메슥거려.

I do not cry for him. 나는 그를 위하여 울지 않아.

I do not give him charity. 나는 그에게 적선을 하지도 않아.

I just accuse the damn smell. 난 그저 그 빌어먹을 냄새를 비난할 뿐이야.

딸에게 쓰는 편지 - 아버지 죽이기

우리나라에도 번역돼 나온 오드리 로드의 시집 《블랙 유니콘 2020.09.08 송섬별 옮김, 움직씨 출판》에는 '사슬'이란 시가 있다. 그 시는 이런 신문기사로 시작한다.

"뉴스 기사: 각각 열다섯, 열여섯 살인 두 소녀가 위탁가정으로 보내졌다. 생부의 아이를 낳아서였다. 나중에 두 소녀는 스스로의 말에 따르면 자신을 사랑한다는 부모의 품에 돌아가겠다며 뉴욕법원에 청원을 제기했다. 법정은 그렇게 해주었다."

이 천인공로할 사건을 접하고 로드는 그녀의 시 '사슬'에서 이렇게 울부짖는다.

"그는 아버지일까요? 연인일까요?", "난 당신의 아이일까요 아니면 남편의 침대에서 물러나길 바라는 경쟁자일까요?"

두 딸을 겁탈해 아이들을 낳게 하고도 자신의 가정을 유지할 수 있는 남성의 권력. 이런 권력을 허락하는 가부장제는 과연 옳은가. 옳지 않은 관습을 옳은 것으로 인정하는 법과 사회 제도는 과연 마땅한가. 이 '사슬'이라는 시가 실린 오드리 로드의 시집 《블랙 유니콘》은 미국에서 1978년 첫 출간되었다. 내가 오드리 로드의 시 '사슬'을 접한 때는 1985년 그녀의 시 워크숍 시간에서였다.

수업 과제로 뉴스를 보고 시를 써오라는 숙제를 받은 나는 '딸에게 쓰는 편지'라는 제목의 시를 썼다. 남편을 죽인 여성이 복역 중에 임신한 것을 알고 형 집행이 출산 후로 미뤄졌다는 뉴스를 보고 쓴 것이었다. 그런데 수업시간에 내 시를 들은 사람들이 한결같이 "그 얘기가 내 얘기"라고 단정적으로 말을 했다. 무언가 직간접적으로 내가 그런 유사한 경험이 있는 게 틀림없다는 것이었다. 처음에는 황당했다. 내 얘기라는 것은 내 엄마가 살인자라는 얘긴가? 하지만 나중에야 내가 이 시를 통해 '아버지 죽이기'를 했다는 사실을 깨달았다. 내가 태어나기도 전에 죽어버린(나는 아버지가 죽은 뒤 채 한 달도 안 돼 태어난 유복녀였다.) 내 아버지에 대한 분노를 나는 '딸에게 쓰는 편지' 시를 통해 맘껏 표출했던 것이다.

Letter to a Daughter 딸에게 쓰는 편지

My daughter 딸아

You are not a fruit of love. 너는 사랑의 결실이 아니다.

You were born in hatred and curse. 너는 증오와 저주 속에서 태어났다.

But my daughter 그러나 딸아

I love you with all my heart. 나는 내 온 마음으로 너를 사랑한다.

I killed your father. 나는 네 아버지를 죽였다.

You were conceived in that act of violence.

너는 그 폭력의 행위 속에 잉태되었다.

It was my last mission to send you out in this world.

너를 이 세상에 내놓는 것이 나의 마지막 임무였다.

I will return to the place where I came from.

이제 나는 내가 온 곳으로 돌아갈 것이다.

My daughter   딸아

I do not say to you the world is rosy.

나는 네게 세상이 장미빛이라고 말하지 않는다.

You are the result of a contradiction and a coincidence.

너는 모순과 우연의 산물이었다.

Beast-like desire.   짐승 같은 욕망.

The Pleasure of conqueror.   정복자의 쾌락.

A seed of anger grew in the fertile land of helplessness.

분노의 씨앗 하나가 무력함의 비옥한 풍토에서 자라났다.

I waited so long time, over a decade.

나는 오래, 10년이 넘는 시간 동안 기다렸다.

Finally it exploded.   마침내 그것이 터지고 말았다.

He was sleeping with the face of a selfish pig as usual.

그는 언제나처럼 자기 밖에 모르는 돼지의 얼굴로 자고 있었다.

At the moment, the greatest hatred which   그 순간, 내가 경험해보지 못했던

I have never known before,   극심한 증오가

overwhelmed me.   나를 뒤덮었다.

Trembling,   떨면서,

sweating,   땀을 흘리며,

I killed him.   나는 그를 죽였다.

How can a life be shaped in that cursed violence?

어떻게 그토록 저주받은 폭력 속에서 생명이 잉태될 수 있는 것이냐?

I am in a peaceful mind now.   나는 이제 편안한 마음이다.

I do not regret.   후회하지 않는다.

It was a definite will of killing,   나는 그를 죽이고 싶었고

decayed a long long time.   그것은 오래오래 묵은 것이었다.

It was just covered, shaded and ripened   그것은 그냥 내 마음 깊은 곳에서

in the darkest place.   가려지고 덮어져서 익고 있었던 것이다.

My love was drained and lost.   내 사랑은 모두 말랐고 다 사라졌다.

My endurance reached the bottom.   내 인내도 바닥났다.

He destroyed me completely.   그는 나를 완전하게 파괴시켰다.

My life was a failure.   내 인생은 실패다.

The price of failure was bitter.   실패의 값은 쓰디썼다.

I do not want to try it any longer.   나는 더 이상 살기를 원하지 않는다.

What makes me feel like living?   무엇이 나를 살게 할 것인가?

Nothing, Nothing is left.   아무 것도, 아무 것도 남아있지 않다.

If I were born into this world again,   내가 이 세상에 다시 태어나고

if he should be my fate again,   그가 다시 내 운명이 된다면

I would kill him again.   나는 또 다시 그를 죽일 것이다.

Whose fault is this? 이것이 누구의 잘못이냐?

My daughter   딸아

I love you more deeply because you are a daughter.

나는 네가 딸이기 때문에 너를 더욱 깊이 사랑한다.

Someday you will be a woman.   언젠가 너도 여자가 될 것이다.

The love for you is greater than my hatred,

너를 향한 사랑이 나의 증오보다 더 크다.

but the hatred is not gone.   그러나 증오가 사라진 건 아니다.

The only thing, really breaking my heart,

오직 하나 진정으로 내 가슴을 찢어지게 하는 건

is the retribution that I put on your back.   내가 너에게 지워주는 부담이다.

My daughter   딸아

wake up,   깨어나라

and take my painful gift.   그리고 나의 고통스러운 선물을 받아라.

The greatest love and the biggest hatred.   가장 위대한 사랑과 가장 큰 증오

To struggle with them is your fate.   그것들과 싸우는 것이 너의 운명이다.

You may love your father.   너는 네 아버지를 사랑할 수도 있다.

A man has many faces.   남자는 여러 얼굴을 갖고 있다.

Although he had nothing linked with you   비록 그가 순간의 쾌락 뿐

except a moment of pleasure,   너와 연결된 어떤 것도 없지만

Love the coincidence   발부리에 채이는 돌맹이를 사랑하듯

which made you with a few drops of semen   몇 방울의 정자로 너를 만든

as you love a pebble hitting your toe.   그 우연을 사랑하라.

That is a mystique of life.   그것이 인생의 신비다.

He was a tyrant.   그는 망나니였다.

Drinking, beating, raping, drinking, beating, raping.

마시고, 때리고, 강간하고, 마시고, 때리고, 강간하고

That's all he had done for me during the whole life of our marriage.

그것이 그가 우리의 결혼생활 동안 줄곧 나에게 한 짓이다.

Yes, I know his wretched anger.   그래, 나도 안다, 그의 뒤틀린 분노를.

He was drinking his loneliness.   그는 자신의 외로움을 마시고

He was beating his helplessness.   자신의 무력함을 때리고

He was raping his own heart.   자신의 심장을 강간한 것이다.

I made him a master in my world,   나는 그가 남자라는 이유 하나로

because he was a man.   그를 내 세상의 주인으로 만들었다.

I couldn't stand it anymore.   나는 더 이상 참을 수가 없었다.

I hated his maleness, his strength.   나는 그의 남성성, 그의 힘을 증오했다.

I hated my impotent acceptance.   나는 나의 무력한 수용을 증오했다.

I tried a revolt against my impotence.   나는 내 무력함에 반란을 꾀했다.

In the deepest place of my hart,   내 가슴 깊은 곳에서.

A voice whispered   한 목소리가 속삭인다.

"You are not a weak person.   "너는 약한 사람이 아냐.

you have strength.   너는 힘이 있어.

He has been seeking a battle and you always lost.

그는 너에게 싸움을 걸었고 너는 언제나 졌던 거야

Believe your own power."   너 자신의 힘을 믿어봐."

I wanted to fight.   나도 싸우고 싶었다.

A one-sided game, just like he did always.

그가 언제나 그랬듯이 일방적인 싸움.

I wanted to use power, a weapon.   나는 힘을, 무기를 쓰고 싶었다.

I stuck a kitchen knife in his belly.   나는 그의 배에 식칼을 꽂았다.

As the knife went in deeply, thoroughly

칼이 그의 뱃속으로 완전하게 깊이 들어 갈수록

I felt a great joy of freedom.   나는 자유의 기쁨을 느꼈다.

I was shouting   나는 소리치고 있었다.

I am free!   "나는 자유다"

I am free!   "나는 자유다"

I cut off my chain.   "나는 사슬을 끊었어요."

My daughter   딸아

Waiting for the death   나는 교도소에 들어와서야

I found that I was pregnant.   내가 임신했다는 사실을 깨달았다

My life was extended to give a birth.   형 집행은 출산 이후로 미뤄졌다.

What a tricky God!   얼마나 교묘한 신인가!

I don't care his intention.   나는 신의 의도 따위 상관없다.

He played on me enough.   그는 충분히 나를 갖고 놀았다.

I am already exhausted.   나는 이미 탈진했다.

Silent sleep is my only dream.   내 유일한 꿈은 조용히 잠드는 것이고

And the time has come.   이제 때가 됐다.

My daughter Stand up   내 딸아 일어나라.

and be a brave warrior.   그리고 용감한 전사가 되어라.

Don't repeat your mother's failure.   네 엄마의 실수를 되풀이하지 말아라.

Creation of new history is the true meaning of the past.

지나간 과거의 진정한 의미는 새로운 역사의 창조에 있다.

Good-bye, my daughter.   딸아, 잘 있거라.

I love you.   사랑한다.

오드리 로드의 생애

오드리 로드는 1934년 2월 18일 뉴욕시 할렘에서 그레나

다 출신의 이민자인 아버지 프레데릭 바이론 로드와 어머니 린
다 거트루드 로드 사이에서 태어났다. 세 딸 중 막내였던 그녀
는 맨해튼에서 자라며 가톨릭 학교에 다녔다. 1954년은 그녀의
인생에서 아주 중요한 한 해였다. 멕시코 국립대학에 교환학생
으로 있던 1년 동안 그녀는 레즈비언으로서의 성 정체성과 시
를 쓰는 예술가로서의 자신을 깨닫게 된다. 그 해에 뉴욕으로
돌아와 헌터컬리지에 들어간 그녀는 대학 공부를 계속하며 시
작 활동과 그리니치빌리지의 동성애 문화에 적극적으로 동참
하게 된다. 그녀는 1959년에 헌터컬리지에서 도서관학으로 학
사학위를 받았고 이어서 컬럼비아대학원으로 진학, 1961년 도
서관학으로 석사학위를 받았다.

그녀는 1961년부터 1968년까지 뉴욕공립도서관 사서로
근무했다. 사서로 근무하던 1962년 그녀는 백인 변호사 에드워
드 롤린스와 결혼해 딸 엘리자베스와 아들 조나단을 낳고 살다
가 1970년 이혼한다. 1968년 그녀의 최초의 시집 《최초의 도
시들The First Cities》이 출판되고 그녀는 미시시피에 있는 투갈루
대학 초빙작가가 됐다. 그녀는 그 곳에서 가르침의 기쁨을 발견
하고, 또 그녀의 평생 동반자가 된 백인 여교수(심리학) 프란시
스 클레이튼을 만나게 된다. 프란시스와의 연인관계는 오드리
로드가 죽기 전인 1989년까지 계속됐다.

그녀를 이야기하며 암을 빼놓을 수 없다. 로드는 1978년

유방암 판정을 받는다. 유방암으로 한 쪽 가슴을 절제한 그녀는 암투병기 《캔서 저널스The Cancer Journals》을 펴내, 여성들이 가장 많이 앓고 있는 여성 질병 유방암에 대한 대중의 인식을 바꿔놓는데 일조를 했다. 그녀의 《캔서 저널스》은 1981년 게이 코커스 올해의 책으로 선정되는 영예를 안았다.

　　1980년대 후반 오드리 로드는 흑인 여성작가 바바라 스미스, 세리 모라가와 함께 유색인종 여성들의 출판사인 〈키친 테이블〉을 설립해 유색인종 여성들의 출판 활동을 돕는다. 로드는 또 당시 심각한 인종차별에 신음하고 있던 남아프리카 흑인 여성들을 위한 '남아프리카의 자매들을 지원하는 자매들' 모임을 창립해 물심양면으로 지원을 아끼지 않았다. 오드리 로드는 14년간의 투병 생활을 마감하고 그녀의 나이 58세인 1992년 11월 17일 사망했다. 그녀는 죽기 전 아프리카의 이름을 받는 세리모니를 치렀는데 그녀의 이름은 '감바 아디사'이고 그 뜻은 "의미를 알게 만드는 여자 전사"였다.

오드리 로드의 시와 페미니즘 이론

　　오드리 로드는 이론가가 아니라 시인이다. 로드의 시는 '분노의 시'들이 가장 많이 알려졌다. 그녀는 사적인 분노의 경험에서 어떻게 시가 창조되느냐를 고백한 적이 있다. 그녀는 언젠가 10세 된 흑인 소년을 총으로 쏜 경찰이 무죄로 방면된 사건에서 느낀 점을 시로 쓴 경험에 대해 다음과 같이 토로했다.

"일종의 분노가 내 안에서 회오리치면서 나왔다. 하늘이 빨갛게 변했고 나는 너무 아팠다. 나는 당시 운전하던 차로 아무 사람이나 그대로 벽으로 밀어버릴 것만 같았다. 그래서 나는 차를 세우고 내 분노를 퍼내기 위해서 일기장을 꺼내 손가락 끝으로 그것을 내뿜었다. 그렇게 표현된 느낌이 시가 되었다."

그렇게 나온 시가 '권력*Power*'이다.

The difference between poetry and rhetoric
시와 미사여구 사이의 차이는
is being ready to kill 당신의 아이들 대신
yourself instead of your children.
자신을 죽이는 것을 준비하는 것이다.
The policeman who shot down a 10-year-old in Queens
퀸즈 사는 10세 소년을 쏜 경찰은
stood over the boy with his cop shoes in childish blood
아이의 피가 묻은 경찰구두를 신고 소년을 밟고 서 있었다.
and a voice said "Die you little motherfucker" and
그리고 한 목소리가 말했다. "죽어라 이 쬐끄만 XXXX놈아."
there are tapes to prove that. At his trial

그리고 그걸 증명하는 테이프도 있다. *재판에서*

this policeman said in his own defence

그 경찰은 자기 스스로를 변호하며 말했다.

"I didn't notice the size or nothing else only the color."

and there are tapes to prove that, too.

"나는 오직 색깔만 봤지 크기나 그런 건 아무 것도 보지 못했
다." 그리고 역시 그걸 증명하는 테이프도 있다.

Today that 37-year-old white man with 13years of police
forcing

13년간을 경찰로 산 37세의 그 백인남자는

has been set free 오늘 석방됐다.

by 11 white men who said they were satisfied

정의가 이루어져서 만족한다고 말한

justice had been done 11인의 백인 남자들에 의해

and one black woman who said

그리고 "그들이 나를 납득시켰다"라고 말한

"They convinced me" meaning 한 명의 흑인 여성에 의해

-오드리 로드의 '권력power' 중에서

로드의 분노는 12인의 배심원 중 유일한 흑인이었던 여성
을 향해 더욱 증폭되었다. 그 흑인 여성은 그녀가 최초로 가졌

던 진정한 권력을 사용하지 못한 것이었다.

오드리 로드 시의 주제는 매우 다양하지만 종종 거짓말처럼 단순하다. 평범한 표면에 복잡함이 겹겹이 숨어있다. 그녀의 시들이 거대주제들을 다룬다고 해서 그녀가 사소한 일상을 무시하는 것은 아니다. 그녀의 시들 중 여러 편에서 로드는 가족들에 대해 쓰기도 하고 잃어버린 사랑에 대해서 쓰기도 한다. 또 그녀의 작품 상당수가 아프리카의 영적인 이미지들과 암시로 가득 차 있어 문화적이고도 민족적인 긍지를 드러내기도 한다.

로드는 '미국 암협회The American Cancer Society'나 '깜둥이 껍질 벗기는 데는 한 가지 이상의 방법이 있다.There is More than One Way to Skin a Coon' 같은 시들을 통해 '화이트 아메리카'에 대항하여 시위하기도 했다. 그녀는 증오와 두려움의 대상으로 미국의 흑인들을 살충제에 희생당하는 검은 바퀴벌레에 비유하기도 했다.

로드의 분노는 인종차별을 하는 백인사회에게로 향한 것만은 아니었다. 그녀의 분노는 페미니스트 이슈에도 확대되었는데, 성차별을 반복하고 있는 흑인 남성들을 향하여도 불같은 비판을 내뿜었다.

"흑인으로서 우리는 남성 특권의 억압적인 현실을 부정하면서 우리의 대화를 이어갈 수는 없다. 만약 흑인 남성이 어떤 이유라도 강간하고 폭력을 쓰고 여성을 살해하며 남성 특권을 계속 누리고자 한다면, 우리는 흑인 남성들의 그 같은 억압을 무시할 수 없다. 인종차별의 피해자라고 해서 또 다른 차별을 절대로 정당화할 수 없다."

- 여이연의 〈여/성 이론〉 통권 제23호
'내 영혼의 엄마 페미니스트 시인 오드리 로드' 중에서

로드는 계급, 인종, 연령, 성, 심지어 건강에 이르기까지 많은 문제들이 근본적인 여성의 경험을 구성한다고 주장한다. 페미니즘에서는 남녀 간의 성별 차이에 집중하지만 다른 차이들 이를테면 계급이나 인종, 개인 간의 성향차이 같은 것들까지 중요한 문제라는 것이다. 그녀는 또 경험의 고유성을 지적하고, 여성들 간의 개인적인 차이들은 심판받지 않아야 하며 대신 인정받아야 한다고 강조한다. 그녀는 스스로에 대하여 여성이라는 일반적인 카테고리 안에 포함되기를 원치 않았으며, 여성운동이 백인 중산층 여성들의 운동으로 시작되던 시절부터 인종문제와 계급문제가 같이 다루어지는 페미니즘 운동을 역설했다.

여성 간의 차이를 인정하는 길은 다양하고도 많지만 로드는 특히 자신이 관계된 두 가지, 즉 인종 문제와 성 문제에 천착

했다. 그녀는 흑인 여성의 경험이 백인 여성의 경험과 다르다는 것을 강조하고, 백인 여성의 경험이 중심이 되기 때문에 흑인 여성의 경험은 주변부로 전락하는 일이 발생하고 있다고 주장했다. 이와 유사하게 레즈비언(특히 흑인 레즈비언)으로서의 경험도 페미니즘 운동의 진정성이 없는 일탈로 여겨지고 있다고 지적하고, 그런 다양한 경험들이 여성의 경험으로 가치가 있다고 설파했다.

오드리 로드는 자신을 "흑인black, 레즈비언lesbian, 어머니mother, 전사warrior, 시인poet"으로 규정하고 그녀의 전 생애를 그에 대한 문제 제기로 일관했다. 이러한 맥락에서 그녀는 인종차별과 성차별, 동성애 차별이 서로 연결돼 있다고 주장함으로써 백인 페미니스트들의 '편향성'에 대하여 신랄한 비판을 가했다.

오드리 로드는 전미여성기구NOW에서 《여성의 신비The Feminine Mystique. 1963. 초판. W.W.노턴출판사》를 쓴 베티 프리단에 이르기까지 1960년대의 페미니스트들이 백인 중산층 여성들의 경험에 한정된 여성운동을 한다고 비판했다. 그녀의 글들은 '차이의 이론theory of difference'에 근거하고 있는데, 그것은 세상 모든 일을 남녀 간의 이분법적인 대결구도로 설명하는 것은 너무 단순하다는 것이었다.

로드는 특히 페미니즘 내부의 인종차별을 밝히는데 주력

하면서, 백인 페미니스트 학자들의 연구가 흑인 여성들에 대한 억압을 더 강화한다고 주장했다. 백인 페미니스트와 오드리 로드의 대립을 가장 극명하게 보여주는 것은 백인 레즈비언 신학자 매리 데일리에게 쓴 통렬한 '공개편지*An Open Letter to Mary Daly*'이다. 로드는 이 편지에서 가부장적 종교를 비판한 매리 데일리의 신학이 백인 여성 중심으로 비백인들의 신화와 문화를 무시한 인종차별적 신학이라고 비판했다. 유명 페미니스트들과의 이러한 강렬한 대립은 '아웃 사이더'로서 오드리 로드의 입지를 더욱 두드러지게 만들었다.

오드리 로드와 《시스터 아웃사이더》

오드리 로드는 시인이지만 시 외의 산문으로도 유명하다. 그녀는 산문을 쓸 때도 자신이 시인이기 때문에 '이론theory'을 쓰지 않는다고 말하며 감정과 느낌을 중시했다. 그러나 그럼에도 불구하고 로드의 목소리는 현대 페미니스트 이론 발달에 가장 중심에 있다는 평가를 받고 있다.

그녀의 산문은 자전적 소설인 《자미: 내 이름의 새로운 스펠링ZAMI:A New Spelling of My Name,1982 초판, 페르세포네 출판사》과 유방암 투병기를 담은 《캔서 저널스》, 그리고 에세이를 묶은 《시스터 아웃사이더Sister Outsider,1984 초판, 텐스피드프레스》 등 세 권이 많이 알려져 있다. 특히 《시스터 아웃사이더》는 '오드리 로드 표 페미니즘'의 진수를 맛볼 수 있는 에세이를 포함하고 있어 더욱 주목을 받아 왔다.

오드리 로드가 1976년부터 1984년 사이에 쓴 15편의 에세이가 포함되어 있는 《시스터 아웃사이더》는 그녀의 문학적 철학적 면모를 잘 보여주는 작품집으로 오늘날까지 수많은 페미니즘 강좌의 교재로 사용되며 많은 사랑을 받고 있다. 그리하여 로드의 사상과 이론을 대변한다고 해도 과언이 아닌 《시스터 아웃사이더》는 그 글들이 쓰여진 그녀의 10년에 걸친 삶의 궤적을 그대로 보여주는 전설이 되고 있다.

에세이집의 제목인 '시스터 아웃사이더'는 그녀의 시집 《블랙 유니콘Black Unicorn, 1978 초판, W.W 녹턴 앤 컴퍼니》에 수록된 시에서 비롯된 것으로, 인종차별과 성차별, 성 정체성 문제에 시달리는 소수자들에 초점을 맞추고 있다. 《시스터 아웃사이더》에 수록된 15편의 에세이 중 특히 다음 네 편이 로드의 이론을 말해주는 대표작으로 여겨지고 있다. 로드의 페니미즘 이론을 보다 적절히 이해하기 위하여 각 편을 좀 더 자세히 살펴본다.

'시는 사치가 아니다' Poetry Is Not a Luxury

로드는 이 에세이에서 시를 심심풀이로 하는 한가한 놀이가 아니라 인간 특히 여성 생존에 필수불가결한 어떤 것으로 규정한다. 로드에게 있어 시란 여성성의 진수이며, 또 시를 느끼는 것은 고대 사회와의 직접적인 연결을 드러내는 도구가 된다. 그녀는 고대 사회와의 특별한 연결을 건강하지 않은 자본주의, 부패한 권력, 비인간화 같은 현대 사회의 모든 병폐를 해소할 해독제로 보고 있다. 로드는 시를 이미 존재하고 있는 어떤 생각의 표현이 아니라 새로운 아이디어의 형성 단계라고 본다. 그리하여 희망과 꿈 같은 것들이 시를 통해 언어로 전이되며, 그것들은 이윽고 새로운 세상을 창조할 일관성 있는 사상이 되는 것이다.

'에로틱의 용법: 권력으로서의 에로틱'
The Uses of the Erotic: The Erotic as Power

로드는 '에로틱'을 여성이면서 동시에 영적인 것으로, 또 여성 권력의 원천으로 규정하는 것으로 이 에세이를 시작한다. 그것이 여성 파워의 원천으로 사용될 수 있기 때문에 가부장제 사회에서 에로틱이 억압되고 있다고 그녀는 말한다. 로드는 에로틱을 여성의 깊은 느낌으로 정의하고, 그것이 여성들의 이익을 위하여 '심리적인 젖줄'로 작용할 수 있지만 사회 속에서 남성들을 위해서만 사용될 수 있게 권장되고 있다고 지적한다. 에로틱과 음란물(포르노그래피)이 종종 혼동을 일으키지만, 로드는 음란물을 에로틱의 반대라고 규정한다. 에로틱은 처음부터 끝까지 느낌인데 비해, 음란물은 느낌은 전혀 없고 감각만 있다는 것이다. 로드에게 있어 에로틱은 느낌으로부터 발전하여 경험을 나누는 권력을 의미한다.

'주인의 도구로 주인의 집을 무너뜨릴 수 없다'
The Master's Tools Will Never Dismantle the Master's House

사회적 편견과 억압을 타파하기 위해서는 반드시 새로운 도구를 만들어내야 한다는 로드의 확신을 이야기하고 있다. 이 에세이는 본래 1979년 9월 29일 뉴욕에서 열린 '제2의 성' 컨퍼런스에서 오드리 로드가 발표한 강연문이다. 로드는 여성들의 삶에서 서로의 차이점을 토론해야 할 필요성으로부터 이 강연을 시작한다. 그녀에게는 서로의 차이점을 인지하지 않는 페미니스트 이론은 불완전하다. 왜냐하면 모든 여성들이 모두 같은 편견이나 문제들을 경험하지 않기 때문이라는 것이다. 그녀는 자신이 속한 컨퍼런스 패널에서 그녀가 흑인, 레즈비언, 페미니스트의 입장을 동시에 대변하는 유일한 참가자라는 사실을 지적하며 주류사회에 비판을 가한다. 로드는 이러한 경향이 미국 사회 전체의 트렌드를 대변하는 사례라고 말하며 사회와 대적할 새로운 방법론의 필요성을 역설한다.

이 에세이는 1981년 미국 여성학회에서 오드리 로드가 강연한 내용이다. 그녀는 에세이에서 여성이 차별받으면서 나타나는 여러 가지 다양하고 복잡한 반응을 다루고 있다. 로드는 특히 자신의 경험인 흑인 여성들의 인종차별 경험을 세부적으로 분석하고 있다. 이에 따르면, 인종차별에 대한 주요한 반응은 '분노'이며 그것은 불의에 맞서는 자연스러운 '반응'이다. 로드는 분노와 죄의식, 그리고 방어적 태도를 각기 다른 것으로 구분하면서, 죄의식과 방어적 태도는 아무에게도 쓸모가 없다고 강조한다. 이어서 로드는 백인 여성들이 쉽게 저지르는 무심한 인종차별을 예시하고, 백인 여성들이 자기 안의 인종차별주의를 극복하지 못하는 것이 그녀를 분노케 한다고 말한다.

오드리 로드가 내게 남긴 것

이제 오드리 로드는 이 세상에 없고 그녀의 말과 글, 행동은 전설로 남아 있다. 나는 오드리 로드가 세상을 떠난 58세를 지난 지 오래고 앞으로 나에게 남은 생이 얼마인지 모르지만 나의 남은 생을 조심스럽게 낙관한다. 그 근거는 오드리 로드의 전략적 부활을 통해 남은 생을 살아낼 요량이기 때문이다. 그녀는 제자들을 지지하고 격려하면서 동시에 잔인할 정도로 다그쳤다. 그러나 무엇보다도 중요한 것은 어려운 일을 당했을 때 어떻게 그 어둠의 터널을 뚫고 나가느냐 하는 '정면대결'의 지혜를 그녀에게서 배웠다는 것이다. 나는 그녀를 통해 '시'가 '무기'가 될 수 있다는 것을 배웠고 '모성'이 잔인할 수도 있는 강렬한 '생존본능'이라는 것을 배웠다.

그녀는 자신의 삶을 통해 우리 서로가 조금씩 다르더라도 모두가 아름답고 강력한 힘을 갖고 있는 개별적인 존재라는 것을 가르쳤다. 그녀는 스스로 모델이 되어 우리 각자가 우리 안에 갖고 있는 힘을 보여주었고, 우리에게 그 힘을 사용하라고 말했다. 그녀로부터 '시 쓰기'를 배운 나는 '시 쓰기'를 통해 세상과 소통하는 법을 배웠고 삶을 살아내는 방법을 터득했다. 그녀로부터 시가 생존의 필수불가결한 무엇이라는 것도 배웠고, 분노의 용법을 배워 밟으면 꿈틀하는 법도 배웠다. 또한 침묵은 죽음이며 그 침묵을 말과 행동으로 옮겨야 한다는 것도 배웠다. 그녀의 언어는 언제나 내 안에서 울리고 있고, 그것은 내가 세상을 살아나가는 '생존 전략'이 되어 나와 함께 있는 것이다.

그녀는 또 내가 헌터컬리지에서 여성학 수업을 공부한 이후 뉴욕시립대 대학원 여성학 석사과정에 들어갈 때 추천서를 써주기도 했다. 그녀는 나의 스승이면서 동지였고 또 페미니스트 엄마였다. 결국 내가 그녀에게서 배운 것은 '분노의 페미니

즘'이다. 그러나 그것은 싸움과 투쟁으로만 점철된 '전쟁의 페
미니즘'이 아니라 '에로틱'이 '권력'이라는 것을 깨달은 '사랑의
페미니즘'이다. 그것은 서양의 백인이 아니어도 페미니스트가
될 수 있다는 것을 의미하고, 다른 누구도 아닌 바로 나 자신의
경험을 바탕으로 페미니즘을 주장할 수 있다는 것을 의미한다.
오드리 로드가 말했다. "만약 내가 나 자신을 정의내리지 않는
다면 나는 나를 향한 다른 사람들의 환상에 의해 산산 조각나
산 채로 잡아먹힐 것이다"라고. 나는 나에게 남아있는 삶 동안
산 채로 잡아먹히는 어리석음을 범하지는 않을 것이다. 왜냐하
면 내 영혼의 엄마인 오드리 로드가 아직도 나에게 영혼의 젖줄
을 대고 있기 때문이다.

Chapter 2

미국 여성운동의 현장
& 그 후 35년

* 이 장에서는 1990년부터 1991년까지 한국의 《여성신문》에 연재한 미국 여성운동의
현장 시리즈 기사들을 엮어 구성했습니다

1937년 나찌독일에서 열렸던
[틱페미술전]이 오는 91년 10
로스앤젤리스 미술관에서 54
에 다시 열릴 계획이다.
찌정부가 아방가르드예술
일문화에 끼치는 「부도덕
야을 폭로하고 또 「비독
German)적인 작품활동
반국가적 화가들을 규
기 위해 기획한 이 전시회
에는 약6백50여점의 미술품들이
전시되었었다.

1933년 정권을 잡은 나찌정
부는 당시 유럽을 풍미하던 큐
비즘, 퓨쳐리즘, 다다이즘 둥의
급진예술들에 부도덕, 반국가의
낙인을 찍고 탄압하기 시작하여
「바우하우스」폐쇄를 시발로 술
한 예술가, 지식인들을 내쫓았
다. 같은해 5월 베를린오페라히
우스앞에서는 토마스만, 캄
크스, 지그문트, 프로이
히, 레마르크 둥 금
의 책들이 장작데

올랐다.

37년 뮨헨에서 열린 「퇴폐미
술전」은 나찌정부의 「반국가문
화」소탕작전의 최대정점을 이룬
사건으로 정부는 내용이 불온한
것으로 간주되는 1만6천점의 책,
회화, 조각품들을 전국의 박물

8/7

나찌의 「퇴

관들로부터 압수했다.
이 압수된
작가뿐만 아
세잔,
의

독일
고갱,
유럽
4
클
르
러
버

asmin Adib, Jean Johnston and

ational Campaign for Freedom
f Expression 이라고 불 렀에
많이 걸려있고 그 밑에
위한 작은 푯

지난 주예술게 정망기
주에는 4편이

〈미즈Ms.〉 매거진
광고 없는 본격 여성운동 대중지로 복간
〈여성신문〉 1990. 12. 07 102호

　　〈미즈〉 편집국은 뉴욕의 4대 일간지 중의 하나인 전 〈뉴욕타임스〉 빌딩이었던 타임스퀘어 1번지 빌딩 9층에 자리 잡고 있었다. 브로드웨이 극장가와 관광객들을 대상으로 한 포르노극장들이 늘어선 타임스퀘어는 핍쇼Peep Show와 섹스샵의 대명사로 알려진 곳. 타임스퀘어 한가운데 높이 서 있는 이 빌딩은 또한 삼성TV와 미놀타 카메라, 펩시콜라를 선전하는 대형 전광판이 나란히 설치되어 있어 관광객들이 기념 촬영을 하는 단골 배경이기도 하다. 세계 각국의 남성들이 미국 여성들의 육체를 눈요기할 욕심으로 몰려드는 이곳에서 여성해방을 부르짖는 잡지가 만들어지고 있다는 것은 아이러니가 아닐 수 없다.

1972년, 결혼을 분수령으로 여성을 분류하는 미스Miss와 미세스Mrs.의 호칭을 거부하고 미즈Ms.라는 새로운 호칭을 개발, 여성해방의 상징적 제호로 내걸고 출범한 미 최초의 페미니스트 대중여성지 〈미즈〉는 미국 여성운동 역사에 중요한 한 페이지를 장식했다. 그러나 전성기를 구가하던 미국의 여성운동이 1980년대 이래 퇴조하기 시작하여 〈미즈〉도 광고주들과의 끊임없는 마찰로 경영난에 허덕이게 되었다. 1989년 4월 현재 55만 부를 발행하던 〈미즈〉는 그 해 11월 폐간을 결정했다.

그러나 폐간 사실이 발표된 이후 하루 평균 500통의 편지가 쏟아져 들어왔다. 독자들의 뜨거운 성원에 힘입은 〈미즈〉는 그 후 구독자 위주의 무광고체제로 바꾸는 과감한 모험을 하고 올여름 격월간지로 새로 선을 보였다. 현재 미국에서 무광고로 나오는 잡지는 소비자전문지인 〈컨슈머리포트〉와 종교잡지인 〈가이드포스트〉 두 가지 뿐이다. 이제 〈미즈〉의 합류로 셋으로 늘어난 셈이다.

〈미즈〉 창간인이며 편집인이었던 글로리아 스타이넘은 새 〈미즈〉 1호에 쓴 폭로기사를 통해 지난 17년간 광고주들과의 마찰 속에서 여성 운동잡지를 생존시키는 것이 '악몽'과도 같이 고통스러웠다고 회상했다. 즉 식품 광고는 요리 칼럼을, 패션광고는 패션 페이지를, 화장품 광고는 미용 페이지를 원해서 기존 여성잡지와 달리 전통적 여성 기사를 쓰지 않는 〈미즈〉

의 편집 방향과 마찰을 빚은 것이다. 구 소련 여성들에 대한 특집이 커버 스토리로 나갔을 때에는 화장하지 않은 여성의 얼굴이 표지에 나갔다고 화장품 광고가 모두 떨어져 나가기도 했다.

이제 광고와 굿바이한 〈미즈〉의 독자들은 상품 카탈로그 같은 잡지를 보지 않아도 되는 대신 무광고의 부담을 비싼 구독료로 지불해야 한다.(어떤 신문은 "〈미즈〉, 광고와 이혼하다"라는 제목의 기사로 새 〈미즈〉에 대해 보도했다.) 새 〈미즈〉는 격월간으로 1년에 6번 발행되며 연간구독료는 40달러. 이전 〈미즈〉는 월간으로 1년에 12회 발행되며 가판대에서는 한 권당 2달러에 판매되었으며 연간구독료는 할인해 1년에 15달러였다.

비영리단체 인가를 받은 새 〈미즈〉의 목표는 경영의 현상 유지이며 앞으로 남게 되는 이윤은 모두 〈미즈〉 부설기관인 미즈여성교육재단에 기부되어 여성운동의 현장에 쓰이게 된다. 광고가 없어진 새 〈미즈〉의 가장 큰 변화는 국제적인 여성운동에 대한 관심 증대와 그에 대한 중점 보도이다. 새 편집인 로빈 모건은 취임과 함께 캐나다, 브라질, 칠레, 이집트, 뉴질랜드, 파키스탄 등 총 25개국의 여성운동가들로 이루어진 국제적 자문위원단을 구성했고, 이들로부터 세계 각국의 여성운동 현황이 직접 들어온다.

자문위원단에 한국은 포함되어 있지 않으나 〈미즈〉 편집국에는 한국 여성 한 명이 기자로 일하고 있다. 그녀의 이름은 매리 서(한국명 서미경). 미국에서 출생하여 한국말을 잘하지 못하는 그녀는 〈미즈〉에서 일한 지 2년 되었다. 명문 사립 여대인 브린마컬리지를 졸업하고 노스웨스턴대학에서 저널리즘으로 석사학위를 받았다. 〈미즈〉지에 합류하기 전에 전 민주당 대통령 후보였던 두카키스 캠페인단에서 일하기도 했다. 지난 7월 일주일간 서울을 방문했던 서 기자는 여성운전자가 보편화되어 있는 것을 보고 한국사회의 변화를 감지했다고.

새 〈미즈〉의 국제화 노력은 기자 채용에도 드러나 편집실 총 13명(대부분 외부기고로 채워지는 〈미즈〉지는 자체 기자들을 많이 필요하지 않다.) 중 아시아계 2명(한국계 매리 서 기자 외에 중국계 기자가 한 명 더 있다.), 흑인기자 3명, 히스패닉계 1명, 아메리칸 인디언계 1명으로 숫자로만 보면 반 이상이 비백인 여성들로 이루어졌으며 연령대도 20대에서 50대까지 다양한 분포를 보여 여성운동의 인종적, 문화적, 연령적 다양성을 반영하고 있다.

그 후 35년 〈미즈〉

1991년부터 무광고로 전환한 〈미즈〉는 그 후 소유주가 몇 번 바뀐 끝에 1998년에 글로리아 스타이넘, 마샤 길레스피 등의 여성 투자자들이 공동으로 설립한 여성자유언론Liberty Media for Women 그룹으로 넘어갔다. 그 후 여성자유언론이 파산 위기에 처하면서 2001년 11월 페미니스트 다수 재단Feminist Majority Foundation'이 잡지사를 인수하고 본사도 뉴욕에서 로스앤젤레스로 옮겨 지금까지 발행하고 있다.

이후부터 〈미즈〉는 1년에 4번 발간하고 있는데 판매 부수 6만 5,000에 온라인 포함 16만 명의 독자층을 확보하고 있다. 로빈 모건이 1994년 〈미즈〉를 떠난 뒤 마샤 길레스피Marcia Gillespie, 일레인 레퍼티 Elaine Lefferty 등이 그 뒤를 이었으며, 2025년 현재는 캐시 스필러 Kathy Spillar가 총괄 편집을 맡고 있다. 이 중에서 길레스피는 1992년부터 9년 동안 〈미즈〉지 최초의 흑인 편집인으로 활약했다.

홈페이지 https://msmagazine.com 인스타 @ms_magazine

👤 인터뷰

복간 〈미즈〉의 새 편집인 로빈 모건, 좌익무장운동에서 출발한 여성운동가

로빈 모건(오른)과 저자(왼)

새 〈미즈〉의 편집인이 된 로빈 모건은 1970년대 미국여성 운동의 양대 슬로건 중 하나가 된 책《자매애는 강하다Sisterhood is Powerful 1970년 초판,랜덤하우스》의 편저자로 많이 알려진 미국 여성운동계 역전의 용사이다. 그녀는 또한 지난 1984년《자매애는 세계적이다Sisterhood is Global 1984년 초판.더블데이출판사》를 펴내 국제적인 여성운동가로 변모한 모습을 보여줬고 그 책에는 전 신민당 당수였던 고 박순천 여사와 이태영 여사의 가정법률상담소 사업이 한국여성운동의 일부로 소개되기도 했다.

〈미즈〉 사무실 안에 있는 그녀의 방에서 만난 로빈 모건은 쇼트 커트의 머리에 갈색 니트 스웨터와 바지 차림을 한 자그마한 체구의 여성이었다. 그 흔한 장신구도, 화장기도, 미장원 흔적도 하나 없는 그녀의 모습에는 꾸밈새라는 것이 전혀 없었다. 그 때문인지 그녀는 또 사람을 금방 오래 알던 지기처럼 만들어 버리는 능력이 있어 우리는 곧 편안하고 자유로운 대화를 이어갔다.

우선 미국의 여성계는 물론 매스컴 전문가들도 모두 촉각을 곤두세우고 주목하고 있는 무광고체제 이후의 상황을 물어보았다. 그녀는 광고없이 나온 새 〈미즈〉 1호, 2호가 모두 48시간 이내에 전량 매진되었다고 전하며 말한다.

"자본주의의 아성인 미국에서 광고없이 잡지를 만든다는 것은 미친 짓이라고 모두 회의적이었지요. 그런데 지금은 모두

가 놀라고 있어요."

　여성운동의 사활을 걸고 한 모험에서 예상외의 성공을 거둔 그녀는 흥분을 감추지 못하고 '판타스틱'을 연발했다. 1991년 7월까지 잡았던 목표선이 이미 초과달성(?)된 상태로 전도가 밝다는 것이다. 오랫동안 〈미즈〉 기고가로 글을 쓰기도 했던 로빈 모건은 자신이 이끌고 있는 새 〈미즈〉의 방향을 "무광고, 국제 여성운동, 편집권의 독립" 세 가지로 꼽는다.

　오늘날 여성운동계의 베테랑으로 알려진 그녀의 활동가로서의 첫 출발지는 사실 1960년대 뉴레프트 내의 무장투쟁을 벌이던 래디컬Radical이었다. 그녀는 FBI와 CIA의 요시찰대상자였을 뿐만 아니라 백악관 비밀경찰과 공항의 통제 리스트에까지 기록이 올라가 있을 정도로 급진적인 혁명가(?)였다. 당시 무장투쟁을 벌이던 그녀의 동지들이 대부분 철창 안에 있는 지금 미국의 언론들은 아무도 그녀의 전력을 언급하지 않는다. 또 그녀 자신도 자신의 '1960년대'에 대해 호들갑스럽게 밝히고자 하지 않는다. 그러나 테러리즘과 여성문제를 분석한 그녀의 신간 《더 데몬 러버; 테러리즘의 섹슈얼리티The Damon Lover ;On the Sexuality of Terrorism 1989년 1월 1일 초판,W W Norton & Co Inc》에는 아직까지 알려지지 않은 그녀의 '1960년대'가 정직하게 기록돼 있고 또 백인남성 중심의 1960년대 뉴레프트 운동에서 어떻게 여성운동이 파생되었는가의 한 단면을 보여준다.

사격술과 폭파술을 배우던 그녀는 책과 타자기를 내다 버리지 않는다 하여 '부르주아 소프트'경향을 비판받는다. 또 '세포조직의 안전 결속'을 위하여 세포 내의 모든 남성 동지들과 "잠자야"하는 규율을 거부한다고 다시 부르주아 경향으로 비판받는다. 그녀는 또 백인 남편의 아이를 임신했다고 "제국주의 돼지"의 아이를 가졌다고 조롱받는다. 사생활이 없이 연속적으로 열리는 언더그라운드 미팅 때마다 폭력에 대한 혐오를 '혁명의 스트레스'라고 자위하며 화장실에 가서 다 토해내야 했던 그녀는 결국 혁명을 꿈꾸던 무장투쟁운동과 결별을 선언하고 임신과 함께 여성운동가로 변신하게 되었다. 때맞춘 임신이 어쩌면 오늘날 철창 속에서 일생을 보낼 뻔했던 그녀의 운명을 바꾼 것이다.

그녀는 1968년 WITCH^{마녀라는 뜻으로 Women's International Terrorist Conspiracy from Hell의 약자}라는 기발한 이름의 래디컬 페미니스트 그룹을 결성하고 본격적인 여성운동을 전개하기 시작했다. 그러나 여성운동으로의 방향 전환과 함께 그녀는 우파로부터는 '공산주의자'로, 좌파로부터는 '혁명의 배반자'로 낙인찍혀 살해 협박과 폭파위협을 당하기도 했다. 그녀의 전력은 여성운동의 전개 방향에도 영향을 미쳐 여성의 호신술, 차량 운전, 정비술, 응급의료술, 무선통신술, 기본 전기기술, 목공기술까지 기본적인 생존기술을 훈련하는 6주간의 여성캠프 프로그램도 보급시켰다.

어린 시절 TV드라마에도 출연했을 정도로 전형적인 백인 여성의 미모를 갖춘 그녀의 모습은 50대에 들어선 지금에도 보는 사람의 마음을 풀어놓게 할 만큼 부드럽고 아름답다. 야간시간에 공공건물에 잠입하여 다이너마이트를 설치하는 그녀의 모습은 도저히 그려지지 않는다. 그녀에게 투옥 경력을 물어보았다.

"몇 번 있었지만 보석금 물고 곧 나왔어요."

별로 말하고 싶어 하지 않는다. 실상 그녀가 체포당한 경력은 모두 여성운동가로서의 경력과 관련된 것으로 1968년의 미스아메리카 선발대회 반대 시위를 시발로 반전시위, 포르노 반대 시위 등으로 인해 수차례 유치장 신세를 졌다.

1970년대 중반부터 제3세계 민족해방운동과 세계 여성운동으로 관심을 돌린 그녀는 인터내셔널 여성운동에 초점을 맞추게 된다. 1960년대의 래디컬이 대부분 안정과 세속화에 '말랑말랑'해진 지금 그녀는 아직도 세상과 인간에 대한 열정과 모험심으로 가득 차 있다.

"여성운동 내에도 강대국 미국이 범하고 있는 백인 우월주의적 경향이 있어요. 〈미즈〉가 세계 여러 나라 여성들에게 초점을 맞추고자 하는 것은 여성운동을 가르치려고 하는 것이 아니라 그들에게서 배우고자 하기 때문입니다."

세계 여러 나라의 여성들을 찾아다니며 그녀가 깨달은 것은 문화의 차이로 인한 형태의 다양한 차이에도 불구하고 여성운동이 어디에서나 놀랄 만큼 보편적인 공통점을 갖고 있다는 것이다. "세계 각국의 여성들을 만나 보고 제가 느낀 공통점은 놀라울 정도입니다. 어느 나라의 여성들이나 여성문제와 더불어 평화와 환경문제에 주력하고 있고 또 문제를 민주적으로 해결하려고 노력한다는 것입니다."

그녀는 1979년엔가 한국 여성계에서 초청받은 일이 있었으나 호주에서 열리는 회의와 겹쳐 가보지 못했다고 아쉬워하며 한국의 '자매'들과 만날 기회가 있기를 희망하고 있다. 작가로서의 자신을 중시하는 그녀는 새〈미즈〉가 정상궤도에 오르면 후배들에게 물려주고 집필활동에 전념할 것이라고 밝힌다. 약 한 시간에 걸친 인터뷰가 끝나고 나오는 나에게 그녀는 자신의 저서 《더 데몬 러버 The Demon Lover》를 증정했다. 그 책에는 그녀의 사인과 함께 "국제적인 자매애로 In Global Sisterhood" 라고 쓰여있었다.

그 후 35년 로빈 모건

로빈 모건은 1989-94년 동안 〈미즈〉 편집인을 맡으면서 무광고 운영체제를 성공적으로 정착시켰다. 그녀는 〈미즈〉를 떠난 후에도 유럽, 중남미, 아시아 등 세계 각지를 돌아다니며 강연, 집회를 통해 여성운동의 세계화를 계속 추진했다. 또 미국 여성들의 지속적인 지위 향상을 위해 2005년에 미즈 창간인 글로리아 스타이넘, 여배우 제인 폰다와 함께 여성미디어센터를 창립하고 라디오 쇼, 팟캐스트 등을 활발히 운영해 왔다. 라디오 방송은 미 전역으로 송출되며, 팟캐스트는 여성미디어센터 웹사이트에서 온라인으로 운영되고 110개 국가로 확산되기도 했다. 모건은 저술 활동도 멈추지 않아 2003년에 《자매애는 영원하다 Sisterhood Is Forever》를 출간하여 이전의 《자매애는 강하다》와 《자매애는 세계적이다》에 이은 '자매애' 3부작을 마무리 었다. 이 책은 노장 여성 활동가들과 젊은 여성 운동가들이 참여해 페미니즘의 지난 성과와 향후 방향을 논하는 글들로 채워져 있다. 모건은 여성운동과 함께 일찍부터 문필가로서 시, 소설 집필도 계속해 와 '자매애' 3부작을 포함해 모두 21권의 단행본을 출간했다. 이같은 다방면의 활동을 인정받아 모건은 1990년에 여성다수재단에 의해 '올해의 여성'으로 선정되었으며, 1992년에는 아시아계 미국여성기구로부터 '올해의 여성 전사상'을 수여 받았다. 또 2007년에는 미국인본주의협회로부터 '여성영웅상'을 받기도 했다.

미국 여성운동의 본산지
나우^{NOW} 뉴욕지부 탐방
〈여성신문〉 1990. 12.14 103호

나우^{NOW}는 어떤 단체인가,
당장 '지금부터'라는 의미에서 'NOW'라고

현재 미국 최대의 여성기구로 성장한 '전미여성기구Na-
tional Organization for Women 이하 나우NOW'는 1966년 6월 30일 저
녁 워싱턴D.C.의 한 호텔방에서 탄생되었다. 당시 대통령 직속
자문위원단으로 설치되었던 여성지위위원회 연례회의에 참석
했던 28인의 여성 대표들은 고용동등법안의 의회상정을 권고
하는 결의안 채택조차 금지되어있는 것을 알아차렸다. 토큰에
불과한 허울에 분노한 대통령 직속위원단의 여성대표들은 자
연스럽게 실력행사를 할 수 있는 별도의 여성기구 조직을 귓속

말로 속삭였다.

《여성의 신비》출판으로 현대 미국 여성운동의 봉화를 올린 것으로 평가받는 베티 프리단도 당시 초청 연사로 그 회의에 참석하고 있었다. 그녀는 회의 마지막날 자신이 투숙하고 있던 호텔 방으로 여성대표들을 불러들였다. 그녀는 냅킨 위에 "미국 사회 주류에 여성들의 완전한 참여를 유도하기 위한 행동을 취한다"라는 문장과 함께 지금부터 당장이라는 의미에서 "나우NOW"라고 썼다. 호텔 방의 냅킨 조각 위에 쓰여진 프리단의 말들은 그대로 이 조직의 이름이 되고 강령이 되었으며 그녀는 나우NOW의 초대 회장이 되었다.

세컨드웨이브 페미니즘이라고 흔히 불리는 현대 미국 여성운동의 발단은 여성참정권 운동으로 불리는 미국의 첫 번째 여성운동의 발단과 흥미로운 유사점을 보인다. 투표권을 얻기 위한 미국의 첫 번째 여성운동이 시작된 곳은 1840년 영국 런던에서 열린 노예폐지를 위한 회의장이었다. 노예제도를 반대하는 진보적 인사들이 참가한 이 회의에 두 명의 미국 여성이 참석했고 이 두 여성에 대한 대우 문제가 논란을 일으켰다. 표결에 부친 결과 그녀들은 여자라는 이유만으로 정식 대표 자격이 거부되고 대신 커튼 뒤에 숨어서 회의 진행을 듣는 것만이 허용되었다. 노예해방을 위해 함께 싸우던 인사들에게조차 이러한 굴욕적인 처사를 당한 이 두 여성은 여성의 권리를 위한 싸움이 필요하다고 판단하여 '여성권리대회' 소집을 약속했다. 그 후 8년이 지난 1848년에야 최초의 '여성권리대회'가 열려 여성의 참정권 운동이 선언되었다. 그러나 미국여성들이 투표권을 획득한 것은 그 후 72년이 흐른 1920년이었다. 참정권 운동이 가장 격렬했던 1917년 한 해만 미국의 26개 주에서 218명의 여성들이 체포 및 투옥되었다. 투표권을 얻은 지 반세기 후에 나우NOW의 조직을 필두로 다시 시작된 미국의 여성운동은 '미완의 혁명'을 완수하기 위한 운동이라 선언하고 남녀동등권을 목표로 삼았으나 남녀동등법안인 ERA는 아직까지 통과되지 못하고 있는 실정이다.그러나 1960년대 흑인 민권운동과 더불어 격렬하게 전개된 미국의 여성운동은 여성운동의 본거지를 미국이라고 여기게 만들 만큼 눈부신 성과를 거두었다. 나우NOW의 주요 업적은 항공기 여성 승무원의 결혼 정년 철폐 소송, 구인 광고의 남녀 차별 철폐 소송, 미스아메리카 선발대회 반대 시위, 성폭력 가정폭력의 사회문제화, 데이케어 보급, 산전 산후 유급휴가의 쟁취, 여성의 자녀 양육권 획득, 직장에서의 성차별 제기, 지역사회 서비스 등을 들 수 있다.

👤 인터뷰

끈기있게, 포기하지 않고 움직여야 합니다
나우NOW 뉴욕지부 대표 멜로디 바한

뉴욕시 맨해튼의 다운타운 18번 스트릿 5번가와 6번가 사이에 위치한 전미여성기구, 이하 나우NOW의 뉴욕지부는 빌딩의 겉모습만 보아서는 그곳이 바로 1970년대 미국을 뒤흔든 여성운동의 본거지라는 것을 알 수 없었다. 인쇄소, 도안 샵, 전문 서점들이 들어찬 거리에 자리 잡은 건물 안에 들어선 후에야 9층에 나우NOW 뉴욕지부가 있다는 것을 알리는 안내판이 보였고 9층의 엘리베이터 문이 열리자 각종 포스터와 배너, 플래카드들이 한눈에 들어와 그제서야 그곳이 미국의 여성운동을 움직이는 곳이라는 현실감을 주었다.

　　입구에는 여러 가지 문건들이 수북히 쌓인 카운터 앞에 두 명의 여성이 앉아서 방문객들을 맞고 있었다. 나우NOW 뉴욕지부 회장과 인터뷰가 있어서 왔다고 말하자 곧이어 생머리를 길게 늘어뜨린 한 여성이 나왔다. 헐렁한 운동 셔츠와 바디라인을 드러내는 에어로빅용 바지 차림, 의외로 젊어 보이는 그녀의 모습은 내 예상을 한참 빗나가버려 나를 잠시 당황하게 했다. 학교 체육관에서 방금 튀어나온 것 같은 모습의 그녀가 1만 명의 회원을 가진 나우NOW 뉴욕지부의 대표란 말인가? 나의 놀란 표정을 눈치챘는지 그녀는 자신이 아파서 정장 차림이 아닌 캐주얼 차림으로 왔다고 말하며 미안하다고 했다. 그러나 나는 곧 회장이라는 직함에 대한 나의 고정관념을 탓하고 오히려 그녀의 젊음과 격식 없음을 현대 미국여성운동의 한 특성으로 파악하게 되었다.

그녀의 이름은 멜로디 바한Melodie Bahan. 현재 나우NOW 부
설 상담 프로그램인 '위민스 헬프라인Women's Helpline'의 디렉터
이며 1991년 1월부터 나우NOW 뉴욕지부의 회장직을 맡게 된
다. 전국적으로 총 25만 명의 회원과 800개 지부를 가진 나
우NOW는 각 지부마다 독립적으로 회장 선거를 실시하며 나우
NOW 뉴욕지부는 3년 이상 연임이 금지되어 있고 매년 선거를
실시한다.

나우NOW결성과 동시에 1966년 전국 최초로 조직되어 최
대 회원 수(1만 명)를 확보하고 있는 나우NOW 뉴욕지부는 바로
미국 여성운동이 태동되고 발전된 곳이라해도 과언이 아닐 정
도로 나우NOW의 역사와 활동을 대변한다. 《여성의 신비》를 쓴
베티 프리단의 아파트에서 처음 시작된 나우NOW 뉴욕지부는
이제 빌딩의 한 층을 모두 사무실로 쓰고 10여 개의 각종 소위
원회를 두고 연간 예산 70여만 달러를 움직이는 대규모 조직으
로 발전하였다.

나우NOW 뉴욕지부 산하에는 여성문제 상담전화 '위민스
헬프라인Women's Helpline'을 비롯하여 의식화그룹, 기금모금, 입
법, 미디어, 뉴스레터, 출산권, 자원봉사, 레즈비언, 심리학, 변
호사, 다문화, 특별행사 등 여러 소위원회들이 다양한 활동을
펼치고 있다.

    1980년대 이후 '포스트 페미니즘(페미니즘 이후) 시대'라는 매스컴의 조소어린 표현을 듣던 미국의 여성운동이 다시 불붙기 시작한 것은 '낙태권' 이슈가 미 정치권의 주요쟁점으로 부상하면서부터이다. 낙태를 합법화시킨 1976년의 대법원판결이 지난 1989년 다시 부분적 규제로 뒤집어지자 미 여성계는 분노했고 그해 4월 워싱턴D.C. 대법원 앞에서 열린 항의 시위에 전국에서 미국 역사상 최대규모인 60만 명의 인파가 몰려들었다. 나우NOW 뉴욕지부에서는 워싱턴의 낙태권 시위에 참가하고자 하는 회원들을 실어나르기 위해 버스 150대를 대절해야 했다. 바한 차기회장에 따르면 낙태권 규제 판결이 발표된 이후 2주 동안에만 500명의 새 회원이 늘어났다고. 핫이슈로 떠오른 낙태권 문제 외에도 이슈는 다양하다. 가정폭력 상담, 쉼터서비스를 제공하는 '위민스 헬프라인'에는 하루 평균 40여 명의 여성들이 도움을 호소해 오고 있으며 이와 관련된 "가족이슈"들이 앞으로 나우NOW의 역점사업이 될 전망이다.

    또한 나우NOW의 창립과정에서도 나타나듯이 정치활동은 나우NOW의 빼놓을 수 없는 주요사업이다. 미국의 정치 수도인 워싱턴D.C.에는 나우NOW의 전국 본부가 설치되어 있으며 그곳에서는 로비활동을 비롯한 정치활동에 집중하고 있다. 나우NOW의 전국대표인 몰리 야드 회장은 지난 봄 이래 공화, 민주 양당을 싸잡아 공격하면서 제3당, 즉 여성정당 설립설을 끊임없이 띄우고 있다.

　뉴욕시와 올바니에 위치한 뉴욕주를 대상으로 하는 나우 NOW 뉴욕지부에서는 이번 11월 선거에서 회원인 데보라 글릭을 뉴욕 주의회에 진출시켰고 또 낙태권 반대론자로 알려진 뉴욕주 상원의원 알 다마토 의원 떨어뜨리기 운동도 하고 있다.

　바한 차기 회장은 "여성들이 미 인구의 51%를 점하고 있습니다. 우리는 특정 이익 그룹이 아닌 다수이고 또 등록 유권자수나 실제 투표 참여자 수도 여성이 더 많이 차지하고 있는 실정입니다. 정치권에 여성들이 많이 진출하지 않고는 아무것도 변화시킬 수 없습니다"라고 설명하며 정치활동의 중요성을 강조한다.

　일리노이 출신으로 19세 때 그 지역 나우NOW 지부를 결성하기도 한 멜로디 바한 차기 회장은 일리노이주 맥머리 컬리지에서 연극을 전공한 배우 지망생에서 여성운동가로 변신했다. 일리노이 지부에서 활발한 활동을 펼치던 바한 차기회장은 그 후 워싱턴으로 진출하여 활동하다가 지난 1986년부터 나우 NOW 뉴욕지부로 와서 활동하고 있다.

　나우NOW가 다른 여성조직과 다른 특기할 점은 남성회원도 받아들인다는 사실이다. 여성운동에 뜻을 같이 하는 사람은 성별의 구별 없이 회원이 될 수 있으며 그 결과로 남성은 물론이고 학생, 전문직, 주부, 노인에 이르기까지 나우NOW의 회원지도는 무차별한 분포를 보인다. 그러나 1970년대 여성운동의 전성기 시절부터 지적되어 왔듯이 나우NOW의 회원구성은 백인 중심이었고 그 점을 고치기 위해 '다문화 소위Multi-Cultural Issues Committee'가 구성되어 비백인 여성들의 문제에 접근하고자 노력하고 있다.

"뉴욕같이 다인종이 모여 사는 이민도시에서는 백인중심 여성운동이라는 것이 불가능합니다. 우리 상담 전화에 도움을 호소하는 여성들의 상당수가 비백인 여성들입니다. 그래서 다른 문화권의 여성문제를 이해하고 풀기 위한 노력을 많이 하고 있습니다"라고 바한 차기 회장은 말한다.

지역사회 여러 이슈들에 대해 여성의 시각에서 문제를 제기하는 나우NOW는 한 달 평균 20회 가량의 기자회견을 열어 목소리를 높인다. 일례를 들면 최근 뉴욕시 소방대원 고용에 있어 성, 인종차별을 들어 시 정부 인사정책을 비판하는 청문회를 열고 고용의 동등 기회를 촉구했다.

또 미디어 소위에서는 매년 2월 여성모델들의 수영복 특집호를 내는 〈스포츠 일러스트레이트〉 항의 시위를 열고 성차별적인 미디어 프로그램이나 특정 연예인에 대한 보이콧 운동도 벌인다. 나우NOW 뉴욕지부에서는 매월 신문을 무료로 발행하며 각 소위에서 주최하는 서비스 프로그램들 '별거 이혼 법률가이드', '직장내 성차별', '직업훈련', '여성의 성', '여성보호가이드' 등이 워크숍, 세미나, 강연 등의 형태로 정규적으로 열린다. 여성 운동인자를 배출하는 초석으로 여겨지고 있는 의식화그룹(CR)은 수요그룹과 목요그룹으로 나뉘어 두 그룹이 훈련받은 지도자와 함께 8주 동안 모임을 갖는다. 바한 차기 회장은 여성운동에 대한 이해가 부족한 신규회원들을 위해 다음 해에는 '여성운동의 역사'에 중점을 두는 교육사업을 구상하고 있다고 밝힌다.

한국의 가족법 개정 이야기*를 〈미즈〉를 통해 알았다는 그녀는 "법을 고치는 것이 어려운 일이지만 사회를 고치는 일은 더 어렵다"라고 한마디 한다.

"미국의 현대 여성운동은 이제 25년밖에 안 된 젊은 운동입니다. 운동의 성과는 더디기 때문에 포기하지 않고 끈기 있게 움직여야 합니다."

"한 발자국의 진보도 다음 세대를 위해 좋다"라는 그녀의 거시적인 발언을 들으며 한국여성운동의 나이는 얼마나 될까 생각해 보았다.

---

* 한국사회의 대표적 여성운동이었던 가족법 개정운동은 가족 내 양성평등을 위한 법률 개정운동으로 한국 최초의 여성 변호사였던 이태영 박사가 처음 시작한 1952년부터 반세기가 넘도록 끈질기게 이어진 시민운동이었으며 2005년 호주제가 폐지되면서 마침표를 찍었다.

그 후 35년 나우^{NOW}

미국 최대 여성운동 단체인 나우NOW는 1990년대 이후에도 계속 성장해 창립 55년인 2021년에 워싱턴 본부 산하 미 전역에 걸쳐 550개 지부를 두고 회원은 약 50만 명이었다. 특히 1972년에 연방 상·하원에서 통과됐으나 38개 주 비준을 받지 못해 아직 미 헌법 수정조항으로 채택되지 못한 '동등법안Equal Rights Amendment'의 헌법화를 위해 계속 노력하고 있다. 베티 프리단이 초대 회장으로 활약한 후 2020년부터 크리스챤 누네스Christian Nunes가 13대 회장을 역임하고 있다. 누네스는 유명한 사회복지 운동가로 나우NOW 역사에서 두 번째 흑인 회장에 해당된다. 전국여성기구 산하 최대 지역 조직의 하나인 뉴욕지부는 현재 소니아 오소리오Sonia Ossorio 지부장하에 2만 명의 행동가들이 일하고 있다. 나우NOW 뉴욕지부는 최근에 여성 폭력 반대 운동에 집중하고 있다. 여성이라는 이유로 폭력 희생자가 된 여성들이 법에 호소할 수 있도록 하는 뉴욕시 '성적 동기 폭력법Gender-Motivated Violence Act' 제정에 크게 기여하고 대규모 홍보를 벌이는 중이다. 이 법은 성폭력, 물리적 폭력은 물론 가정폭력과 언어폭력을 당한 여성이 9년 이내에 가해자에게 피해보상을 포함한 민사소송을 제기할 수 있도록 허용하고 있다.

홈페이지 https://now.org 인스타그램 @nationalNOW

가족계획연맹 피피PP PP 〈여성신문〉 1991. 1. 18 107호

"다시는 철사 옷걸이 낙태 시절로 되돌아가지 않을 것"
엄마가 될 수 있는 결정은 여성 자신이 내려야

1989년 4월 워싱턴D.C.에서 열린 낙태권 시위 사진,
"안전한 섹스를 위해 콘돔을 사용하라"라는 팻말을 들고 콘돔드레스를 착용하고 있다.

뉴욕시에 있는 가족계획연맹 〈PPPlanned Parenthood〉(이하 피피PP)는 창립자의 이름을 따 〈마가렛 생거 센터〉라는 이름으로 피임과 관련한 진료와 교육사업을 펼치고 있다. 일종의 산부인과 전문 진료소같은 이곳은 주로 빈곤 여성, 남성들을 위한 피임 교육과 안내, 낙태, 불임수술 등 가족계획 사업을 중심으로 여성의 건강 문제에 대한 의식화 교육도 겸하고 있다. 최근 몇 년간 낙태권 문제가 미국 여성운동과 정치권의 주요 쟁점으로 떠오르며 이곳은 여성들의 출산통제권 보호를 위한 최전선으로 부상하였다.

전국 172개 지부 총 879개 진료소 시설을 갖춘 가족계획연맹의 회장은 페이 웨틀톤이라는 이름의 여성으로 지난 1978년부터 회장직을 맡고 있다. 마가렛 생거가 회장직을 맡았던 이래 최초의 여성회장이 된 웨틀톤 회장은 생거와 같은 간호사 출신. 낙태권 논쟁의 정치 쟁점화 이래 〈프로-초이스연합〉의 대표적 지도자로 부상한 웨틀톤 회장은 잦은 국내외 출장으로 인터뷰 약속 얻기가 하늘의 별따기 만큼이나 어려웠다. 웨이팅리스트에 올려놓고 수개월을 기다려야 한다는 미디어디렉터의 말을 듣고 회장 인터뷰는 포기했다.

처음 세워졌던 브루클린에서 옮겨 맨해튼 로워이스트에 위치한 〈마가렛 생거센터〉(이하 생거센터)를 찾은 날은 토요일이었다. 토요일 휴일을 이용하는 환자수가 많다는 이야기를 들은 때문이었다. 낙태 반대시위와 지지시위까지 양쪽의 시위가 모두 피임과 낙태의 상징인 생거센터 앞에서 벌어져 종종 신문지면을 장식했지만 그날의 건물 앞은 한산했다. 입구에 들어서자 중무장한 경비원이 출입자들의 핸드백 속까지 일일이 검사하는 '삼엄한(?)' 경비를 펼치고 있었다. 가방 속까지 검사하는 이유를 묻자 경비원은 한심하다는 눈초리로 쳐다봤다. 사실 전국에 산재해 있는 피피PP 소속의 진료소들이 낙태 반대론자의 시위, 폭파 위협 등 공격목표가 되는 상황을 감안하면 자연스러운 일이었다. 지난 1984년과 1985년 총 49건의 폭파사건이 발생했고 그 외에도 협박 전화, 폭발물 우편배달, 살해 협박까지 다양한 방법의 공격이 피피PP산하 진료소들을 대상으로 행해지고 있는 실정이다.

개인 주치의나 보험이 없는 빈곤층 여성들이 주로 이용하는 생거 센터에서의 낙태비용은 1991년 현재 200달러가 조금 넘으며 개인병원을 통해 하는 일반 낙태비용이 600달러가 넘는 데 비하면 약 1/3의 가격이다. 미 전국적으로는 한 해 평균 160만 건의 낙태가 행해지며 그 중 피피PP지부 진료소를 통해 시술되는 낙태는 약 7.6%를 점한다. 지난 1989년 약 12만 2,000건의 낙태가 피피PP 진료소를 통해 실시되었다.

그러나 낙태가 이곳에서 실시되는 서비스의 전부는 아니다. 지난 1989년 피피PP산하 진료소를 통해 관련 서비스를 받은 사람은 남녀포함 총 270만 명에 달했다. 10대 임신방지와 교육 프로그램은 피피PP가 역점을 두고 추진하고 있는 사업으로 지난해 피피PP 주최로 각급학교를 통해 성교육을 비롯한 출산 관련 건강교육 프로그램에 참가한 학생 수가 초중고, 대학생까지 100만 명에 달했다. 또한 미 가족계획연맹은 〈가족계획국제보조Family Planning International Assistance〉(이하 FPIA) 지부를 창설, 세계 여러 나라에 가족계획 사업을 지원하고 있다. 1989년에

FPIA 프로젝트를 통해 아프리카, 아시아, 라틴아메리카 38개국 150만 명이 피임과 관련한 서비스를 받았다.

그런 통계자료를 들추지 않더라도 생거센터 이용자의 면면을 살펴보면 이곳이 생거의 생전시절과 마찬가지로 미국의 하층계급 여성들(이민의 나라인 미국은 언제나 새로운 이민그룹과 유색인종이 하층계급을 형성한다.)에게 절박한 서비스를 제공하고 있는 중요한 존재라는 사실을 알 수 있다. 진료시설을 갖춘 생거센터와 달리 미가족계획연맹 본부는 오피스 빌딩이 밀집해 있는 맨해튼 미드타운에 위치하고 있었다. 패션업체들이 많아 패션애비뉴라고 불리우는 7번가 52~53 스트리트 사이에 자리 잡은 본부 오피스에서 만난 미디어디렉터 아니타 와다니씨는 낙태가 합법화되기 전 매년 100만 명 가까운 여성들이 불법낙태를 감행했고 그로 인해 수 천 명이 목숨을 잃고 또 수 만 명의 여성들이 불임이 되었다고 전하며 미국의 여성들이 "다시는 철사 옷걸이 낙태시절로 되돌아가지 않을 것"이라고 말한다.*

지난해 낙태 합법화 판결이 부분적 규제로 뒤집어지자 워싱턴 대법원 앞에는 60만 명의 여성들이 몰려들어 시위를 벌였고 시위장 곳곳에는 불법낙태의 상징인 피묻은 철사 옷걸이들이 걸려있었다. 미국의 많은 여성운동 전문가들은 낙태권을 제

---

* 낙태가 불법이던 시절 미국여성들은 철사 옷걸이를 집어넣어 혼자 낙태를 유도, 많은 사고를 기록했다.

한하는 법안을 포함한 대법원의 보수 회귀에 커다란 우려를 나타내면서 1990년대 미 여성운동의 최대역점이 낙태권 싸움이 될 것이라고 전망하고 있다. 여성들의 출산권 이슈를 사회문제화한 경험이 없는 한국의 실정에 비교해 보면 "나의 자궁은 국가 소유가 아니다"라는 팻말을 들고 낙태권 시위에 참가하는 미국의 여성들이 '별난 여자들'로 여겨질지도 모르겠다.

1910년대 뉴욕의 빈곤층 이민여성들이 몰려 살고 있는 브루클린에서 공인간호사로 일했던 마가렛 생거는 출산 때마다 임신을 하지 않을 수 있는 방법을 가르쳐달라고 애원하는 여성들을 무수히 만났다. 피임이 법적으로 금지되었던 당시 그녀가 해줄 수 있는 조언은 "남편을 지붕 위에 올라가 자게 하라"는 딱한 충고 뿐이었다.

아이리시 이민가정에서 11명의 형제들과 함께 자란 마가렛 생거는 잦은 임신과 출산으로 48세에 사망한 자신의 어머니로 인해 대가족 빈곤 이민가정 여성들의 참상을 누구보다 잘 알고 있었다. 여성의 건강보호와 빈곤의 악순환을 막기 위해 피임의 필요성을 절감한 생거는 여동생 에델 바이른, 동료 파니아 민델과 함께 1916년 미 최초의 피임진료소를 세웠다. 여성용 피임기구 다이아 프램Contraceptive Diaphragm 보급과 피임교육을 주 업무로 처음 시작한 이 진료소는 개원하자마자 새벽부터 줄 서 기다리는 여성들이 장사진을 이룰 정도로 열렬한 호응을 받았다.

그러나 이 진료소는 세워진 지 한 달도 못 돼 창립자 세 여성이 모두 체포, 구속당하는 수난을 겪어야 했다. 피임에 대한 정보 안내와 보급을 '외설'로 규정해 금지시킨 컴스탁 법안 위반 혐의였다. 문제의 법은 1870년 발안자의 이름을 따 명명된 법안으로 '외설'규정조항에 어긋난다는 것이었다.

구속된 세 여성은 벌금형을 거부하고 항소하는 동시에 30일 동안 교도소에 있으면서 단식투쟁 등 강경노선을 고수하였고 밖에서는 항의 시위가 잇달았다. 뉴욕주 항소법원에서는 컴스탁법안의 전면 개정 대신 부분적으로 "의사가 기혼부부에게 제공하는 피임안내"는 합법으로 규정했다. 그 후 미국피임연맹을 조직, 회장으로 피선된 마가렛 생거는 국제피임연맹과 함께 1926년 제네바에서 개최된 제1회 세계인구회의World Population Conference가 열리는 데 결정적인 역할을 했다.

1929년 경찰이 생거가 운영하던 피임임상연구소를 수색해 의사, 간호사들이 모두 체포당하고 연구서류와 환자기록 등도 압수당하는 사건이 발생했다. 그러나 이 사건은 의학계와 일반 여론의 거센 반발로 오히려 피임 이슈가 전 언론의 헤드라인을 장식하게 되면서 관계자들도 곧 석방되었다.

피임운동이 시작된 지 20년 후인 1936년 "피임의 처방을 의사의 고유판단에 맡긴다"는 법원의 판결이 내려지고 피임의 합법성이 현실화되면서 생거의 사상과 실천은 더 이상 충격과 논란을 야기하지 않고 미국인들의 일상생활 속으로 들어오게 되었다. 생거가 세운 미피임연맹은 1942년 미국가족계획연맹 Planned Parenthood Federation of America이라는 현재의 이름으로 개명되고 본격적인 전국기관으로 확대되었다.

그러나 실상 진정한 피임의 대중화가 이루어진 것은 '요술 알약'으로 불린 복용피임약의 개발이었다. 1950년대 초부터 시작된 연구진의 노력에 힘입어 개발에 성공한 복용피임약 '필'은 값이 싸고 안전하며 피임효과가 높고 손쉽다는 장점을 가지고 있어 여성들에게 "원치않는 임신을 피할 수 있는 꿈의 실현"으로 여겨졌다. 1960년 미 식품의약국의 승인으로 시판개시된 '필'은 곧이어 개발된 IUDintrauterine (contraceptive) device (피임용 자궁 내 링)와 더불어 출산 자유의 대진전을 이룩한 것으로 평가받고 있다.

인구팽창 문제가 세계적 이슈로 등장한 1961년 당시의 대통령 케네디는 정부 차원의 피임연구지원과 인구 조절 방안으로서 피임법의 사용을 공식 인정한 미 최초의 대통령이 되었다.

1965년 기혼부부의 피임도 법으로 금지하고 있던 코네티컷주에서 이 법안의 위헌판결이 내려지면서 마침내 피임이슈는 법의 통제에서 완전 자유롭게 되었다. 이어서 1973년 미 대법원은 "로 대 웨이드Roe vs. Wade"케이스로 알려진 판결에서 낙태를 합법화시킴으로써 불법낙태로 고통받던 미 여성들을 해방시켰다. 그러나 이 낙태 합법화 판결은 미국 피임운동의 역사를 또 다른 양상으로 전개시켰다. 같은 해 합법화 판결을 뒤집기 위한 목적으로 미 생명권 옹호회The National Right to Life가 조직되었으며 1981년 낙태반대론자인 레이건 대통령의 취임과 함께 낙태를 규제하는 움직임은 더욱 박차를 가하게 되었고 피임운동은 낙태운동으로 발전하게 되었다.

　　"수태된 태아가 임신한 여성과 같은 법적 권리를 갖는가"를 놓고 벌어지게 되는 낙태권 논쟁은 이제 전 미국을 양분시키고 있는 형편이다. 속칭 프로-라이프pro-life로 불리는 낙태 반대론자들은 주로 극우보수 기독교 세력을 중심으로 구성되어 있으며 수태시부터 태아를 생명체로 간주하여 낙태 지지자들을 "히틀러와 같은 살인자"로 몰고 있다. 반면 프로-초이스pro-choice로 불리는 낙태를 지지하는 세력은 페미니스트와 자유주의자들로 구성되어 있으며 태아보다 임신여성의 법적 권리를 우선시켜 "엄마가 될 수 있는 결정은 여성 자신이 내려야 한다"는 입장에서 여성의 선택권을 주장하고 있다. 인간의 생명 규정을 놓고 벌어지는 이 낙태권 논쟁은 많은 사람들을 윤리적, 철학적, 의학적 딜레마에 빠지게 만들어 미국의 언론들은 이를 "남북전쟁이래 최대의 내전civil war"으로까지 표현하고 있다.

그 후 35년 미 가족계획연맹PP

미국 여성들에게 출산, 피임, 낙태 관련 서비스를 제공하는 최대 단체인 가족계획연맹은 1990년대 이후 조직 변화를 거쳐 지금은 미국 전역에 159개 지부와 600여 개 진료소를 운영하고 있다. 업무 활동도 계속 늘어나, 2023년에는 200만이 넘는 환자를 돌봤으며, 39만여 건의 낙태를 포함해 총 913만 건의 의료 서비스를 제공하기도 했다. 또 세계 12개 국가의 유사 단체들과 제휴하고 있으며, 중남미, 아프리카 다수 국가에서 의료 활동을 하고 있다. 연맹의 뉴욕 지부는 최대 지역 조직의 하나로 계속 발전해, 맨해튼 등 4개 보로borough에 보건소를 설치하고 매년 5만여 명에게 서비스를 제공하고 있다. 특히 전문가들이 미니밴으로 동네를 돌면서 서비스를 제공하는 '거리순방사업Project Street Beat'으로도 유명하다. 여성 낙태권 옹호에 못지않게 반대 여론도 큰 미국에서 가족계획연맹은 과격한 낙태반대론자들의 테러 표적이 되기도 했다. 1994년에는 매사추세츠 브루크라인 진료소에 한 남성이 들어와 안내 직원을 살해했고, 2012년에는 위스콘신 그랜드슈트 진료소가 폭파되었으며, 2015년에는 워싱턴 주 풀맨 진료소가 방화로 크게 불에 탔다.

인스타그램 @plannedparenthood

'멕시코가 낳은 최고의 화가' 프리다 칼로

〈여성신문〉 1991. 01. 25 108호

**'여성의 눈을 통해 본 진실' 제공, 자신의 고통을
주제로 그려낸 200여 점의 자화상**

프리다 칼로의 머리카락을 자른 자화상

수십 년 전 세상을 떠난 멕시코의 한 여성화가의 삶과 작

품들이 지난 가을부터 뉴욕시를 점령하고 있다. 현재 뉴욕시 메트로폴리탄 박물관의 전시 "멕시코:300년의 광채", 내셔널아카데미 오브 디자인의 전시 "멕시코의 여성"을 비롯한 4개 미술관에서 그녀의 작품전이 동시에 열리고 있으며 소규모 화랑들이 밀집한 소호의 한 화랑에서는 생전의 그녀 모습을 담은 사진전이 열리고 있다. 또 소스비 경매장에서는 얼마 전 그녀의 자화상 한 점이 150만 달러에 팔려 라틴아메리카 출신 화가로는 사상 최고의 경매 기록을 남기기도 하였다.

멕시코 외에는 거의 알려지지 않았던 무명 화가에서 오늘날 세계적인 숭배와 찬미의 대상으로 집단도취 현상을 일으키고 있는 그녀의 이름은 프리다 칼로. 〈뉴욕타임스〉는 최근 그녀를 "1990년대의 여성상"으로 극찬하기도 했다. 그녀의 대형 초상화를 담은 전시회 포스터가 지하철이나 버스 정류장 곳곳에 붙어있고 미술 관련품목 취급점에는 프리다 칼로 버튼, 포스터, 우편엽서, 티셔츠, 만화, 장신구 등이 인기를 끌고 있다. 10대 소녀들에게 인기있는 여성 20명 중 한 명으로 꼽히며 지난 여름 호주에서는 멕시코 민속의상을 모티브로 한 프리다 칼로 스타일의 패션쇼가 열리기도 했다. 생전에 단 두 번의 개인전 밖에 열지 못한 그녀가 국제적으로 알려지기 시작한 것은 1978년 친구들의 주선으로 열린 "샌프란시스코 전시회"를 계기로 시작되었고 그 후 그녀의 전시회는 미국의 여러 도시 뿐 아니라 일본과 호주에서도 열렸다. 프리다 칼로의 인기가 국제적인 붐을 일으키자 멕시코 정부는 1984년 뒤늦게 그녀의 작품을 '국보'로 지정했다. 이제 그녀는 많은 비평가들에 의해 "멕시코가 낳은 최고의 화가"로 추앙받고 있다.

1970년대 말부터 불기 시작한 프리다 칼로 선풍은 미국의 여성운동과 밀접한 관계를 지닌다. 페미니스트 시각으로 그녀의 삶과 예술을 조명한 책과 전기들이 이미 수 권 출판되었고 그녀를 그린 영화, 연극, 무용공연 등이 준비되고 대학 교과과정에 그녀의 작품들이 다루어지고 있다. 지난해 멕시코에서 제작된 그녀의 일생을 다룬 영화 〈프리다-'멕시코의 트로츠키'〉가 뉴욕에서 상영되었고 현재 헐리우드에서는 그녀를 주제로한 세 편의 영화 제작이 진행 중이다.

사후 수십 년 만에 그녀가 오늘의 여성들을 사로잡는 이유는 한 개인으로서 또 예술가로서 그녀가 가진 마력과도 같은 "강력한 흡인력"에 있다. 짧은 일생 동안 그녀가 남긴 약 200여 점의 작품들은 거의 자화상이고 대부분 자신의 '고통'을 주제로 한 것들이다.

그녀는 18세 때인 1925년, 그녀의 나머지 삶을 결정짓게되는 대형 교통사고를 당하게 된다. 버스와 전차가 충돌한 이 불행한 사고로 인해 버스의 부속 철제기둥이 그녀의 하반신을 관통하고 그녀는 척추가 골절되고 자궁이 으스러지고 다리가 부러지는 중상을 입었다. 그 후 그녀는 35차례의 대수술을 받고 석고로 만들어진 코르셋으로 상체를 고정시킨 채 살아야 했다. 일생동안 그녀를 동반한 고문과도 같은 "육체적 고통"과 더불어 세계적인 벽화가였던 남편 디에고 리베라와의 드라마틱한 25년간의 결혼생활 또한 그녀에게 많은 '정신적 고통'을 주었다. 많은 시간을 병상에서 누워 지내 자신밖에 그릴 대상이 없었던 그녀에게 자신의 '고통'은 가장 구체적인 '현실'이었다.

　화가로서 그녀의 독창성과 탁월성은 이미 생전부터 남편을 비롯한 국제적으로 활동하는 지식인 사이에서 인정을 받았다. 남편 디에고 리베라는 그녀가 자신보다 더 뛰어난 화가라고 공공연히 말하며 아내의 작품활동을 격려했고 그녀가 마야문명을 뿌리로 하는 "멕시코의 혼"을 가장 잘 드러내고 있는 화가라고 평했다. 또 당시 프랑스를 풍미하던 초현실주의, 쉬르리얼리즘Surrealism의 이론적 대부였던 앙드레 브르통은 그녀의 작품을 "리본을 매단 폭탄"이라고 표현했다. 또한 피카소는 그녀의 그림을 보고 디에고에게 "당신이나 나는 절대로 그녀와 같은 눈을 그릴 수 없다"라고 말하기도 했다. 그러나 민중을 위한 사회정치적 예술을 신봉하는 공산주의자였던 프리다 칼로는 자신이 쉬르리얼리스트로 분류되는 것에 극도의 거부 반응을 보였다. 그녀는 "나는 결코 초현실의 환상을 그려 본 적이 없다. 나는 오직 나의 현실을 그릴 뿐이다"라고 말했다.

자기 삶의 여러 사건들을 기록한 그녀의 그림들은 여성들이 삶에서 공통으로 겪게 되는 여성 특유의 고통을 그려내 "여성의 눈을 통해 본 진실"을 제공하고 있는 것으로 평가받고 있다. 또 대규모의 정치적 벽화 전성시절, 소규모의 화폭에 사적인 자화상을 그리며 예술적 독립성을 지킨 그녀의 독자성은 오늘날 페미니스트들의 환호에 단서가 되며 롤모델을 제시하고 있기도 하다.

그러나 그녀에게 환호하고 있는 그룹이 페미니스트뿐만은 아니다. 멕시코의 전통을 사랑하고 긍지로 여긴 그녀의 투철한 민족정신과 휠체어에 실려서도 시위에 참가할 정도로 정치활동에 적극적이었던 그녀의 행적은 오늘날 제3세계 예술가들에게 정치적 히로인으로 작용하고 있기도 하다.

피 흘리고 진땀을 흘리며 무참히 찢겨 벌어진 상처투성이 자신의 이미지들을 통해 그녀는 보는 이를 꿰뚫고 사로잡으며 오늘날 "20세기의 신화"로 부활하고 있는 것이다. 프리다 칼로와 디에고 리베라의 전기영화를 만들고 있는 한 제작자는 "이 두 예술가 부부의 실제 삶보다 더 극적인 러브스토리는 꾸며낼 수도 없다"고 단언했다. 그의 말대로 격동기의 역사를 산 비범한 두 인간의 삶은 오늘날에도 많은 메시지를 주고 있다. 이들 부부의 파란만장한 25년의 결혼생활이 시작된 해는 1929년으로 당시 22세였던 프리다에게는 첫 번째 결혼이었고 42세였던 디에고에게는 세 번째 결혼이었다. 교통사고로 인한 한 쪽 다리의 이상을 감추기 위해 늘 긴 치마를 입었던 작고 가냘픈 모습의 프리다와 거대한 몸집의 디에고는 "코끼리와 비둘기"의 결합처럼 보기에도 유별난 커플이었다.

학교시절부터 세계적인 벽화가로 명성을 떨치던 디에고 리베라를 흠모했던 프리다 칼로는 결혼 후 남편의 소문난 여성 편력에도 불구하고 일생동안 그를 자신의 분신처럼 사랑했다. 그러나 이들 부부의 결혼생활은 오늘날의 기준으로도 충격적일 정도로 일상의 도덕과 윤리에서 벗어난 또 다른 차원의 부부관계를 이루었다. "섹스를 소변보는 것과 같이" 여기던 디에고는 끊임없이 여자문제를 일으켰고 프리다는 남편의 혼외정사를 가볍게 여겨 남편의 연애 이야기를 들으며 즐기는 경지까지 이르게 되었다. 그러나 프리다가 가장 아끼는 여동생과의 불륜까지 드러나게 되자 이들은 이혼하게 되었다. 그러나 1년 후 다시 재혼하는데 이 때는 동반자이면서도 독립적인 부부관계를 문서로 만들어 주고 받았다.

다리로 연결된 별도의 집에서 필요한 경우에만 함께 했던 이들 부부의 집은 당시 국제적인 지식인들의 메카로서 스탈린에게 쫓겨난 트로츠키가 망명 생활을 한 곳으로도 유명하다. 또 파블로 네루다, 앙드레 브르통, 세르게이 아이젠스타인, 이사무 노구치 등 문인, 예술가 등도 자주 드나들었다. 멕시코 외에도 뉴욕, 파리를 오가며 활동했던 프리다 부부는 헨리 포드, 넬슨 록펠러, 스티글리츠, 조지아 오키프, 루이즈 네벨슨, 미로, 칸딘스키, 피카소 등과 친분을 맺기도 했다.

남편의 여자관계에 시달렸던 프리다 자신도 많은 연애사건을 일으켰는데 트로츠키와도 짧은 염문을 뿌렸고 조각가 이사무 노구치와의 연애는 스캔들로 비화하였다. 자신의 여자 문제는 남자로서 정당하다며 당연시했던 디에고 리베라는 아내의 염문에 대해서는 불같은 질투를 보였다. 프리다가 병원에 있을 때 병문안 온 연적 노구치에게 총을 들이대고 또 다시 나타나면 죽이겠다고 협박하기도 했다. 디에고는 "내 칫솔을 누구와도 함께 쓰고 싶지 않다"라는 말로 자신의 이중규범을 표현했다. 공산단원으로 활동하면서 프리다와 처음 만나게 되었던 디에고 리베라는 한 때 멕시코 공산당 서기장이라는 최고위직까지 올랐으나 서기장 시절 스스로 당에서 탈당했다.

1953년 멕시코에서 처음으로 열린 개인전에 들것에 실려 참가해야 했던 프리다 칼로는 계속된 건강 악화로 1954년 7월 13일 47세를 일기로 사망했다. 병상에 누워 지내는 생활에 염증을 느꼈던 프리다는 죽어서도 누워 있을 것이 싫다고 화장시킬 것을 유언했고 유언대로 그녀는 화장되었다. 다음 해인 1955년 디에고 리베라는 자신과 프리다의 작품들이 그대로 있는 채로 그들이 살던 집을 "프리다 뮤지엄"으로 멕시코 국민들에게 기증했다. 오늘날 프리다의 집은 그녀가 살던 생전의 모습 그대로 간직된채 방문객을 맞고 있다.

그 후 35년 프리다 칼로

국내에서는 2015년 6월 6일부터 9월 18일까지 소마 미술관에서 처음 프리다 칼로의 전시회가 열렸다. 온전히 프리다 칼로의 작품만 전시되지는 않았지만 프리다 칼로의 작품과 함께 당대 멕시코 작가들의 작품을 포함해 회화, 드로잉, 사진 및 영상, 서신 등 총 100여 점과 함께 영화 〈프리다〉와 다양한 다큐멘터리 영상, 작가가 사용하던 장신구와 재현 의상도 전시되었다.

2022년 12월 23일부터 2023년 3월26일까지는 서울 강남 현대백화점에서 프리다 칼로의 사진전이 국내 최초로 열렸는데 여기에서는 아버지 기예르모 칼로가 찍은 프리다 칼로의 사진과 미디어아트 작품도 선보였다.

2024년 7월 2일 tvN 방송프로그램 〈벌거벗은 세계사〉 158화에서 '뉴욕을 미치게 만든 화가 프리다 칼로'라는 제목으로 프리다 칼로의 전 생애를 자세하게 다뤘다.

2025년 현재 국내에서 프리다 칼로의 작품은 액자, 다양한 굿즈, 책, 오디오클립 등 어렵지 않게 아주 다양한 방법으로 손쉽게 만날 수 있게 되었고 그녀의 이름 석자는 여성 아티스트에 대해 관심 있다면 당연히 알아야 할 '상식'이 되었다.

페미니스트 전문서점 〈주디스의 방〉

〈여성신문〉 1991. 02. 01 109호

셰익스피어의 가상의 여동생 '주디스'

페미니스트 전문 서점 〈주디스의 방〉 전경과
점주 샐리 오웬

지난 1988년 11월 뉴욕시 유일의 페미니스트 서점이던
〈우먼북스〉가 폐업했을 때 그 소식은 별로 알려지지도 않았을
뿐 아니라 그다지 많은 사람들에게 충격을 주지도 못했다. 뉴욕

의 거의 모든 서점들이 페미니즘 섹션을 갖추고 있는 상황에서 서점 하나 문 닫은 것은 뉴스가 되지 못했다. 그러나 출판시장이 워낙 방대하고 세분화 되어있어 대중적인 책이 아니면 책 구하기가 오히려 쉽지 않은 것이 미국이고 따라서 요즘은 많은 서점들이 전문화되는 경향을 보이고 있다. 페미니스트 서점은 여성운동의 발전상을 반영하는 현상인 동시에 이러한 출판업계의 전문화 추세를 반영하기도 한다.

어쨌든 미국 여성운동의 본거지와도 같은 뉴욕시가 페미니스트 전문서점 하나 유지하지 못한다는 사실은 여성운동에 관심 있는 사람들에게는 충분히 충격적이었다. 그것은 돈을 쥐고 있는 사람들은 남자들이라는 기본적인 사실을 또 다시 확인시켰을 뿐만 아니라 어디에서나 여성운동이 고질적으로 안고 있는 수공업성의 문제 즉 여성 활동가 개개인의 노력과 희생으로 운영이 가능한 점과 영세성 문제를 드러낸 증거처럼 여겨지기도 했다.

그러나 뉴욕시가 페미니스트 서점을 갖지 못한 기간은 불과 몇 달밖에 되지 않았다. 뉴욕시 유일의 페미니스트 서점인 〈우먼북스〉가 없어진 바로 다음해 세계 여성의 날International Women's Day인 1989년 3월 8일 〈주디스의 방Judith's Room〉 이라는 이름의 페미니스트 서점이 새로이 문을 열었다. 주인은 캐롤 레빈과 샐리 오웬이라는 이름의 두 여성이었다. 샐리 오웬은

〈우먼북스〉의 폐업이 여성운동의 영세성으로 인한 것이 아니라 무경험자의 경영실패라고 분석했다. 출판업에 경험이 없는 사람이 단지 여성운동에 대한 뜻만으로 달려들어 일종의 '경영부재' 현상을 초래했다는 것이다.

〈주디스의 방〉을 동업하고 있는 캐롤과 샐리는 출판계 베테랑들이다. 캐롤은 페미니스트 출판사에서 오래 일했고 샐리는 미국의 메인스트림 출판사인 〈하퍼 & 로〉 출판사에서 오랜 경험을 쌓았다.

"〈우먼북스〉가 문을 닫는다는 소식을 들었을 때 캐롤과 나는 출판업 종사자로서 무언가 해야한다고 느꼈어요. 그리고 우리가 페미니스트 서점을 하게 된다면 개인적인*personal*면과 정치적인*political*일을 함께 합칠 수 있다는 것을 깨닫고 동업을 결심하게 되었어요."

그녀들 둘이 페미니스트 서점을 준비한다는 소식이 알려지자 각지에서 페미니스트 서점을 하는 여성들이 찾아와 정보를 제공하고 도와주었다. 또 그 외에도 많은 여성들이 직접 또는 편지로 격려와 후원을 아끼지 않았다. 샐리는 알지도 못했던 그 여성들의 도움이 없었다면 〈주디스의 방〉은 존재할 수 없었다고 말한다.

지난 8월 집계된 〈페미니스트 북스토어 뉴스〉 통계에 의하면 미국에는 82개소의 페미니스트 서점이 있다. (캐나다에는

13개소) 이 서점들의 리스트를 보면 이름들이 흥미롭다. 위스컨신주 매디슨에 있는 서점은 버지니아 울프의 〈자기만의 방 A Room of One's Own〉을 그대로 서점 이름으로 땄고 캐나다 캘거리에 있는 서점과 유타주 솔트레익 시티에 있는 서점은 둘 다 여성의 장소라는 뜻의 〈우먼스 플레이스A Woman's Place〉라는 이름을 갖고 있다. 또 미네소타의 한 서점은 〈하늘의 절반Half the Sky 북스토어〉라 이름붙었고 버지니아주의 한 서점은 '어둠으로부터 나온다'는 뜻으로 〈아웃 오브 더 다크Out of the Dark〉라는 이름을 갖고 있다.

뉴욕에서 명맥이 끊어진 페미니스트 서점의 맥을 잇고 있는 샐리 오웬은 공교롭게도 미국 여성이 아니다. 강한 영국식 악센트의 억양이 이상해 출신지를 물으니 영국이었다. 그녀를 처음 미국으로 오게 만든 것은 여성운동이 아니라 미국의 '1960년대'였다. 1968년 사회변화를 직접 불러일으키고 싶은 꿈에 젖어 있던 스물세 살의 그녀는 "들끓는 거리"가 있는 미국 뉴욕으로 향했다.

"당시 미국은 마틴 루터 킹 목사 암살과 로버트 케네디의 암살 그리고 베트남 반전 시위 등으로 세상이 온통 끓어오르고 있었어요. 그런 대변혁의 물결에 직접 참가하고 싶어서 무작정 미국으로 왔지요."

그러나 그녀가 뉴욕에 도착하자 때를 맞춰 여성운동이 폭

발하기 시작했다. 그녀 자신은 처음에 여성운동을 '운동'이라
고 생각하지 않았다. 그러나 〈하퍼 & 로〉 재직시절 출판계 여
성들의 그룹이 조직되었고 거기에서 회장으로 당선되면서 그
녀는 많은 정치적 경험을 갖게 되었다. 그리고는 오늘날 스스로
'래디컬 페미니스트'라고 자처하며 페미니스트 서점을 열기까
지 이르렀다. 그녀는 '신념의 실천이 생업으로 된 것'이 페미니
스트 서점을 하며 얻은 가장 큰 소득이라고 말하며 "세상을 변
화시킬 수 있는 길은 여성 자신들로부터 시작된다"고 강조한다.

〈주디스의 방〉에서는 매주 2회씩 시낭송회나 작가와의 대
화 같은 행사를 개최한다. 무료로 실시되는 이 시리즈에는 기
성문인들을 비롯하여 신인들도 소개되는데 신진 발굴을 위하
여 미출판시인들의 작품을 모집 선정하여 기성시인과 함께 발
표 기회를 주기도 한다. 〈우먼북스〉의 전통을 이어받은 이 리딩
시리즈의 일환으로 〈미즈〉 매거진의 로빈 모건, 《성의 정치학》
을 쓴 케이트 밀레트, 페미니즘 이론서인 〈페미니스트 프레임
워크〉의 앨리슨 재거 등이 이곳에서 출판 파티를 가졌다. 페미
니스트 서적 외에 아동도서, 테이프, 버튼, 캘린더, 포스트카드
등을 비롯한 각종 페미니스트굿즈들을 갖추고 있는 〈주디스의
방〉이 현재 가장 서두르고 있는 것은 신간 안내를 위한 정기적
뉴스레터 발간과 우편주문 서비스의 실시이다. 샐리는 2주년
을 맞는 1991년 3월 8일부터 시작할 수 있기를 희망하고 있다.

처음 〈주디스의 방〉에 연락을 취했을 때 전화를 받은 사람은 캐롤이라는 이름의 여성이었다. 그녀는 자신이 서점주인이며 경영자라고 신분을 밝혔다. '주디스'가 주인의 이름이라고 추측 했던 나는 그녀의 이름이 주디스가 아닌 것을 의아히 생각하며 인터뷰 약속을 받았다. 며칠 뒤 약속 시간에 맞춰 〈주디스의 방〉에 도착, 캐롤을 찾았다. 그러자 한 여성이 캐롤이 발을 다쳐서 올 수가 없다고 말하며 자신은 캐롤과 서점을 공동 경영하고 있는 파트너라고 밝혔다. 주디스의 수수께끼가 풀리는 것 같은 순간이었다.

"아! 그럼 당신이 주디스군요."

"아니, 샐리 오웬이에요."

그렇다면 캐롤과 샐리가 하는 서점을 〈주디스의 방〉이라고 이름 지은 것은 무슨 이유인가?

"그럼 주디스는 누구죠?"

"버지니아 울프를 읽으세요?"

버지니아 울프라…

"예! 그런데요?"

"버지니아 울프가 쓴 《자기만의 방A Room of One's Own》에 나오는 셰익스피어의 여동생 이름이 주디스입니다. 우리는 부계를 따르는 성(패밀리 네임family name, 셰익스피어) 보다도 여성 자신의 이름(퍼스트 네임first name, 주디스)을 중히 여겨 그녀 이름을 땄어요."

버지니아 울프의 《자기만의 방》은 여성학 강좌 리딩 리스트에는 빠짐없이 들어가는 페미니스트 필독서이다. 과장되게 표현하면 열 두번도 더 읽은 책이었으나 문화적 차이 탓인지 내게는 셰익스피어의 여동생으로만 기억에 남았지 그녀의 이름이 주디스라는 것은 기억에 남아있지 않았다.

인터뷰를 끝내고 집에 돌아와 《자기만의 방》을 빼들었다. 여성에 대한 연작 에세이 모음인 이 책은 여성들이 자신의 일을 하기 위해서는 경제적 자립과 자신의 공간 확보가 필수라는 메시지를 담고 있다. 1928년 처음으로 발표된 이 에세이에서 버지니아 울프는 셰익스피어와 똑같은 재능과 창조의 욕망을 갖고 태어난 가상의 여동생을 그려냈다. 당대의 학자, 비평가들은 여성의 정신적, 도덕적, 신체적 열등성을 굳게 믿었고 그들의 편견과 무지는 학문과 과학, 자연과 종교의 권위를 업고 유포되었다. 한 주교는 고양이가 천당에 가지 못하는 것처럼 여성은 셰익스피어와 같은 글을 쓸 수 없으며 따라서 과거에도, 현재에도, 또 미래에도 셰익스피어의 천재성을 지닌 여성이 나오는 것은 불가능하다고 선언하였다.

버지니아 울프는 셰익스피어의 시대에 살았던 어느 여성이라도 셰익스피어와 같은 작품을 쓰는 것은 '완전히, 전적으로' 불가능했다고 말하며 그 주교의 말에 동의한다. 그러나 그녀는 그것이 왜 불가능했는가를 셰익스피어의 시대에 여성들이 처한 상황과 조건에 맞춰 상상한 이야기를 여동생이라는 캐릭터를 통해 보여준다. 편의상 '주디스'라고 이름 붙여진 그녀는 오빠가 학교에 들어가 라틴어를 비롯한 각종 지식을 체계적으로 배울 때 집에 머물러 있었다. 오빠가 집을 떠나 런던으로 가서 당대의 예술인들과 교류하며 그의 예술을 갈고 닦을 때 주디스는 혼자서 어깨 너머로 글을 깨우쳐 굴러다니는 찌꺼기 책들을 주워 읽었다.

그러나 그 때마다 부모는 양말을 꿰매라든지, 스프를 끓이라든지 등등의 가사일을 시킨다. 왜냐하면 그 부모는 사랑하는 딸이 남자들의 영역인 지식과 예술에 오염되어 부서지고 마는 실패작(여자의 인생으로서)이 되는 것을 원치 않았기 때문에. 그러나 딸은 틈만 나면 책을 읽고 끄적거리기도 하지만 누가 볼까 몰래 감추거나 불태워 버리거나 했다.

아버지는 딸이 10대에 들어서자 서둘러 이웃집 총각과 약혼을 시키고 딸이 거부반응을 보이자 매로 다스린다. 아버지는 딸의 마음을 돌리고자 약간의 물질공세도 펴며 아버지의 체면을 살려줄 것을 눈물로 호소한다. 이런 상황에 사랑하는 부모의 가슴에 못을 박을 수 있는 딸은 흔치 않다. 그러나 알 수 없는 욕망(?)에 시달리던 주디스는 어느 여름밤, 보따리를 싸서 런던으로 향한다.

무작정 상경한 시골 처녀 주디스가 이 극장 저 극장 일자리를 구걸하고 다니면서 겪었을 인생은 독자의 상상력에 맡긴다. 그러다가 그 중 그녀에게 동정을 표하고 친절히 대해준 한 남자에게 몸과 마음을 다 바치고 임신한 자신을 발견하게 된다. 셰익스피어의 시대에 한 여자의 몸속에 갇혀버린 예술가의 혼! 그 무서운 열기와 폭발력을 누가 측정할 수 있으랴? 하고 버지니아 울프는 탄식한다. 결국 어느 겨울밤 그녀는 스스로 죽음을 택하고 지금은 버스가 오가는 어느 십자로엔가 묻혀있다.

이상이 버지니아 울프가 상상한 셰익스피어의 재능을 지니고 태어난 여동생 주디스의 이야기이다. 어쩌면 그렇게 죽어간 셰익스피어 시대의 수많은 '주디스'들이 수백 년 후 버지니아 울프에게 나타나 자신들의 이야기를 쓰게 했을지도 모른다. 또 어쩌면 그들이 생전에 갖지 못한 자기들의 '방'을 달라고 21세기를 바라보는 오늘날 페미니스트 서점으로 나타나는 것인지도 모른다. 그러나 이제 얼마나 많은 '주디스'들이 자신의 방으로 찾아올지 또 그들이 자신들의 방을 계속 유지할 수 있을지는 미지수이다.

그 후 35년 〈주디스의 방〉

1990년대 중반부터 급증한 도서가맹점, 온라인서점 물결 속에 〈주디스의 방〉은 1995년 1월에 문을 닫았다. 1960년대 이래 각 방면의 여성운동이 상당히 성과를 냈다는 시대 분위기도 한 몫을 했다. 하지만 여성 관련 도서, 의류 판매 뿐 아니라 페미니스트 공간 역할도 했던 〈주디스의 방〉 폐점은 여러 사람들에게 아쉬움을 자아냈다. 뉴욕시 도보 여행 책자를 냈던 브루스 케이튼Bruce Kayton은 그 심정을 다음과 같이 말하고 있다. "뉴욕의 마지막 여성 서점 가운데 하나였던 〈주디스의 방〉이 불행히도 문을 닫았다. 그 책방은 굉장했지만 위치가 안 좋았다. 그간의 여성운동 덕분에 대다수 서점에 여성 섹션이 있지만, 독자적인 여성 서점에는 훨씬 못 미친다. 사람들이 여성 책방이 뭐냐고 물어 올 때마다 서글펐다. 1960년대가 그렇게도 먼 옛날인가?"

비록 <주디스의 방>은 문을 닫았지만, 미국 전역에서 페미니스트 서점들은 2010년대 후반에 들어 르네상스를 맞고 있다. 〈미즈〉 2023년 1월호 기사 "페미니스트 서점의 부흥"에 따르면, 1990년대 후반 쇠퇴기를 맞아 2014년에 13개까지 줄어든 페미니스트 서점은 2017년부터 다시 늘어나기 시작해 수년 만에 30여 개에 이르고 있다.

여성유권자연맹 〈여성신문〉 1991. 02.15 111호

정당을 초월한 정보 제공, 쟁점토론으로 투표참여 유도
70년 역사의 정치 참여운동 단체, 선거 후에는 감시 기능

뉴욕 여성유권자연맹의 마조리 셰

    1919년에 창립된 여성유권자연맹League of Women Voters은 현존하는 여성단체들 중 가장 오랜 역사를 가진 기관이다. 여성유권자연맹 뉴욕시 지부(이하 뉴욕시 연맹)에서는 여성신문의 인터뷰 취지를 듣자 연맹을 대표할 수 있는 회원으로 '마조리 셰'를 소개했다. 인터뷰 약속을 한 날 아침 일찍이 그녀로부터 전화가 걸려왔다. 그녀는 집수리를 하러 인부들이 오게 돼 있어 집을 비울 수가 없다며 집으로 와 줄 것을 요청했다. 전형적인 연맹 회원이라고 소개받은 그녀의 사는 모습을 보는 것도 좋은 기회인 것 같아 선뜻 응낙하고 주소만 들고 그 집을 찾아갔다. 그녀의 아파트는 유명한 사람들이 많이 사는 것으로 알려진, 센트럴파크 웨스트 지역에 있었고 세계적인 공연 활동이 벌어지는 링컨센터에서는 두 블록 떨어진 거리에 있었다. 아파트의 위치가 이미 그녀의 신분에 대해서 많은 것을 이야기했다.

아파트 안으로 들어서자 50대 후반으로 보이는 안경을 낀 여성이 나오며 자신이 마조리 셰라고 인사를 했다. 거실에는 그녀의 말대로 인부들이 유리를 갈아 끼우고 있었고 부엌에는 브라질에서 온 파출부가 청소를 하고 있었다. 그녀는 아파트가 좋다는 내 인사에 연맹 회원에는 부유한 비즈니스맨 부인들이 많다는 설명으로 대답을 대신했다. 그 아파트에는 뉴욕 중산층의 격조와 안락함이 배어있었다. 8층에 위치한 아파트 거실의 양 벽면은 온통 유리로 이루어져 있었고 창밖으로는 센트럴파크의 전경이 영화의 한 장면처럼 한눈에 들어왔다. 전망이 좋아 이 집에 살면 누구라도 시인이 되겠다는 내 말에 그녀는 수리 중이라 집이 지저분한 것을 양해해 달라고 말했다.

우리는 인부들이 오가는 거실을 지나 다이닝룸으로 자리를 잡고 이야기를 시작했다. 마조리 셰는 1960년대 후반부터 연맹과 인연을 맺고 그 후 20여 년 동안 열성적으로 활동한 연맹의 골수회원이다. 뉴욕주립대에서 정치학 석사학위를 받은 셰는 오랜 고교교사 생활을 마치고 현재는 자원봉사자로 연맹 활동에 전념하고 있다. 뉴욕시 정부를 대상으로 한 로비활동의 팀장으로 뉴욕시 여성유권자연맹의 로비 소위원회 회장직을 맡고 있는 그녀는 정치적으로 온건파이며 보다 젊은 여성들로 이루어진 전국여성기구NOW는 너무 급진적이라고 생각한다. 또한 낙태권 문제를 중심으로 출산권 이슈에 주력하고 있는 가족계획연맹Planned Parenthood는 너무 분야가 좁다고 생각한다.

여성유권자연맹은 미 50개주와 워싱턴D.C, 괌, 푸에르토리코, 버진 아일랜드, 홍콩 등지에 지부를 갖고 있으며 등록 회원은 1990년 6월 현재 약 10만 명이다. 남녀의 구별없이 각 주법이 정하는 선거연령에 달하면 누구나 회원이 될 수 있으며 어느 쪽에도 치우치지 않는 '비당파성non-partisanship'을 가장 큰 특징으로 삼고 있다. 따라서 이름은 여성유권자연맹이지만 실질적으로 정치에 참여하기 위한 시민운동단체에 가깝다. 유권자연맹의 전신을 이룬 여성참정권 운동의 유산 탓인지 70여 년의 역사 동안 연맹을 이끌어온 지도부나 활동회원의 압도적 다수가 여성들로 이루어졌으며 또 이들의 활동이 미국 정치 역사에 중요한 부분을 이루고 있음은 부인할 수 없다. 그러나 지도부가 전부 여성만은 아니어서 현재 와이오밍주 여성유권자연맹의 회장은 남성이라고 한다.

셰는 자신이 페미니스트가 아니라고 말하며 '여성운동'과 '페미니스트 운동'을 구분했다. 그녀의 기준에 의하면 연맹활동은 '여성운동'에는 들어가나 '페미니스트운동'에는 들어가지 않는다. 그녀는 자신이 페미니스트로 분류되는 것에 거부반응을 보였고 그것을 연맹의 '비당파성' 입장으로 변호했다.

"현재 연맹의 가장 중요한 임무는 미국의 유권자들에게 정치교육을 시키는 것입니다. 투표율을 비롯한 정치 참여율이 자꾸 낮아지는 현 상황에서 비당파적인 정치교육이 무엇보다 중요합니다. 따라서 정당에 상관없이 어느 후보든 공정하게 기회를 주고 토론 기회를 부여하여 유권자 스스로 판단하게 돕는 것이 저희의 일입니다."

오랜 이야기를 나눈 우리는 다음날 연맹 사무실에서 다시 만났다. 여성유권자연맹은 시, 주, 연방조직의 3단계로 이루어졌으며 2년마다 회장 선거를 겸한 전국회의가 열린다. 지난해 6월에 열린 전국회의에서는 수잔 레더맨이 전국회장에 당선되었고 그녀는 1992년 6월까지 회장직을 맡게 된다. 정치학 교수인 레더맨은 체코 출신의 이민여성이다.

뉴욕시의 5개 보로borough(맨해튼, 퀸즈, 브루클린, 브롱스, 스태튼아일랜드)를 대상으로 하는 뉴욕시 연맹은 맨해튼 중심가에 위치하고 있었고 3,200평방 피트 규모의 사무실에는 회의실, 소강당, 사무실, 도서실 등을 고루 갖추고 있었다. 회원은 1,600명. 연회비는 35달러이며 회비는 각 지부마다 독자적으로 정한다. 지난해 예산규모는 회비수입 4만 5,000달러와 기부금, 행사모금, 정부지원기금 등을 포함해 약 30만 달러정도였다고 한다. 시 연맹의 조직구성은 회장, 부회장, 비서, 회계를 포함해 6명의 소위원회 회장들로 구성되어 있으며 4명의 상근직원들은 보수를 받고 일하는 사람들이지만 회장, 부회장을 비롯한 소위원회 회장들은 모두 무보수 자원봉사자들이다.

사무실에 방문한 날은 상근자 4명과 로라 알트슐 뉴욕시 연맹 회장을 포함 약 10여 명의 회원들이 있었다. 소회의실에는 약 6~7명의 회원들이 모임을 하고 있었고 그들 대부분이 50~60대 할머니들이었다. 마조리 셰는 내게 회장을 비롯한 임원진을 소개하며 사무실을 안내한 다음 강당으로 가서 투표기를 보여주었다. 커튼이 드리워진 전화박스같이 생긴 투표기에는 각 정당과 여러 후보들의 이름이 빽빽하게 쓰여 있었고 각 후보의 이름 옆에는 조그만 손잡이가 달려 손잡이를 잡아당기면 빈칸에 X가 표시되도록 되어있었다. 그러나 미국 사회를 잘 모르는 이민자라면 투표를 어찌해야 할지 모를 정도로 여러 선거를 한꺼번에 해야 하는 투표제도는 복잡하게 느껴졌다. "잘 모르는 사람은 투표하기도 어렵겠다"라고 내가 말하자 소회의실에 있던 한 할머니 회원이 쫓아왔다. 70대로 보이는 그 할머니는 화장을 곱게 한 모습으로 "외국인이 아니라 미국인들도 투표하기 힘들어요. 내가 사람들 투표하는 법 가르치느라고 일생을 보냈어요. 이제 다음번 선거부터 컴퓨터시스템이 도입된다는데 그거 가르치려면 내가 죽을 때까지 가르쳐도 안될거야"라고 말하며 혀를 찼다.

뉴욕시 연맹의 가장 중요한 프로그램은 전화정보안내 서비스이다. 총 4대의 전화기로 지역정치인, 선거, 정당 등 정치 관련 정보를 전문으로 연중무휴 안내하고 있다. 국회의원, 시의원, 주의회 상하원, 워싱턴의 상하원의원, 지역 교육위원, 법원 판사까지 선거로 뽑는 미국의 선거제도는 매우 복잡하여 많은 사람들이 누가 자신을 대표하는 정치인인지 모르기 쉽다. 따라서 매년 11월 첫 주에 실시하는 선거의 경우에는 연맹에서 안내하는 정보가 중요한 역할을 하게 된다. 선거철에는 하루 100통 이상의 문의전화가 걸려오며 선거기간이 아닌 때에도 평균 30여 통의 문의가 들어온다. 또한 당선 후에도 각 정치인들의 의회 내 투표성향과 행적이 모두 기록되어 유권자들에게 후보들이 선거전의 공약을 제대로 실천하는지 감시하는 기능도 한다.

두 번째로 주요한 활동은 유권자 등록운동이다. 주민등록제도 같은 것이 없는 미국은 등록한 유권자만이 투표할 수 있기 때문에 시민들의 정치 참여를 유도하기 위해서는 지속적인 유권자 등록이 절대적으로 필요하다. 셰는 현재 자동차운전면허를 받는 사람은 자동적으로 유권자 등록을 하게 되는 '모터 보터Motor Voter' 방안을 로비하고 있다고 말했다. 1990년 1월에 발표된 보고서에 따르면 뉴욕시 연맹에서는 1989년 한 해 동안 고교, 대학, 도서박람회, 유기농마켓, 길거리 시장Street fair, 행사장 등 사람들이 모이는 각종 장소에 찾아가 총 2만 5,000장의 유권자 등록지를 배부, 캠페인을 벌였으며 그중 실제로 등록에 성공한 유권자 수는 3,200명이었다고 한다.

그 다음 연맹에서 주력하고 있는 사업은 각 후보들 간의 쟁점 토론 마련이다. 오늘날 대통령 선거 때마다 열리는 민주 공화 양당 대통령 후보들의 TV토론회는 이미 연맹의 역대 간판 프로그램으로 정착되었지만 대통령후보 뿐만 아니라 각 지역의 정치후보들을 초청해 토론회를 개최하는 것도 연맹의 주요사업이다.

여성유권자연맹의 전신인 여성참정권협회The National American Woman Suffrage Association는 1869년 뉴욕에서 처음으로 결성되었으며 이 단체의 50주년 연례 회의장에서 탄생한 유권자연맹은 사실상 새로운 시작이라기보다는 계속의 의미가 더 컸다. 1919년 3월 세인트루이스에서 열렸던 여성참정권협회의 50주년 연례회의장에서 당시 회장이었던 캐리 채프맨 캣은 여성들의 투표권 획득이 눈앞에 다가옴에 따라 각 지부들에 유권자연맹으로 개명하고 여성들의 등록 운동을 벌이자고 촉구했다. 캐리 채프맨 캣이 이끌며 선도적 참정권 활동을 벌였던 뉴욕시 참정권협회는 이미 20만 명에 달하는 회원을 확보한 전국 최대규모로 발전하였고 1917년에 여성투표권을 인정한 뉴욕주는 공식적으로 여성유권자연맹으로 개명한 최초의 지부가 되었다.

그 후 35년 여성유권자연맹

여성유권자연맹은 미국에서 가장 오래된 여성단체로서의 역사를 자랑하는 만큼 1990년대 이후에도 새 사업을 벌이면서 계속 활발히 활동하고 있다. 원래 여성유권자연맹은 정치적 중립을 표방해 왔지만, 2021년 1월 트럼프 지지자들의 의사당 폭력 난입 사건이 터진 후 트럼프를 '전제적 폭군'이라 부르면서 공화당 자격 박탈을 요구하기도 했다. 수잔 레더맨이 1992년에 자리를 떠난 뒤 정기적으로 회장이 바뀌었으며, 1998년에는 캐롤린 제퍼슨-젠킨스Carolyn Jefferson-Jenkins가 연맹 역사상 최초의 흑인 회장으로 선출되기도 했다. 뉴욕시 여성유권자연맹도 전국 연맹의 주요 지부로서 누욕시의 인종 다양성을 감안한 여러 사업을 벌이고 있다. 현재 낫소 카운티 여성유권자연맹 출신의 샐리 로빈슨Sally Robinson이 회장을 맡고 있으며, 특히 '보트411VOTE411' 캠페인에 역점을 두면서 적극적인 선거 참여를 독려하고 있다.

홈페이지 https://www.lwv.org 인스타그램 @leagueofwomenvoters

레드 스타킹

〈여성신문〉 1991. 03. 15 115호

미인대회 반대 낙태권 시위 주도한 급진 여성운동단체
'미용을 위한 쓰레기' 버리고 바지입는 혁명실천

레드 스타킹의 캐시 사라 차일드(왼) 그리고 저자

1969년 성에 의한 계급을 선언, 페미니스트 혁명을 주장하는 레드 스타킹 선언을 발표, 미국의 여성들뿐만 아니라 전 세계 여성들에게 충격파를 던진 미국 래디컬 여성운동의 전위그룹 레드 스타킹은 20여 년이 흐른 지금 사무실조차 갖고 있지 않다. 레드 스타킹 창립회원이며 실질적으로 지금까지 맥을 잇고 있는 캐시 사라차일드는 "자매애는 강하다*Sisterhood is Powerful*"라는 슬로건의 오리지널 작자이며 또 여성운동의 의식화Consciousness-Raising 그룹 아이디어와 프로그램을 개발한 사람이다. 어떤 의미에서 1960년대 말 미국 여성운동의 현상을 일으킨 장본인이기도 한 그녀는 최초의 낙태권 시위와 미스아메리카 반대 시위 등을 주도하고 프로우먼 라인*으로 불리는 래디컬 여성운동의 여성옹호 입장을 정립한 여성 중의 한 사람이다. 그녀는 또 그 외에도 수많은 문건을 썼지만 오늘날 그 흔한 저서 한권 없고 내놓을 명함 한 장 없는 실정이다. 그것이 그녀 개인의 잘못인지 여성운동 전체의 잘못인지 알 수 없지만 그녀가 자신이 한 공헌에 대해 정당하게 보상받지 못했다는 것만은 확실한 것 같다. 그래서 미국 여성운동의 역사를 만든 여성 중의 한사람인 그녀는 오늘날 외롭다.

레드 스타킹 회원들과 인터뷰 약속이 잡힌 날, 사라 차일드와 함께 창립멤버로 활약한 아이린 페스리키스의 아트스튜디오에서 캐시, 아이린, 마리사 등 세 명의 여성이 함께 했다. 마리사 피구에르도는 1962년생으로 몇 년 전부터 합류한 새로운 세대에 해당한다. 그녀들은 처음부터 글로리아 스타이넘의 CIA연관설에서 〈미즈〉 매거진의 보수성, 레즈비어니즘의 분

---

* 모든 면에서 여성을 우선시하는 입장.

리주의에 이르기까지 무차별로 여성운동의 여러 분파를 공격하고 비판했다. 여성운동의 당사자들이 또 다른 당사자들을 향해 표출하는 날카롭고 거친 분노는 사회운동과 정치 또 현실에 대해 많은 시사점을 남겨 주었다. 어쨌든 미국 래디컬 여성운동의 주역 중의 하나였던 이 여성들이 털어놓는 이야기는 흥미진진했다.

레드 스타킹의 전신은 1967년 창립된 뉴욕 래디컬 우먼이다. 뉴욕 래디컬 우먼은 캐시 사라 차일드 외에도《성의 변증법》을 쓴 슐라미스 화이어스톤과 여성운동의 고전적 에세이들을 쓴 앤 코에트-《질 오르가즘의 신화》, 팻 메이나디-《가사노동의 정치학》, 캐롤 하니쉬-《개인적인 것이 정치적이다》등이 핵심 멤버들이었으며《성의 정치학》을 쓴 케이트 밀레트, 〈미즈〉 매거진의 로빈 모건 등도 함께 활동했다. 래디컬 여성운동의 이론적 토대와 입장을 형성했다고 해도 과언이 아닐 정도로 지대한 영향을 미친 이 그룹은 "뉴욕 래디컬 우먼선언"등의 문건들로 많이 알려졌다. 레드 스타킹은 19세기 영국에서 페미니스트에 대한 멸칭으로 사용되던 블루스타킹과 혁명의 상징 붉은 색을 합해 지은 이름으로 1969년에 창립되었고 사실상 '뉴욕 래디컬 우먼'을 이어받은 것이었다.

캐시 사라차일드의 활동가로서의 출발은 1960년대 인권운동이었다. 부모 모두 좌익운동에 가담했던 '운동' 가정에서 자란 그녀는 계급투쟁과 혁명에 관심을 갖게 되었고 흑인 인권운동에서 그 답을 찾아 1964, 65년에는 남부 미시시피로 가서 흑인 인권운동에 가담했다. 시몬느 드 보봐르의 《제2의 성》을 읽고 남성 우월주의male chauvinism에 눈뜬 그녀는 1967년부터 조직화되기 시작한 민권운동 내 여성운동 그룹에 합류하게 되었다. 이어서 그녀는 자연스럽게 〈뉴욕래디컬 우먼〉과 〈레드스타킹 창립회원〉이 되었다.

그녀가 고안한 여성 고유의 경험을 매개로 한 의식화(CR) 그룹 프로그램은 래디컬 여성운동의 주요한 동력이 되며 수많은 의식화그룹을 탄생시켰다. 그녀는 또한 낙태가 불법이던 1969년 뉴욕시에서 열린 낙태 공청회장 기습시위를 벌여 최초의 낙태권 시위를 기록하기도 했다.

"당시 낙태 문제에 대한 공청회가 열렸는데 거기 증인으로 나가서 이야기하게 된 사람들이 모두 열두 명이었어요. 그 열두 명이 누구누구였는지 아세요? 열한 명의 늙은 남자들과 한 명의 가톨릭 수녀였어요."

같이 시위에 참가했던 캐시와 아이린은 지금도 기가 막히다는 듯 '11인의 늙은 남자들과 1인의 수녀'를 반복하며 웃음을 터뜨렸다. 공청회장을 기습한 그녀들은 여성이 낙태하는 당사자들이며 전문가니 여성에게 증언을 시키라고 소리치며 소란을 일으켜 주최측은 공청회장을 다른 곳으로 옮겨야 했다. 그러나 불법 낙태가 여성들을 도살하고 있다고 외치며 여성들의 낙태권을 주장한 이 최초의 낙태 시위는 매스컴의 주목을 받아 레드 스타킹이라는 이름과 함께 이들은 사실상 전 매스컴에 중계된 낙태 공청회를 갖게 되었다.

같은 해인 1969년 아틀란틱시티에서 열린 미스아메리카 반대 시위 또한 빼놓을 수 없다. 전 미국의 페미니스트들이 집결된 이 시위장에서 여성해방이라고 쓴 배너를 들고 앞장선 네 사람중 두 명이 레드 스타킹 멤버로 캐시 사라차일드도 그 중 하나였다.

"당시는 바지를 입는 것만도 큰 선언이었던 때였어요. 우리는 항의 시위와 함께 돈 들고 시간쓰고 에너지를 써야하는 온갖 겉치장 부속품들을 모두 쓰레기통에 던져 버리고 편안하고 건강한 새로운 아름다움을 주장했어요."

'자유 쓰레기통Freedom Trash Can'이라고 적힌 커다란 쓰레기통에 하이힐, 타이트스커트, 거들, 브라, 화장품 등 온갖 '미용을 위한 쓰레기'들이 버려졌다. 이 미스아메리카 반대 시위는 당시 미국 사회에 많은 충격파를 던져 브래지어를 불태우고 남성을 혐오하는 극단적인 페미니스트 상이 매스컴에 의해 만들어지는 계기가 되기도 했다.

그러나 여성들의 호응은 열렬해서 레드 스타킹의 문건들은 '핫케익'처럼 팔려나갔고 수많은 여성들에게 CR그룹 지원

요청이 들어왔다. 캐시와 아이린의 회상에 따르면 요청이 오는 대로 달려가 도움을 준 CR그룹이 150여 개에 달한다. 그러나 이들은 우후죽순처럼 솟아나는 이 그룹들을 조직화하고 방향을 잡아 지도해내지 못했다. 래디컬 여성운동의 퇴장으로 이어지는 이 중대한 실패는 이들이 독점 방지와 완전 평등을 이루기 위해 내건 '지도자 반대non-leadership' 정책에 한 이유가 있었다.

지도자가 군림하는 남성적 운동방식을 거부하고 새로운 방법론을 모색했던 이들은 운동을 독점하는 '스타(?)' 탄생을 방지하고 또 소극적인 여성들을 모두 지도자로 만들기 위하여 토론시간에도 모든 회원에게 배당시간을 주는 방법을 시도하기도 하고 또 회장이니 부회장이니 하는 수직구조의 서열을 거부, 모두 평회원으로 역할을 분담했다.

그러나 지도자가 없는 완전 평등한 비타협적이고 이상적인 원칙은 현실에서 모순을 드러냈다. 그래도 지도자가 부상하고 원칙에 맞지 않는 부분이 생겨난 것이다. 1970년 중반 '안티 지도자' 논쟁이 일어나고 슐라미스 파이어스톤, 앤 코에트, 캐시 사라차일드 등 주요 지도적 회원들이 축출당했다. 베티 프리단이 이끌던 나우NOW의 지도부 갈등, 교체와 때를 같이 하여 일어난 이 여성운동 내의 진통은 물론 '안티 지도자' 논쟁 탓만은 아니다. 당시 '벽장 속에서 나온 것'으로 표현되는 레즈비어니즘이 들어와 새로운 흐름을 형성했고 성에 의한 계급을 선언한 래디컬 여성운동에 도전하는 계급적 노선 투쟁 또한 많은 역할을 했다. 어쨌든 그러한 비판과 공격과 투쟁의 와중에서 손상받은 것은 여성운동 뿐이다.

몇 년 안 되는 기간이지만 신선한 충격파를 던지며 가장 두드러지게 여성운동을 펼쳤던 래디컬 여성운동은 지도부의 붕괴현상으로 활력을 잃고 미국 여성운동 역사에서 거의 사라지게 되었고 그 후 여성운동은 리버럴 노선과 레즈비어니즘이 강세를 이루며 대학으로 제도권으로 들어오게 되었다. 하지만 이 여성들이 불을 붙인 여성문제의 이론화 작업은 학원으로 들어가 이어지게 되었고 페미니스트들의 아성이 된 대학가는 1970년대 이래 눈부신 발전을 이루며 여성학을 정착시켰다.

레드 스타킹의 이름을 지었을 뿐만 아니라 〈뉴욕 래디컬 우먼〉 시절부터 대표적 지도자로 활약했던 슐라미스 파이어스톤은 현재 일체의 공식 활동을 하지 않고 은둔하는 상태이다. 그녀가 어디 사는지 무엇을 하는지 어떤 질문에도 그들은 그녀가 인터뷰는 물론 대화에 언급되는 것도 원치 않고 있다고 말하며 일체의 답변을 거부했다. 그러나 레드스타킹 관련 문건들을 모아서 발행한 《페미니스트 혁명1975년 초판,랜덤출판사》의 캐시 사라차일드 편을 보면 분명히 밝히지는 않았지만 화이어 스톤을 지금까지 잠적하게 만든 것이 바로 지도부 논쟁으로 인한 내부 진통 때문이라는 감은 잡을 수 있었다.

그러나 레드 스타킹은 한 개인처럼 잠적할 수 없었다. 젊은 세대인 마리사는 바로 《페미니스트 혁명》을 읽고 편지를 띄워 이 그룹에 새 회원이 되었다. 캐시는 낙태문제가 다시 이슈가 되자 지난 1989년, 20년 전과 똑같이 여성들의 입을 통해 불법 낙태시절의 이야기를 듣는 행사를 개최했다. 이 행사와 함께 '활동 문고Archives for Action'라는 이름으로 1960년대 래디컬 여성운동의 각종 자료, 문건들을 재생 출판 보급하는 사업을 시작했다.

앞으로의 계획을 묻는 질문에 캐시는 《레드 페미니즘》을 정립, 집필하는 일이라고 대답했다. 《레드 페미니즘》이 무엇이냐는 질문에 그녀는 "앞으로 만들어질 예정"이라는 의미로 "*to be formulated*"라고 대답했다. 장장 네 시간에 걸쳐, 밤이 늦은 줄도 모르고 이야기를 했던 우리는 모두 웃었다. 페미니스트 혁명의 꿈이 깨진 것이 이론이 부족해서가 아니라는 것을 그녀 자신 너무도 잘 알아서인가?

그 후 35년 레드 스타킹

레드 스타킹은 1989년 3월에 1969년 낙태 청문회 20주년을 기념하는 2차 낙태 집회를 가진 뒤 공개 활동을 별로 하지 않으면서 래디컬 페미니즘의 퇴조 물결에 합류했다. 대신 여성운동 활동가들을 위한 역사 자료 수집 프로젝트인 '여성해방행동기록Women's Liberation Archives for Action'에 집중하고 있다. 또 캐시 사라 차일드가 언급했듯이, 여성 억압과 그 대응책에 대한 새로운 이론 개발도 노력 하고 있다. 2001년에는 《미국의 신화에 도전하기: 여성 해방과 국민 보건Confronting the Myth of America: Women's Liberation and National Health Care》을 출간했다. 레드 스타킹은 현재 자체 웹사 이트(www.redstodkings.org)를 운영하며 여성운동을 벌이고 있 다. 동료 운동가들이 조직을 떠난 뒤, 사라 차일드는 유일한 원년 멤 버로서, 80세가 넘은 노익장 여성운동가로서 계속 레드 스타킹을 유 지하고 있다. 2013년 8월에는 다른 래디컬 여성운동가들과 공동으 로 "금지된 담론: 여성주의적 젠더 비판을 침묵시키기Forbidden Dis- course: The Silencing of Feminist Criticism of 'Gender'"라는 성명 을 발표했다. 7개국의 래디컬 페미니스트 48명이 참가한 이 성명은 성 구분과 남성의 여성 지배에 둔감한 젠더 이론을 비판하는 급진 여 성운동가들에게 신체 공격 등 여러 위협이 가해지는 것을 강력히 비난 하고 있다.

홈페이지 https://www.redstockings.org 페이스북 Redstockings

페미니스트 정치인 벨라 압주그

〈여성신문〉 1991. 03. 22 116호

1970년대 여성운동이 배출한 대표적 페미니스트 정치인

반세기 넘도록 활약한 현역 변호사, 요즘은 환경문제로 바빠

1970년대 의원 시절의 벨라 압주그
자료출처- 위키미디어 https://commons.wikimedia.org

1970년부터 1976년까지 6년 동안 3선 하원의원으로 의회에서 활약한 벨라 압주그Bella Abzug는 1970년대 여성운동이 배출한 대표적인 페미니스트 정치인이다. 1945년부터 현재까지 반세기가 넘는 오랜 기간을 활동한 현역 변호사이기도 한 벨라 압주그는 미국 정치인들의 전형적인 경로(법대-변호사-지역사회활동-정계입문)를 통해 정치인이 되었다. 50세에 초선의원이 된 그녀의 정계 입문은 비교적 늦은 셈이다. 그러나 여성운동이 없었다면 정치인이 되지 않았을지도 모를만큼 그녀와 여성운동과의 관계는 깊다.

미국 여성운동의 최전성기인 1970년대 전반 6년간 의회 활동을 한 벨라 압주그는 제도권의 혁명이라 부를 수 있을 정도의 시대적 행운 속에서 여성운동계의 스타정치인으로 부상했다. 당시 갤럽조사는 그녀를 미국 내 최고 인기있는 여성 중의 하나로, 또 세계를 움직이는 20대 여성 지도자 중 하나로 꼽았다.

벨라 압주그의 집에 처음 연락을 취했을 때 전화를 받은 사람은 그녀가 집에 없다며 다음 날 오전 11시쯤 전화하라고 말했다. 다음날 정확히 11시에 전화를 걸자 자동응답기가 대답을 시작했다. 난감한 기분으로 수화기를 들고 응답기에 내 신분을 밝히는 중이었는데 저쪽에서 굵은 허스키의 "헬로"소리가 들려왔다. 아마도 자동응답기를 틀어놓고 막 나가려던 길에 전화벨소리를 들은 듯했다. 그녀는 마치 자신이 벨라 압주그가 아닌 것처럼 "그녀(She)"가 지금 전화를 받을 수 없으니 오후 5시에

다시 걸라고 말했다. 이미 잘 알려진 허스키한 목소리 때문에
상대가 그녀임을 금방 알아챘지만 알았다고 말하고 그냥 끊었
다. 오후 5시에 다시 전화를 걸었다. 그녀가 바로 전화를 받았고
결국 세 번째 전화에서야 서로 통화할 수 있었다.

그녀는 한국의 〈여성신문〉을 위한 인터뷰라고 설명하자
첫마디가 기사가 언제 나갈 예정이냐고 물었다. 3월 안으로 나
갈 것 같다고 대답하자 그녀는 자신이 11월에 열릴 〈환경문제
세계여성의회〉를 준비하는 중이라고 밝히고 그 회의 안내를 기
사에 포함시킬 수 있느냐고 물었다. 목적은 한국여성들의 회의
참가를 위해서. "물론"이라고 대답하자 그녀는 자기 스케줄을
보겠다고 말했다. 그녀는 준비회의를 위해 3일 뒤 브라질에 가
기 때문에 일정이 바쁘다고 말하며 언제 시간을 잡아야 할지 고
민하는 듯했다. 약속이 늦춰질까봐 걱정이 된 나는 재빨리 시간
을 많이 뺏지 않겠다고 하고 30분이면 충분하다고 말했다. 그
러자 그녀는 약속시간을 잡았다. 2월 25일 오후 4시였다. 인터
뷰 약속을 한 다음 전화를 끊고 TV를 트니 그날 센트럴파크에
서 열린 대규모 반전 평화시위를 보도하고 있었고 바로 벨라 압
주그가 연단에 나와 열변을 토하는 장면을 보여주고 있었다. 아
침 11시에 전화도 못받고 그녀가 간곳은 바로 반전시위장이었
던 것이다.

25일 오후 4시 맨해튼 다운타운 5번가에 자리 잡은 그녀

의 아파트에 도착했다. 그녀는 집에 없었고 개인비서 역할을 하는듯한 (50대 후반으로 보이는) 한 여성이 칸막이 사이로 사무실처럼 꾸며진 거실의 한쪽에서 열심히 서류를 정리하고 있었다. 그녀의 집은 여장부같은 그녀의 대외 이미지와는 달리, 뜻밖에 오밀조밀 꾸며져 있었다. 창 앞에 서있는 모자걸이에는 색색의 모자들이 수십 개 걸려있었고 벽에는 원판 유화들이 벽마다 여러 점씩 걸려 있었다. 장식 테이블과 램프테이블 위에는 어린 시절부터 어른시절까지 그녀의 일대기를 한 눈에 볼 수 있을 만큼의 사진들이 각종 틀에 끼워져서 놓여 있었다. 그 사진들에는 얼른 알아볼 수 있는 유명 인사들도 많아 1984년 민주당 부통령후보였던 제랄딘 페라로, 〈미즈〉의 글로리아 스타이넘, 가수 바브라 스트라이센드 등의 얼굴들이 눈에 띄었다. 옛 헐리우드 배우 셜리 맥레인과는 각별한 사이인 듯 여러 개의 사진이 있었다.

벨라 압주그는 4시 40분이 넘어서야 돌아왔다. 문을 열고 들어선 그녀는 사진으로 보아온 얼굴보다 더 할머니였다. 그러나 모자에서 블라우스, 스커트, 재킷까지 보랏빛 일색으로 맞춰 입은 그녀에게서는 칠십 할머니답지 않은 멋이 흘렀고 우렁우렁하는 허스키 목소리와 함께 여장부의 카리스마가 살아났다. 그녀는 자신이 30분 밖에 시간을 낼 수 없다고 말한 것은 잊어버린 듯 아니면 나의 시간은 안중에도 없는 듯 서류정리를 하고 있던 여성을 다그치며 우편물을 점검하고 편지를 구술하는 등 자신의 일을 했다. 그리고는 방으로 들어가 장거리 전화를 했다. 전화내용을 들으니 셜리 맥레인에게 걸은 것이었고 3일 뒤에 잡혀진 브라질 여행에 그녀와 동행하는 듯했고, 서로 다른 일정을 절충하는 듯 했다. 미안하다는 소리 하나 없이 자기 할 일을 하고 있는 그 할머니 정치인을 보며 웬일인지 불평 한마디 할 수 없었다. 그녀에게는 사람을 위압하는 어떤 힘이 있었다. 어쩌면 그 힘이 그녀를 정치인으로 만들었는지도 모르겠다.

벨라 압주그는 1920년 뉴욕의 유태계 가정에서 태어났다. 헌터컬리지에서 정치학을 전공한 그녀는 학창시절 총학생회장을 지내기도 했다. 그 후 컬럼비아법대로 진학했고 졸업과 함께 1945년 뉴욕주 변호사 시험에 합격, 변호사가 되었다.

"지금이야 여자 변호사가 많지만 그 때만해도 여자는 받아주지도 않는 대학들도 많았어."

그녀도 처음에는 하버드법대에 지원했으나 여자라는 이유로 입학이 허가되지 않았다고 한다. 여자 변호사가 귀한 시절 변호사가 된 그녀는 그로 인해 그 뒤 그녀의 트레이드 마크가 된 모자쓰기를 착안했다.

"법률 일로 사람들을 만나도 전부 내가 비서나 사무원인 줄 알고 나한테 변호사님 어디 계시냐고 묻는 거야. 그래서 모자를 쓰기 시작했지. 모자 쓰고 일하는 비서는 없잖아?"

법대 재학시절 그녀는 일생의 동반자가 된 또 하나의 중요한 사건과 만나게 되는데 그것은 그녀와 42년 동안 결혼생활을 하게 될 마틴 압주그와의 만남이었다. 1942년부터 연애를 해 1944년에 결혼한 이 부부는 잉꼬부부로 소문난 커플로 그녀의 남편 마틴은 자신보다 유명해진 아내 벨라에게 헌신적인 외조(?)와 사랑으로 일관했다.

그러나 사람들을 빨갱이로 몰아 처벌한 매카시 선풍*의 시대였던 1950년대에 노동 전문 변호사로 활약한 그녀는 실상 돈 버는 일보다 무료 변론을 맡는 일이 더 많았다. 책을 두 권 출판한 작가이기도 한 남편 마틴은 생계 해결을 위해 작가의 꿈을 포기하고 주식중개업을 해야 했고 그녀는 지금까지 그것을 미안하게 생각한다.

"사람들은 나를 독립적인 여자로 생각하고 또 그것이 사실이기도 하지만 난 남편 마틴에게만은 전적으로 의존하는 입장이었어."

그녀가 변호사일 때는 '가장 훌륭한 변호사'라고 칭찬하고 국회의원이 되었을 때는 '가장 훌륭한 정치인'이라고, 또 그녀가 민주당 지도부와 갈등을 빚을 때는 "당신이 그 사람들

---

* 1950년부터 1954년까지 미국 전역을 휩쓴 공산주의자 색출 열풍. 의혹을 제기한 조지프 매카시 상원의원에서 비롯되어 매카시 선풍으로 불리게 되었다. 현재에는 지식인들을 대거 숙청하고 문화계를 박살낸 미국 민주주의 역사상 가장 큰 위기로 평가받는다.

에게 과분하다"고 말하며 격려하고 위로하던 남편이 타계한 1986년 이후가 자신의 생에서 가장 어려운 시기라고 생각한다. 그녀는 지금도 꿈속에서 남편을 만나면 "나는 어떡하란 말이냐?"고 묻는다고 한다.

그녀는 남편 마틴과의 사이에 조각가가 된 딸 이브와 엄마를 따라 변호사가 된 딸 리즈가 있다. 그녀는 남편과의 사별, 노년의 나이에도 불구하고 계속 정력적으로 일할 수 있는 비결이 무엇이냐고 묻자 "그저 하던 대로 계속하는 것 뿐"이라고 말하며 "요즘 젊은 사람들은 쉽게 지치고 포기하는 게 탈"이라고 말했다. 비단 요즘뿐만 아니라 그렇게 많은 일들이 곧 그녀의 삶이었다.

정치인으로서 그녀는 1971년 동등법안Equal Rights Amend-ment의 공동제안자였으며 카터 대통령시절 대통령자문위원을 지냈고 여성정치 전국조직인 여성정치위원회National Women's Political Coacus의 창립자이며 현재는 여성외교정책 위원회의 공동대표이다.

또한 그녀는 지난 1987년부터 하버드대학에서 '여성과 외교정책: 여성이 세계를 통치한다면?'강좌로 인기를 끌었으며 이 세미나를 바탕으로 현재《안보를 위한 대안적 통치》라는 저서를 준비하고 있다. 그 외에도 정치와 여성문제를 분석한《벨라! Ms. 압주그 워싱턴으로 가다》,《젠더갭: 미국여성들의 정치력을 위한 벨라 압주그의 가이드》등 두 권의 저서를 갖고 있다. 그 외에도 수많은 업적을 갖고 있는 그녀는 70 고령에도 불구하고 새로운 일, 환경문제에 바쁘다.

그녀는 여성들이 정치인이 되기 위해서는 어떻게 해야 하느냐고 묻자 우선 '정당에 가입'하고 사람들이 필요로 하는 '지역 사회 활동'을 하면서 여성들도 모든 것을 '할 수 있다'라는 것을 보여야 한다고 말한다. 그녀는 한국 여성들의 경우 다른 정치활동과 함께 '남북통일'문제에 여성들이 적극적으로 해결의 실마리를 찾아야 한다는 조언도 잊지 않았다. 그녀의 열정 넘치는 설명을 들으며 그녀가 정계에 입문하던 1970년의 선거 슬로건이 떠올랐다.

"*This Woman's Place is in the House - The House of Representatives*이 여성이 있을 곳은 하원의원하우스입니다.

그 후 35년 벨라 압주그

벨라 압주그가 주도적으로 참여했던 1991년 11월의 '건강한 지구를 위한 세계 여성의회'는 큰 성공을 거두었다. 대회를 통해 환경 보호를 위한 국제 여성 네트워크가 본격화하였고, 회의 결의문 '여성행동강령21Women's Action Agenda 21'을 선포했다. 세계 전역에 걸쳐 83개국의 1,500명 여성에 의해 작성된 이 결의문은 그 후 유엔환경개발회의와 지구서밋Earth Summit에서 여성 환경운동이 목소리를 내는 데 크게 기여했다. 이후에도 압주그는 저명 여성운동가 밈 켈버 Mim Kelber와 함께 1990년에 창립한 '여성환경개발기구Women's Environment and Development Organization'를 통해 생과 마지막까지 열성적으로 활동했다. 이미 유방암과 오래 싸워 왔던 압주그는 심장 수술에 따른 합병증으로 1998년 3월에 77세를 일기로 타계했다. 압주그는 50여 년 넘게 여성 정치인이자 페미니스트 운동가로서 수많은 업적을 남겼다. 이러한 공로를 인정받아 1991년에는 전미가족계획연맹으로부터 가장 명예로운 '마가렛 생거 상Margaret Sanger Award'을 수여받았고, 1994년에는 '여성 명예의 전당'에 헌정되었다. 또 1997년에 유엔은 민간인에게 수여하는 제일 영예로운 '블루 베레 평화상'을 압주그에게 수여했다. 그녀의 딸 리즈 압주그는 어머니의 업적을 기리기 위해 2004년에 '벨라 압주그 지도연구소'를 창설해 여고생과 여대생들의 지도자 양성 프로그램을 운영하고 있다. '타임'지는 2017년 3월 8일자 호에서 압주그를 '미국 정치를 만든 여성 50인' 가운데 한 명으로 선정했다.

《성의 정치학》의 저자 케이트 밀레트

〈여성신문〉 1991. 04. 12 119호

파업-해고, 그 좌절과 분노 쏟아부어 페미니스트 고전 완성,

비교문학자, 조각가, 민권운동가

《성의 정치학》의 저자 케이트 밀레트(오른) 그리고 저자(왼)

케이트 밀레트의 《성의 정치학Sexual Politics. 초판 1970 더블데
이》을 읽은 사람이라면 아마도 그 저자에 대해 전투적이고 가
차없는 극단적 페미니스트상을 연상하기 쉬울 것이다. 인류의
역사를 가부장제 억압에 도전하는 성혁명과 또 그를 지키기 위

한 반혁명의 되풀이로 해석한《성의 정치학》은 그 독창성과 비범성이 일상의 상상력 체계를 벗어나 그녀가 실제로 어떻게 생겼든 그녀를 평범한 보통의 여성으로 상상하는 것은 불가능하게 되었다.《성의 정치학》의 저자라면 얼굴 생김새에서 차림새, 사는 스타일에서 삶의 철학까지 모든 것이 보통 사람들과 달라야만 했다.

맨해튼의 남단 거의 끝에 자리 잡은 그녀의 스튜디오에서 만난 케이트 밀레트는 어떤 의미에서는《성의 정치학》이 만들어낸 신화를 깨는 평범하고 소탈한 여성이었고 또 어느 면에서는 여전히 비범하고 특별난 여성이었다. 케이트 밀레트를 만나러 가며 나는 여러모로 조심스러웠다. 그녀를 둘러싸고 있는 여러 신화와 또 그녀에 대해 알려진 단편적 사실들 - 여성운동가, 정신병원 입원, 양성연애자, 비교문학자, 조각가 등 여러 범주에 걸친 그녀의 편린들은 나를 혼란스럽게 만들었다. 조그만 4층짜리 건물에는 엘리베이터도 없었고 2층과 4층 모두 케이트 밀레트 스튜디오라고 문패가 붙어 있었다. 꼭대기 층으로 올라오라는 그녀의 말대로 4층으로 올라갔다. 문도 두드리기 전 그녀가 문을 열었다.

거기에는 하얗게 센 머리를 길게 한 쪽으로 묶어내린 한 여성이 서 있었다. 하버드 유니버시티라고 쓰여있는 스웻셔츠와 작업복 바지는 온통 흰색 페인트칠로 더럽혀져 있었고 머리는 헝클어져 있었다. 2층은 실크스크린 작업 스튜디오로 쓰고 있고 4층은 이를테면 그녀의 살림방이었다. 그녀는 겨울의 6개월간은 뉴욕의 스튜디오에서 살고 여름 6개월간은 포킵시에 있는 농장에서 지낸다고 한다. 농장일, 목수일 등 사는 데 필요한 모든 노동을 손수 하는 그녀는 한 층을 모두 차지하는 스튜디오를 페인트칠하는데 1주일이 걸려 끝냈다면서 그래서 친구들과 와인을 마시는 중이라고 말했다. 한국의 여성들에게 《성의 정치학》이 일찍이 번역되어 많이 알려져 있다고 말하자 그녀는 뜻밖이라는 듯 "너무나 영광스럽다"라고 대답했다. 자신의 책이 번역되었다는 것도 모르고 있었던 데 대해 설명해야 할 것 같아 한국이 저작권협회에 가입되어있지 않아 '해적출판(?)'이 가능했다고 변명조로 설명하자 그녀는 손을 내저으며 "한국의 여성들이 그 책을 읽는 것이 중요하지, 상관하지 않는다"라고 말했다. 사실 그녀는 《성의 정치학》이 외국에서는커녕 미국에서도 얼마나 팔렸는지 모른다. 어쩌면 그런 계산이 그녀에게는 의미없는지도 모르겠다.

케이트 밀레트는 1934년 미네소타 세인트폴에서 태어났다. 미네소타대학에서 영문학을 전공한 그녀는 전체 차석으로 졸업했고 1956년 영국 옥스퍼드대학으로 유학, 거기에서도 최우등생으로 졸업했다. 그 후 1970년 컬럼비아대학에서 비교문학 박사학위를 받게 되는데 이 박사학위 논문이 바로 《성의 정치학》이다. 그러나 《성의 정치학》에 이르기까지는 약간의 설명이 필요하다. 서양 문물에 식상한 그녀는 동양으로 눈을 돌리게 되었고 조각에 새로운 눈을 뜨게 되었다. 그녀는 영국과 미국에서 보장되어 있던 교수직을 팽개치고 1961년 무작정 일본으로 갔다. 와세다 대학에서 영어를 가르치며 조각을 공부하던 그녀는 요시무라 후미오라는 젊은 조각가를 만나게 되고 그와 사랑에 빠졌다. 일본에서부터 함께 살기 시작한 이들은 1964년 미국에 온 다음에도 10년을 부부로 지냈다. 후미오와는 지금도 가깝게 살고 있어 자주 연락하는 친구사이라고 말하는 그녀는 《성의 정치학》을 쓰던 시절, 매 장마다 완성되는대로 남편 후미오에게 읽어주었다고 회상한다. 그래서 그녀의 첫 저서 《성의 정치학》은 후미오에게 바쳐졌다. (《성의 정치학》의 맨 앞장에는 'For Fumio Yoshimura'라고 쓰여있다.)

밀레트는 1964년부터 컬럼비아대학 부설 여자대학인 바너드컬리지에서 영어를 강의하며 동시에 컬럼비아대학 박사과정에 적을 두고 있었다. 6년 동안 바너드컬리지에서 가르친 그녀에게는 논문이 끝나는 대로 교수직이 평생 보장된 것이나 마찬가지였고 누구나 그녀의 장래를 뛰어난 비교문학자로 예상했다. 그러나 그녀는 학생과 여직원, 교수들을 중심으로 '컬럼비아 여성해방'이라는 페미니스트 그룹을 창립했고 이 그룹은 학교 내의 여직원, 여교수 등의 임금실태를 조사, 학사 행정의 성차별을 폭로했고 이를 토대로 학교를 상대로 성차별 소송을 제기했다. 또 외국 학생운동의 진원지가 된 1968년 봄 컬럼비아대학 스트라이크에서 그녀는 학생들과 함께 행동을 취했을 뿐만 아니라 징계 조치를 당한 학생들의 무조건 사면과 교직원들의 복직허용을 주장했다. 이러한 두드러지는 활동으로 인해 그녀는 1969년초 학교에서 해고당했다.

직업의 박탈과 함께 학계에서의 추방까지 의미하는 이 해고로 인해 그녀는 인생이 끝난 것과 같이 괴로워했다. 그녀는 "굶어 죽을까 걱정하며 대낮부터 마티니를 마시고 울었다"라고 당시의 심경을 토로했다. 그러나 그녀는 강의하느라 쓰지 못한 논문을 쓰기로 작정하고 더블데이 출판사와 계약을 맺고 4,000달러의 선금을 받고 논문 집필에 몰두했다. 해고자의 좌절과 분노를 모두 집필에 쏟아부은 그녀는 약 1년 만에 《성의 정치학》을 완성했고 이 책은 곧 페미니스트 고전의 위치를 차지했다.

그 후 그녀는 브린메칼리지, 새크라멘토시티칼리지, 버클리대학 등지에서 강의를 하기도 했지만 1974년을 마지막으로 강단에 서지 않았다. 이번에 그녀를 강단에서 떠나게 만든 것은 그녀의 가족들이었다. 그녀는 《성의 정치학》 이후 1971년 창녀들에 대한 보고서 「성매매 보고서The Prostitution Papers」를 발표하고 1974년 《비상Flying》 이라는 소설을 발표하게 되는데 레즈비언들의 사랑을 다룬 이 소설과 함께 그녀가 양성연애자라는 사실이 공공연하게 알려지게 되었다. 그녀는 곧 정신병원에 수용되었고 그녀를 입원시킨 사람들은 바로 그녀의 가족들이었다. 가족들에 대한 이 쓴 경험으로 인해 그녀는 아직도 가족의 굴레와 폭력에 대해 이해하지 못한다.

"가족이란 참으로 억압적인 관계예요. 가족이란 이름으로 그들은 나의 진정한 존재를 부인하면서 동시에 나에게 온갖 피해를 입힐 수 있는 입장이었지요. 그리고 그들이 내게 준 피해가 가족이라는 관계 때문에 정당화되었지요."

그녀의 설명에 의하면 체면을 중시하는 부르주아 가문이었던 그녀의 가족들은 그녀가 학문적인 저서를 쓸 때는 환영하였지만 레즈비언소설을 쓰는 양성애자일 때는 정신병자로 몰아 병원에 감금시키는 행위를 서슴지 않았다고 한다. 그래서 그녀는 1년 반동안 정신병원에 갇혀 지내야만 했다. 퇴원 후 그녀는 1976년 소설 《시타Sita》, 1979년 《지하The Basement》, 1981년 《이란으로 가면서Going to Iran》을 발표했고 최근에는 정신병원 입원 시절 자신의 이야기를 쓴 《루니-빈 트립The Loony-Bin Trip》이 출판되어 많은 호응을 얻고 있다. 조각가로서도 활발한 활동을 벌이고 있는 그녀는 1963년 도쿄의 미나미 갤러리전을 시발로 13차례의 개인전을 가진바있고 그 외에도 여성들의 삶을 다룬 페미니스트영화 〈세 인생Three Lives〉을 제작 감독하기도 했다.

"뉴욕에서 열리는 페미니스트 미팅에는 모조리 참석했다"라는 그녀의 표현대로 그녀는 '컬럼비아 여성해방' 외에도 5년 동안 나우NOW뉴욕지부 교육부장을 지냈고 뉴욕 래디컬우먼, 레드 스타킹, 래디컬 레즈비언 등 뉴욕의 주요 페미니스트 그룹에 모두 관여했다.

지난 1978년 뉴욕주 북부에 위치한 포킵시에 '예술촌Art Colony'라는 이름의 농장을 세운 그녀는 매년 여름 여성 예술가들에게 이 농장을 작업장으로 제공하고 있다. 크리스마스트리를 키워서 파는 이 농장은 경제적으로 자립되어 3개월, 6개월의 기간으로 이 농장에 들어오는 여성들에게 숙식이 무료로 제공되며 오전에는 농장에 필요한 노동을 하고 오후와 저녁에는 집필, 미술제작 등 각자 자신의 작업을 하게 된다. 자신의 공간을 갖기 힘든 여성들에게 밀레트의 농장은 많은 인기를 끌어 해마다 지원자가 넘쳐 선별해 받고 있다고 한다.

무엇이 당신을 페미니스트로 만들었냐는 질문에 즉각 가부장제 사회가 그렇게 만들었다고 대답한 그녀는 곧이어 시몬드 보봐르의 《제2의 성》과 베티 프리단의 《여성의 신비》가 많은 영향을 미쳤다고 덧붙였다. 보봐르에 대한 그녀의 존경과 애정은 유별나 그녀는 보봐르가 사망하기까지 16년 동안 매년 프랑스 파리로 보봐르를 방문, 우정을 다지기도 했다.

오래전부터 흑인 민권, 복역수 인권 문제 등에 관심을 가져온 그녀는 현재 정치수 고문에 대한 책을 집필 중이다. 국제 사면위원회 자료들을 읽는 것이 요즘의 일과라고 밝히는 그녀는 한국의 고문 상황에 대한 질문을 하며 오히려 나를 취재하는 열성을 보였다. 이야기하는 동안 약속한 두 시간이 한참 넘어 있었고 그녀는 미국의 여성들이 멈춰 있는 요즘 한국의 여성들이 움직이고 있는 것이 너무나 행복하다고 말하며 한국 여성 운동의 발전을 기원했다.

그 후 35년 케이트 밀레트

케이트 밀레트는 국제사면위원회 자료를 보며 모은 여러 나라의 정치범 고문 실태를 바탕으로 1994년에 단행본 《잔인함의 정치Politics of Cruelty》를 출간했다. 그녀는 이 책에서 근대 국가들이 억압적 통치 수단으로 고문을 사용하고 있다고 역설했다. 이삼십 대에 사이가 안 좋았던 어머니가 유방암, 고칼슘혈증 등 건강 악화로 요양원에 들어간 후 밀레트는 자주 그녀를 찾아 모녀 사이에 대해 진지한 대화를 나누면서 관계를 회복했다. 이 때 경험은 2001년에 나온 《어머니 밀레트 Mother Millett, Verso Books 문고판 2002. 10》에 자세히 나와 있다. 밀레트는 영국 배우 올리버 리드의 기습 키스 사건으로도 유명하다. 1991년 1월 영국 채널4 티비의 토크쇼 '애프터 다크'는 "남자는 폭력적이어야만 하는가"라는 주제로 7명의 명사들이 참석해 토론을 벌였다, 평소

마초로 알려진 리드는 남성 우월성에 대해 떠들다가 갑자기 옆자리에 있던 밀레트 뺨에다 강하게 키스를 했다. 기겁한 밀레트가 리드의 무례함에 분노했고, 시비 끝에 리드는 밀레트 요구에 따라 자리를 떠나야만 했다. 2012년에 밀레트는 포킵시의 '예술촌'을 〈밀레트예술센터〉로 개명하고 이 곳을 중심으로 여성예술 운동을 계속하다가 2017년 파리에서 심장마비로 세상을 떠났다. 그녀는 여성 운동, 집필, 조각 등 다방면에서의 공적을 인정받아, 2001년에는 《어머니 밀레트》로 라이브러리 저널의 최우수도서 상을 받았으며, 2013년에는 여성 명예의 전당에 헌정되었다.

뉴욕시 여성지위위원회 CSW

〈여성신문〉 1991. 04. 26 121호

출판 교육 각종 분야 시정에 참여

1991년 뉴욕시 여성지위위원회 사무실 현장

뉴욕시 여성지위위원회Commission on the Status of Women (이하 CSW)는 1년 중 3월이 가장 바쁜 달이다. '여성역사의 달 Women's History Month'로 지정된 3월이면 여러 행사를 직접 주관할 뿐만 아니라 각급 학교나 여성단체에서 주최하는 행사와 모임을 일반에 알리고 감독하는 일까지 하기 때문이다. 뉴욕시청에 자리잡은 여성지위위원회를 찾은 날은 '여성역사의 달' 행사

개시일인 2월의 마지막날이었다.

　여성지위위원회 홍보담당관 맥신 골드와 그녀의 보좌관 메릴 존즈는 여성지위위원회 활동 상황을 담은 세 권의 책과 수십 가지가 넘는 CSW 관련 자료를 건네주었다. 자신들이 하는 일을 계획단계에서부터 사후 결과까지 모조리 서류화하여 기록으로 증명해야 하는 관료적 공무원의 특성이 유감없이 발휘된 그 수많은 자료들은 미국여성운동의 제도권 진입을 증명하는 가장 훌륭한 자료였다.

　재미있는 것은 이 두 여성 모두 여성운동의 사전 경력도 없고 여성문제에 대한 의식도 없이 여성지위위원회 일을 하게 되었다는 사실이다. 비서로 시작하여 올해 CSW 7년 경력에 이른 메릴 존즈는 CSW에서의 근무가 자신을 '개안'시키는 계기가 되었다고 말한다. 또 대학 시절부터 학비를 벌어가며 공부해야 했던 맥신 골드는 자신이 "페미니스트적인 삶을 사는데 바빠서 페미니스트 운동을 할 여유가 없었다"라고 말하며 자신도 CSW에서 일한 후에야 여성운동과 관련을 맺었다고 전한다. 오래전에 뉴욕대학 불문학 박사과정을 끝낸 그녀는 속칭 'ABD(All But Dissertation의 약자로 박사논문만 제외하고 모두 마쳤다는 뜻)'로 그녀에게는 CSW가 두 번째 커리어인 셈이다. 맥신 골드에게 개인적으로 여성이 차별받고 있다고 느낀 적은 없었느냐고 물으니 대학 시절 집에 갔을 때 마주친 남동생과의 일화를 털어놓았다.

"우리 집은 노동자 계층이어서 부유하지 않았고 나도 혼자 벌면서 대학공부를 해야 했어요. 그런데 남동생은 어떻게 샀는지 자동차를 끌고 왔고 또 빨랫감을 잔뜩 갖고 와 내놓는 거였어요. 나는 빨랫감을 갖다 어머니에게 준다는 생각은 꿈에도 떠오르지 않았는데 남동생은 단지 아들이라는 이유로 당당히 빨래를 갖다 내밀고 또 자동차까지 가진 거예요."

그녀는 그 당시 한마디 불평도 하지 않았지만 마치 번갯불에 맞은 것처럼 아들과 딸의 차이를 절감했다고 한다. 왜 불평하지 않았냐고 물으니 부모들은 너무도 당연히 생각할 일이라 아예 거기에 성차별이라는 개념을 생각지도 못했다는 것이다. 다만 아들과 딸이라는 차이 때문에 생긴 그 기억만이 30여 년이 흐른 지금까지 그녀의 뇌리에 깊이깊이 박혀있다. 그녀들의 출발이 어쨌든 그녀들은 지금 시 정부 기관의 일부로 여성운동의 한몫을 하고 있다.

뉴욕시 여성지위위원회는 1975년 뉴욕시장 명령으로 시장실 산하 자문위원단으로 처음 구성되었다. 위원단은 노동계, 법조계, 주부, 언론, 의료, 예술, 비즈니스, 비영리 지역단체 등 각계각층의 지도적 여성 42명으로 구성되며 이들은 시장실에서 3년에 한번씩 새로 임명된다. 월 1회 위원단 회의를 하며 이 42명의 위원단이 매월 정책 결정, 사업 결정 등을 하며 여기에서 결정된 사항은 10명의 CSW 산하 직원들에 의해 수행된다. 맥신 골드와 메릴 존즈 외에 8명의 직원들이 더 CSW 소속으로 일하고 있고 42명의 위원단은 무보수직이다. 현재 이 42명의 위원단 중에는 뉴욕의 한인 YWCA 총무인 홍인숙 씨가 유일한 한국 여성으로 소속되어 활동하고 있다.

CSW가 하고 있는 주요사업은 〈여성 게시판The Women's Bulletin〉이라는 타이틀의 월간 여성 관련 행사 안내서 발간과 계간으로 나오는 「여성지위 보고서Status Report」, 또 여성단체와 기관을 망라한 디렉토리 발간, 여성학 강좌 가이드, '여성역사의 달' 행사 캘린더 발간 등을 정기적으로 하고 있다. 맥신 골드가 CSW사업의 일환으로 뉴욕의 저명한 여성지도자 15인의 삶을 담아 기록한 《역사를 만드는 여성들: 15인의 뉴요커 대담 Women Making History: Conversations with 15 New Yorkers》이라는 책은 공립학교 교과과정에 포함되어 오늘날의 학생들에게 생생한 롤 모델을 제시하는데 도움이 되고 있다.

CSW에서는 성차별 철폐와 긍정적인 여성 롤 모델 제시를 위하여 교육사업에 역점을 두고 있는데 이 교육사업 추진을 위하여 각 지역 교육위원회와 긴밀한 연관을 갖고 일하고 있다. 대학 수준에서는 매 학기마다 '여성에 대한, 여성을 위한 강좌 가이드'라는 제목으로 뉴욕시리즈를 총괄하여 발간하는데 첫 여성학 가이드가 나온 1979년에는 26개 대학 125개 강좌가 수록되었으며 지난 1985년에는 57개 대학 400여 강좌로 늘어났다. 올해는 65개 대학, 기관들의 강좌가 수록되어 있다.

초 중등 수준의 공립학교를 대상으로 하는 교사들에게는 여성들의 공헌을 기리는 각종 교육자료가 제공되며 성차별 교육 철폐를 위한 교사 워크숍도 실시된다. 또 3월이면 뉴욕시내 초 중 고 대학생을 대상으로 여성을 주제로 한 시, 에세이, 포스터 경시대회를 주최하기도 한다. 그 외에도 CSW는 정치, 입법 또 여성의 출산권 이슈 등 여성과 관련된 각종 시정분야에 여성의 목소리를 내는데 특히 가정과 직장을 양립하는 여성들을 위한 융통적 근로시간을 허용한 시공무원 '플렉스 타임flex time' 스케줄의 쟁취는 CSW의 주요 업적 중 하나이다. CSW의 제안으로 통과된 이 혁신적인 제도로 인해 3만 2,000명의 시공무원들이 혜택을 받았고 그들의 대부분은 여성들이다.

그러나 무엇보다도 중요한 CSW의 임무는 '여성역사의 달'인 3월과 연관되어 있다. '여성역사의 달' 행사가 처음 시작된 것은 1979년 사라 로렌스 대학에서 17일간 열렸던 여성회의에서 였다. 전국규모의 이 행사에서 '여성활동연합'이 결성되었고 이들은 각 지역으로 돌아가 '여성역사의 달' 지정과 관련된 행사, 활동을 할 것이 촉구되었다. 뉴욕시는 1982년부터 공식적으로 '여성역사의 달'을 선정했으며 1987년부터 연방정부 차원에서 전국적으로 3월이 '여성역사의 달'로 선언되었다.

여성역사의 달로 3월이 선정된 것은 열악한 환경에서 뉴욕시의 봉제공장 여성들이 모여서 시위를 벌인 3월 8일을 기념하기 위해서다. 가장 많은 인파가 몰렸던 1909년의 3.8 시위에는 2만 명의 여성들이 모여 시위를 벌였으며 이 사건은 2만 폭동으로 불렸다. 그 후 독일의 여성 노동운동가였던 클라라 제트킨의 제안에 의해 3월 8일은 '세계 여성의 날International Women's Day'로 지정되었다. CSW에서는 지난 82년부터 '여성역사의 달' 행사 캘린더를 발간하고 있는데 올해 발간된 캘린더에는 181개 여성단체가 참가하는 총 249회의 각종 행사들이 3월 한 달 동안 열렸다.

그 후 35년 뉴욕시 여성지위위원회 CSW

뉴욕시장실 산하 여성지위위원회 후신으로 2015년에 뉴욕시 성평등위원회New York City Commission on Gender Equity가 설립된 것으로 보인다. 뉴욕시 성평등위원회의 주요 업무는 뉴욕시 안에서 여성들이 마주치는 불평등의 성격과 범위를 조사하고, 여성 불평등 감소를 위해 시장실과 시 의회에 제언하는 것이다. 또 성평등위원회의 지난해 활동과 다음해 목표에 대해 시장실과 시 의회에 연례 보고서를 제출하도록 되어 있다. 뉴욕시 성평등위원회는 32명의 위원으로 구성되며, 이 가운데 뉴욕시장이 26명, 그리고 시의회가 5명을 임명한다. 위원회 위원들은 대부분 여성이며, 2명의 남성이 활동하고 있다.

여자들 영화 만들다^{WMM} 〈여성신문〉 1991.05.31 제126호

영상매체 활용, 남성들에 의해 규정되는 이미지 탈피 시도,
여성 고유 경험을 실험적 기법과 접합시키는 작업

여자들 영화 만들다 WMM의 회장 데보라 짐머맨

헐리우드 영화계를 생각하면 마릴린 먼로, 엘리자베스 테
일러, 메릴 스트립 등의 스타 여배우들을 쉽게 떠올린다. 그러
나 화면에는 여배우들이 흔한 반면 정작 제작자나 감독 등 영
화를 만들어내는 사람들은 남성 일색인 것이 헐리우드의 또 다
른 현실이다. 철저한 남성산업인 미 영화업계의 현실은 아카데
미 역사상 아직까지 단 한 명의 여성도 감독상 후보지명에 오

른 일이 없다는 사실이 증명한다. 따라서 남성이 지배하는 헐리우드에서 양산하는 여성의 이미지라는 것들이 '백치미'라던가 '섹스심볼'이라던가 아니면 남자를 파멸로 이끄는 악녀 '팜므파탈' 등 대부분 부정적이거나 비현실적인 것은 어쩌면 당연하다.

1972년 여성운동의 부상과 발맞추어 창설된 여자들 영화 만들다Women Make Movies(이하 WMM)은 바로 영화는 남자들만이 만든다는 기본적 전제를 뒤집기 위해 이름도 그렇게 지었다. 뉴욕의 맨해튼 남쪽에 위치한 한 교회 지하실에서 시작된 이 '여자들 영화 만들기 운동'은 영화 장비를 구비하고 여성들에게 영화를 만들기 위한 기술을 가르치는 것으로 첫발을 내디뎠다. 19년의 역사를 지닌 WMM은 오늘날 전위예술가들의 작업장이 몰려있는 소호의 화랑가 한 빌딩에 시사실과 작업실 등을 갖춘 알찬 규모로 발전했고 현재는 미국 내 유일한 여성이슈 전문 영화단체로 남아 있다.

1970년대 많았던 페미니스트 영화 그룹들이 재정난으로 대부분 폐쇄된 지금까지 WMM이 맥을 잇고 발전하게 된 것은 1978년부터 이곳과 관계를 맺어 온 데보라 짐머맨 원장의 공로가 크다. 그녀는 1982년 폐쇄 위기에 있는 WMM을 다시 일으켜 경제적으로 자립하게 만들었고 현재 WMM은 미국과 전세계의 여성영화들을 각종 교육기관이나 단체 등에 대여 배포하는 것으로 예산을 충당하며, 올해 이 대여료 수입은 50만 달러

여자들 영화 만들다 WMM에서 일하고 있는 두 명의 한국 여성들

를 상회하고 있다.

짐머맨과 인터뷰 약속을 하고 WMM을 찾은 날 공교롭게도 한국여성영화가 들어와 있었다. 들어온 작품은 여성 감독 이정향 씨가 만든 〈이브를 위한 장소*A Place for Eve*〉로 짐머맨이 영화제에서 만난 한국여성감독 김소영씨의 추천을 받은 것이라고 설명했다. 한국의 여성영화가 어떠냐고 묻자 그녀는 15년 전의 미국 여성들을 보는 것 같았다며 영어자막이 충분치 않은 것 같고 아직은 기술적으로 거칠게 느껴지는 부분이 있었다고 대답했다. 그리고는 바로 기사에 그 말은 쓰지 말아 달라고 당부했다.

금발머리를 길게 드리운 데보라 짐머맨은 30대 초반으로 보이는 젊은 여성이었다. 솔직하고 꾸밈이 없는듯한 그녀의 태도는 마치 학교 동창을 만난 것처럼 편안한 느낌을 주었다. 뉴포트 소재 뉴욕주립대에서 영화와 여성학을 복수전공한 그녀는 1978년 졸업하자마자 뉴욕으로 왔다. "영화를 하고 싶어 하는 사람들이 와야할 곳이 한 곳밖에 더 있어요? 그래서 무작정 뉴욕으로 와 식당에서 웨이트리스 일을 하며 WMM에서 자원봉사로 일을 했어요."

3개월 후 그녀는 WMM 관련사업으로 가정폭력문제를 다룬 〈왜 여성들은 머무는가 *Why Women Stay*〉를 만드는 데 참여하게 되었다. 그녀는 1980년까지 2년 동안 WMM에서 활동하였으나 일반 상업영화를 해야겠다고 생각하고 WMM을 떠났다. 그녀에게 영화가 남성산업이라는 깨달음을 준 것은 바로 이때의 경험이다.

"보통 영화인들을 전위적으로 보는 경향이 많은데 오히려 '골통들'이 지배하는 곳이 영화업계예요. 돈을 주무르는 사람들도 남자들이고 그들은 여자들을 믿지 않아요. 요즘 여자 의사도, 경찰도, 변호사도 많지만 영화는 아직도 멀었어요."

그녀는 영화업계의 남성 지배가 화제에 오르자 신들린 여자처럼 흥분했다.

"여자들이 동등해지려면 세상을 보는 눈이 변해야 해요. 그런데 이미지를 만들어내는 미디어의 대부분 특히 영화는 모두 남자들이 만들어내고 있잖아요?"

남자들과의 작업에서 행복하지 못했던 그녀는 1982년 WMM으로 돌아왔다. 여성에 의한 여성을 위한 영화작업의 필요성을 절감한 그녀는 WMM 작업에 전념, 여성영화의 배포처를 개발해 재정적인 자립의 틀을 다졌다.

짐머맨에 의하면 여성들이 영화를 만들게 되면 3단계의 과정을 거치게 된다. 첫 번째는 1970년대 미국의 페미니스트영화들이 보인 단계로 지금까지 잊히고 묵살당한 '여성들의 고유 경험'을 담은 영화들이 주류를 이룬다. 두 번째는 그 경험들을 어떤 형식에 담는가를 고민하는 형식실험적인 영화들이 주류를 이루는데 현재 미국의 여성영화들은 두 번째 단계에 와 있다고. 그녀는 앞으로는 실험적인 형식과 기술들이 '경험'을 이야기하는 전통적인 형식과 통합을 이루는 세 번째 단계로 나갈 것이라고 전망한다.

현재 약 250편의 여성영화, 비디오 등을 소장하고 있는 WMM에서는 라틴아메리카, 유럽, 아시아, 등 전세계에서 만들어진 여성영화들을 수집, 배포하며 매년 특별이슈나 지역을 선정하여 중점 수집하는데 올해의 스페셜 콜렉션은 "아시아 여성"이다. 이정향 감독의 〈이브의 방〉도 아시아 여성 콜렉션의 일환으로 들어온 것이다. 이렇게 수집된 영화들은 대학, 도서관, 박물관, 여성센터, 정부기관, 병원, 교회, 노동단체 등에 대여, 배포된다.

WMM에서 하고 있는 또 다른 중요한 사업은 영화관련

워크숍 시리즈와 인턴십 프로그램이다. 워크숍 시리즈는 여성 영화인들에게 필요한 정보안내, 기술 훈련, 장비지원 등을 제공한다. 인턴십 프로그램은 기존 여성영화인들과 새로운 여성들이 팀을 이뤄 실습하는 프로그램으로 경험이 없는 여성들에게 영화를 만드는 실제 작업에 참여할 기회를 부여한다. WMM에서는 실제 영화제작은 하지 않으나 여성 영화인들을 지원하는 형태로 도움을 준다. 현재 WMM과 관련되어 작업 중인 영화는 12편으로 〈여성과 AIDS〉, 〈게릴라 걸〉, 〈그림케 자매〉, 〈팔레스타인 여성〉, 〈흑인 여성과 10대 임신〉 등의 영화들이 만들어지고 있다.

앞으로 여성과 영화에 관한 저널도 만들 계획이라는 짐머맨은 왜 특별히 영화에 관한 일을 하게 되었느냐고 묻자 우회적인 답변을 했다.

"우리 세대는 TV를 보며 자란 첫 세대예요. 우리는 모든 것을 움직이는 화면을 통해 파악하고 배웠어요. 움직이는 이미지에 대처하는 법을 배우지 않으면 여성들은 언제나 남성들이 규정한 이미지에 의존할 수밖에 없어요."

WMM에서 일하는 10명의 여성 중에는 2명의 한국 여성이 있다. 짐머맨은 "열 명 중 두 명이나 있는 것을 보면 한국 여성들이 영화에 관심이 많은가보다"라고 웃으며 말했다. 특별히 한국 여성들을 뽑으려고 의도했냐고 물으니, 그녀는 유색 인종 여성이나 소수민족계 여성을 많이 뽑으려고는 하지만 한국 여성이 둘이나 있게 된 것은 순수하게 우연이라고 말했다. 두 명의 한국 여성은 헬렌 리와 미니 홍으로 둘 다 영화를 공부하고 인턴십 프로그램으로 와 있다.

헬렌 리는 4세 때인 1969년 부모를 따라 캐나다로 이민을 갔고, 뉴욕으로 온 때는 1989년이다. 토론토 대학을 졸업하고 영화 공부를 위해 1989년 뉴욕대 대학원으로 진학한 그녀는 8월부터 일본 3세 여성과 한국 이민 남성과의 아시안-아메리칸 정체성 문제를 다룬 영화를 만들 계획이다. 어렸을 때 떠나온 후 한 번도 한국을 가보지 않아 가보고 싶다는 그녀는 한국말을 하지 못한다. 한국에 가서 장기간 체류하며 말도 다시 배우고 잃어버린 과거도 찾고 싶다는 그녀는 또한 해외에서 자란 세대의 객관적인 관점으로 통일 문제에도 일조를 하고 싶다고. 그래서 요즘 한국 역사를 공부하는 중이라고 한다.

이번 5월에 컬럼비아대학을 졸업한 미니 홍은 1969년생으로 두 살 때인 1971년 부모를 따라 미국에 왔다. 콜롬비아 대학 영문학과에서 여성 문학을 전공한 그녀는 영화에 관심을 가져 대학원에서는 영화를 공부할 예정이라고. 그녀 또한 한국과 관련된 일을 하고 싶어하며 미군기지의 한국 여성들의 삶을 다큐멘터리 영화로 만들고 싶은 것이 꿈이라고 말한다.

그 후 35년 WMM

여자들 영화 만들다Women Make Movies WMM그룹은 1990년대 이후에도 계속 활발하게 활동해 근 30개 국가의 400여 명 여성 영화제작자들이 만든 500개가 넘는 영화들을 배급하고 있다. 이들 영화는 출산권, 에이즈, 신체 이미지, 인종주의, 이민, 글로벌 페미니즘에 걸쳐 다양한 주제를 다루고 있으며, 트린 민하, 줄리 대쉬, 프라티바 파르마, 제인 캠피온 등 주요 여성주의 제작자들 작품을 포함한다. 1983년 이래 쭉 WMM 총무를 맡고 있는 데브라 짐머맨은 WMM 일과 함께 하버드대, 뉴스쿨대학원, 텍사스대 등 여러 대학에서 여성 영화 제작에 관한 강의를 해 왔다. 그리고 아부다비영화제, 암스테르담 국제영화제, '하나의 세계' 인권영화제 등에서 심사위원을 맡았다. 2014~15년에는 럿거스대학과 더글라스대학에서 여성학 석좌를 지냈다. 이러한 다방면의 업적으로 짐머맨은 아테나영화제 공로상(2011년), '여성의 눈 영화제' 명예상(2018년) 등 여러 영화제에서 상을 받았다.

전국여성정치위원회 〈여성신문〉 1991.06. 07 127호

여성정치인 돕는 막강한 지원부대
여성후보 위해 자원봉사에서 재정까지 총력전 펼친다

미국의 전체 인구 중 여성인구는 과반수를 넘는 다수파이다. 그러나 미 의사당에 진출한 여성들은 소수에 불과하다. 전국여성정치위원회National Women's Political Caucus(이하 여성정치위)의 연례보고서에 따르면 현재 상하 양원을 통틀어 미연방의회에 진출한 여성들은 28명으로 전체의 5.2%이다. 20년 전인 1971년 15명(2.8%)이었던데 비하면 워싱턴의 정치벽은 여성에게 매우 두터운 실정이다.

그러나 주의회나 시 정부 등 지방정부 차원의 여성 진출은

괄목할 만한 성장을 보여 미국 전체로 주의회에 진출한 여성은 총 1,261명(16.9%)으로 1971년의 362명(4.7%)에 비하면 대폭 증가한 셈이다. 또 다른 주목할 만한 특징은 시의 살림을 맡아서 하는 시장직에 여성들의 진출이 많은 것으로, 3만 명 이상의 인구 규모를 가진 도시에서 1971년에는 단 7명이 여성 시장이었으나 현재는 122명으로 12.7%를 점하고 있다.

'여자'이면서 또 '정치인'이 된다는 것은 최근까지도 함께 할 수 없는 모순처럼 여겨져 왔다. '정치인'이 된다는 것은 곧 '여성'을 포기하는 것을 의미할 정도로 정치는 처음부터 끝까지 '남성' 그 자체였으며, 권모술수와 투쟁, 외교적 제스처와 비정함, 부패 등의 이미지가 지배하는 '정치판'은 남자들의 '싸움터'이며 '놀이터'로 여겨져 온 것이 지금까지의 현실이었다. 여론조사들에 의하면 여성 정치인들은 정직성, 성실성, 자상함 등의 항목에 남성 정치인들보다 높은 평점을 받고 있다.

여성정치위원회 창립자이며 대표적인 페미니스트 정치인으로 이름난 벨라 압주그는 "유권자들은 여자들이 남자들보다 부패하지 않고 더 신뢰할 수 있다고 생각하기 때문에 일반적으로 여성 정치인들의 평판이 좋다"라고 여성 후보들의 이점을 분석한다. 그러나 여성 후보지들의 이점을 뒤집어보면 그것은 바로 여성 정치인들의 이중부담으로 연결된다. 여성정치인들은 '쉿소리를 낸다'든가, '질기다'는 부정적인 꼬리표가 없이 남자들과 똑같이 '강인'하다는 것을 증명해야 하는 것이다. 여성 정치인들의 가장 어려운 문제는 바로 여자로서, 또 정치지도자로서 서로 상반되고 모순되는 기대치를 동시에 충족시켜야 한다는 데 있다.

그러나 전국 정치무대의 출발점으로 여겨지는 시 정부, 주 의회, 시장직 등에 여성들의 진출이 활발해지면서 남성 중심의 정치판도에 변화가 일고 있으며 따라서 정치지도자상에 대한 일반의 인식도 점차 바뀌고 있는 형편이다. 도시 살림을 훌륭하게 꾸려나가는 여성시장이나 또는 지방 정치무대에서 활발하게 활약하는 여성 정치인들을 보며 유권자들은 '여성과 정치의 공존'에 대해 점점 더 자연스럽게 여기게 되는 것이다.

1971년 300명의 여성들이 모여 창립한 여성정치위는 현재 전국에 350여 지부를 갖고 5만의 전문회원을 자랑하는 단체로 발전했다. 또 다른 여성정치단체인 여성유권자연맹이 비당파성을 내거는 것과 대조적으로 여성정치위는 처음부터 여성운동계의 정치전선을 자처하고 여성들의 정치참여 증대와 여성정치인의 정계진출을 목표로 출범했다.

뉴욕시 여성정치위 맨해튼 지부장인 재키 휴이는 중국계 3세로 여성정치위 아시아 여성부 대표직도 겸하고 있다. 뉴욕시 민사법원의 판사 도로시 원, 교육위원 폴린 추 등을 비롯해 아시아계 여성들의 뉴욕 정계 진출에 많은 공로를 세운 재키 휴이는 1977년 아시아출신 여성으로는 최초로 페미니스트 조직 아시안여성연합Asian Women United의 창립멤버이기도 하다. 그녀는 여성정치위 활동에 참가하게 된 동기를 다음과 같이 말했다.

"아시안 여성운동 그룹을 조직하고 활동하면서 가장 절실하게 깨달은 사실은 정치적 힘의 필요성이었어요. 여성이 힘을 얻기 위해서는 무엇보다도 정치력의 확보가 가장 효과적이고 빠른 길이라고 생각했지요."

그녀는 여성정치위 산하 아시안 여성부를 따로 조직하여 정치위 활동을 시작했고 그녀의 헌신적인 열성과 활약은 곧 그녀를 아시안 여성뿐만 아니라 맨해튼 전체 여성정치위 지부장으로 당선시켰다. 선거로 뽑는 지부장직에 동양 여성의 불리함에도 불구하고 당선된 이유를 묻자 그녀는 "독신생활의 시간과 에너지 여유를 몽땅 여성정치위 활동에 쏟아부었기 때문"이라고 설명한다. 나이를 구체적으로 밝히지는 않았으나 그녀는 일반적인 '결혼적령기'를 넘긴 독신 여성이다. 결혼한 '유부녀'에게는 불가능한 개인 시간의 자유로운 활용이 그녀를 '공인'으로 만든 것이다.

그녀는 현재 중국계들이 몰려 살고 있는 차이나타운을 별도 선거 구역으로 만들어 중국계 의원을 시의회에 진출시키고자 로비활동을 벌이고 있다. 또 해당 지역 시의원으로 교사 출신의 중국 여성 마가렛 친의 선거운동을 돕고 있다. 오는 11월에 있게 될 선거를 앞두고 여성정치위에서는 지난 2월부터 작업을 시작했다. 재키 휴이가 설명하는 여성정치위의 작업과정은 다음과 같다.

(1) 후보선정 Candidate Identification: 선거에 나서겠다고 의사를 표명한 여성 후보들과 또 후보로 거론되는 여성들을 모두 접촉하여 개별 또는 단체로 초청하는 후보자들의 토론회를 마련한다. '캔디데이트 포럼'이라고 불리우는 이 후보들의 토론 기회는 유권자들에게 여성 후보들의 존재를 알리고 또 조직적으로 이 후보들을 도울 방안들이 마련된다. 올해의 경우 이 후보들의 포럼은 지난 3월에만도 여러 차례 열렸다. 선거 구역이 확정될 때까지 특정 후보 지지는 표명되지 않으나 선거구역 확정 후 정치위 지지후보가 선언되며 같은 구역 안에서 여성 후보들끼리 경쟁하게 되었을 경우는 공식 회의를 거쳐 지지후보를 결정한다.

(2) 후보기술훈련 Candidate Skills Training 2월부터 시작되는 이 전문적인 캠페인 운영 워크숍은 여성후보들을 위해 선거에 필요한 각종 정보, 기술 훈련 등을 제공하는 프로그램으로 각 지역의 특성, 선거의 성격에 따라 캠페인전문가들이 실시하게 된다. 현재까지는 '시의원 선거와 여론조사 전문가', '선거변호사의 역할', '후보자의 공중연설과 이미지 관리' 등의 여성 후보자 지원 워크숍이 열렸다.

(3) 캠페인 자료집 발간 전국여성정치위에서 발행하는 일반 캠페인 워크북과 별도로 각 지역 여성정치위에서는 각 지역의 특성에 맞춘 캠페인 기술 자료집을 발간한다. 또한 이렇게 수집된 관련 정보들은 여성정치위 프로그램 개발의 기본자료 역할도 하고 있다. 그 외에도 전국정치위에서는 매년 전국 여성 정치인들의 신상목록을 발간하고 전국 여성정치 신문인 〈우먼스 폴리티컬 타임즈Women's Political Times〉를 발행하기도 한다.

(4) 선거운동원 탐색 선거운동 경험이 있는 여성회원들을 물색하여 여성 후보들의 캠페인을 돕도록 하고 또 새로운 여성들을 훈련해 선거운동원을 배출한다.

(5) 기금모금활동 자원봉사 조직단체인 정치위에서는 기금모금 활동이 중요한 부분을 차지하는데 시 의회, 주 의회 등 목표 선거를 위한 기금모금 활동과 또 특정 후보 지원 모금 활동 등이 병행되어 열린다. 각 회원들이 하우스 파티 형식으로 시리즈 기금모금 파티를 기획하기도 하며 다양한 형태로 기금 확보가 이루어진다.

흑인차별과 보수 아성으로 이름 높은 미시시피주에서 흑인 여성으로 최초의 주 의원으로 당선되었던 앨리스 클라크 의원은 여성정치위의 도움을 다음과 같이 밝혔다.

"내가 입후보한다는 소문을 듣고 여성정치위에서 먼저 연락을 취해와 돕고 싶다고 말했습니다. 자원봉사자들이 나와서 직접 선거운동을 도와줬고 재정적인 지원도 해주었습니다. 우리 지역의 여성정치위 회장은 주 전체적으로 직접 기금 모금 활동을 벌였고 덕분에 곳곳에서 기금이 들어왔습니다."

미국 여성들이 투표권을 획득한 지 70년이 넘었고 짧지 않은 그 기간 여성 유권자의 중요성이 인식되는 것과 함께 여성문제가 우리 삶의 모든 분야에 걸쳐 있다는 자각 또한 일고 있다. 그 자각에 여성정치위의 존재가 한몫을 했고 앞으로도 계속 그 몫을 수행하리라는 것 또한 분명한 것 같다.

그 후 35년 전국 여성정치위원회

여성정치위원회는 여러 활동 경비 지원을 위해 2012년에 자체의 재단을 설립했다. 재단은 연방, 주, 지방의 여성정치위원회 활동을 위한 재정을 확보함으로써, 지도자 개발, 교육, 회원 확충, 연구 사업 등을 원활히 하는 데 목적을 두고 있다. 재단 기금은 매년 신청 단체들 간 경쟁을 통해 지원된다. 이러한 적극적인 활동에 힘입어, 2023년에 미 연방 의회의 여성의원은 151명으로 늘어 전체 의원의 28.2%를 차지했다. 주 의회 진출은 이보다 더 높아, 미국 전체 주 의원의 32.7%에 이르는 2,416명이 여성 의원인 것으로 집계됐다. 또 2024년에 미 전역에 걸쳐 여성 시장은 433명으로 전체의 26.8%에 달하고 있다.

홈페이지 https://nwpc.org 인스타그램 @nwpc_national

글로벌여성센터 디렉터 샬롯 번치

〈여성신문〉 1991 08.09 136호

반전 민권운동에서 글로벌 페미니즘까지
사반세기에 이르는 운동가의 삶

샬롯 번치(가운데)와 한국 여성운동가 신혜수(왼), 한우섭 씨(오른).

지난 6월 3일부터 15일까지 2주일간 미국 럿거스대학 글로벌여성센터Center for Women's Global Leadership(이하 글로벌센터)에서 열린 '국제여성지도자회의'에는 피지, 코스타리카, 페루, 체코슬로바키아, 트리니타드, 브라질, 미국, 베네수엘라, 파키스탄, 스웨덴, 인도, 나이지리아, 팔레스타인, 아일랜드, 벨기에, 인도네시아, 잠비아, 캐나다, 타일랜드, 짐바브웨 등 세계 20여 개국에서 온 여성 지도자들과 함께 한국 '여성의 전화'사무국장 한우섭 씨가 참가했다.

글로벌센터 디렉터이며 이번 '국제여성지도자회의'의 산파노릇을 한 샬롯 번치는 200여 명이 넘는 지원자 중 한국 여성이 선택된 이유가 무엇이냐는 질문에 "내부에 로비스트*internal lobbiest*가 있었다"고 말하며 웃음을 터뜨린다. 샬롯 번치가 말하는 내부의 로비스트란 럿거스 사회학과에서 이번 여름에 박사학위를 받은 한국 여성 신혜수 씨를 지칭하는 것으로 글로벌센터 창립 이전부터 샬롯 번치와 함께 일해온 신 씨는 이번 회의에도 많은 역할을 했다.

지난 1989년 창립된 글로벌센터는 개인적 성폭력에서부터 군사주의, 국가에 의한 폭력까지 '여성, 폭력, 인권' 문제를 중심으로 연구, 자료화, 출판 등의 작업을 하고 있다. 매년 세계 여러 나라의 여성 지도자들을 초청해 여는 '국제여성지도자회의'는 연구와 실천을 겸비하는 글로벌센터의 특성을 대변하는 중요한 행사이다. 여성문제 국제회의에 처음 참석했다는 '여성의 전화' 한우섭 씨는 "문안에서 혼자 열나게 뛰다가 문밖으로 나와 보니 더 많은 사람들이 더 열심히 뛰고 있는 것 같았다"라는 말로 참가의 변을 대신하며 여성운동의 국제교류 필요성을 절감했다고 전한다.

2주 동안 침식을 함께 하며 집중적으로 세계 여러 나라에서 벌어지는 여성문제를 토론하며 대안 처방과 활동 방향을 모색하는 '국제여성지도자회의'는 직접 현장에서 일하는 활동가들과 전문가들이 한자리에 모여 토론할 기회를 가진다는 것이 며칠 동안 소수만이 발언 기회를 갖는 기존의 학술회의와 다른 점이다. 페미니스트적인 민주원칙에 충실한 이 회의의 방침은 바로 이 회의를 가능하게 만든 센터 디렉터 샬롯 번치의 활동철학을 대변한다 해도 과언이 아니다.

1960년대 반전운동, 민권운동부터 1990년대 글로벌 페미니즘에 이르기까지 사반세기가 넘는 그녀의 운동 역사는 그대로 미국의 진보적 양심 세력의 발자취와 평행선을 긋는다. 그녀가 운동가로서 활동을 처음 시작한 것은 기독교 운동이었다. 듀크 컬리지 재학시절인 1964년 일본에서 열린 '변화하는 아시아에서의 우리의 책임'이라는 국제회의를 계기로 첫 해외 나들이를 했던 그녀는 그 경험을 '충격'이라는 말로 표현한다.

"그 회의에서 내가 배운 것은 이 세상의 여러 문제들이 다른 문화와 다른 경험, 다른 시각에서 보면 완전히 다르게 보일 수도 있다는 깨달음이에요. 다른 나라에서 시간을 보낸다는 것이 그 나라의 현상을 이해하는 데 도움을 주지 않아요. 그 사회의 구조와 틀 안에서 기능을 해보아야 그 교훈을 얻을 수 있어요. 나는 미국의 여성운동도 바로 그 '충격의 교훈'을 필요로 한다고 생각해요."

그녀는 바로 3세계 여성 지도자들을 미국에 끌어들여 여성으로서의 글로벌 네트워크를 형성함으로써*bringing the global home* 미국의 여성운동에 '충격의 교훈'을 주고 있는 셈이다. 미남부의 리버럴한 중산층 지식인 부모 밑에서 태어난 샬롯 번치는 가정에서나 또 활발하게 참여했던 학생운동에서나 심각한 성차별을 경험하지 못했다고 회상한다. 1966년 대학 졸업과 함께 "역사를 공부하기 위해서가 아니라 역사를 만들기 위해" 운동에 투신할 것을 결심하고 그녀는 미국의 정치 수도 워싱턴으로 향했다. 그리고 그녀의 '워싱턴시대'는 그녀를 가열찬 페미니스트로 변신시킨다.

1960년대 미국 뉴레프트 계열의 브레인 조직으로 알려졌던 워싱턴의 IPS*Institute for Policy Studies*와 함께 일을 시작한 샬롯 번치는 그곳에서 좌파 지식인 운동 전반에 내재한 성차별에 눈뜨게 되며 1968년 별도의 여성그룹을 조직하게 된다. 당시 뉴욕과 시카고에서 결성되기 시작한 래디컬 여성운동 그룹과 때를 맞춰 조직된 이 워싱턴그룹은 그 후 미국 여성 운동사에 중요한 한 부분을 이룬다.

워싱턴D.C. 여성해방이라고 불리는 이 그룹은 시내의 아파트를 구해 여성센터를 열고 낙태 상담을 비롯한 각종 여성 상담을 받았다. 또한 여성들을 위한 여성학 코스를 시리즈로 제공함으로써 정치적 학문으로 여성학의 첫출발을 기록하기도 했다. 그녀는 당시 폭발적으로 터져 나오던 여성운동 활동과 더불어 자신의 본래 활동 기반이던 반전평화운동에도 계속 관련하는데 1970년 반전운동 연합단체의 일원으로 북베트남을 방문하게 된다. 그러나 당시 미국과 전쟁 중이던 '적성국가'를 방문했던 이 여행 이후로 미국 내 여성운동과 평화운동의 갈등이 심화되고 그녀는 한쪽을 택해야 하는 기로에 서게 되었다. 그녀의 선택은 여성운동이었다.

"당시 미국 내에서는 여성 해방운동이 독자적인 정치세력으로 부상하고 있었어요. 북베트남 방문에서 돌아와 나는 제3세계 문제에 대한 페미니스트 대안을 위해 '여성과 제국주의'라는 그룹을 조직했는데 얼마 되지않아 여성운동 쪽으로부터는 여성문제에 집중해야 될 시기라고 비판받고 페미니즘에 대해 성가셔하던 평화운동 쪽에서는 그쪽대로 압력을 넣어 어느 쪽이든 하나를 택해야 한다고 생각했어요."

여성운동을 택한 그녀는 개인적으로 중요한 또 다른 선택을 하게 되는데 그것은 5년 가까운 결혼생활을 청산하고 남편과 헤어져 혼자 살게 된 것이다. 기독 학생운동에 관련하면서 1963년 만나게 된 남편은 사회운동에 뜻을 둔 동지로서 사랑에 빠졌고 1967년 결혼과 함께 워싱턴으로 가 흑인 지역사회 조직을 하며 공동체 생활을 하는 등 1960년대 급진부부의 전형적인 삶을 살았다. 그러나 페미니스트로 의식이 심화된 그녀는

'유부녀'라는 정체성이 불편해졌고 결국 1971년 이혼에 이어 여성운동 동지들과 함께 더 퍼리즈 컬렉티브The Furies Collective라는 페미니스트 공동체를 창설하고 페미니스트 이상주의에 입각한 실천적 실험에 들어간다.

"그 때 우리는 역사를 우리 자신이 처음으로 만든다는 흥분에 도취되어 있었어요. 기존의 질서나 방법, 가치 등 거의 모든 것을 다시 생각하고 재점검하는 작업을 했어요. 하다못해 칫솔을 공동으로 써야 할까 개인으로 써야 할까를 갖고 논쟁하는 데서부터 정치분석, 지도자 문제, 공동체 문제에 이르기까지 논쟁, 또 논쟁하며 살았어요."

페미니스트 이상을 끝까지 추구하고 실험하는 그녀가 공동체의 집단주의에서 양보하지 않고 지킨 사유재산이 있다. 그것은 그녀 혼자만의 책상이었다.

"프라이버시라는 것이 있을 필요가 없다고 생각하고 개인의 공간이나 물건이 아무것도 없었는데 난 내 방은 없더라도 내 책상만은 있어야 한다고 우겼어요."

그렇게 힘들게 지킨 책상이 그녀를 후에 대학 강단으로 안내했는지도 모른다. 어쨌든 새로운 역사를 창조한다는 그들의 급진적인 실천과 실험은 현실에서 자기파괴로 작용해 2년 후 해체하게 되는 불운을 겪는다. 공동체 생활의 역작용에서 회복한 그녀가 그 다음 몰두한 일은 페미니스트 전문지 〈퀘스트

Quest)였다. 그녀가 일하고 있던 IPS 지하에 사무실을 잡고 창간된 〈퀘스트〉에서 그녀는 1974년 창간호부터 1979년 20호가 발간되기까지 대표 편집인으로 〈퀘스트〉 발간을 주도하게 된다. 페미니스트 대안미디어로서 〈퀘스트〉 시기는 그녀에게 생산적이고 만족할 만한 결과를 주었다. 그러나 1977년 성인으로서의 그녀에게 처음으로 직업을 제공했을 뿐만 아니라 운동가로서 그녀의 역량을 평가하고 신뢰하여 오랫동안 그녀를 지원했던 IPS가 분열, 쪼개지게 됨으로써 그녀도 자신의 입지를 다시 생각하는 계기를 가졌다. 주로 남자들끼리의 싸움이었지만 그녀는 변신한 IPS를 떠나 독자적인 길을 찾아야 했다.

IPS 에서의 분리는 사실상 워싱턴 시대의 막을 내리는 전조로 그녀는 사무실을 옮기고 〈퀘스트〉 발간에 몰두했으나 1978년 말 사임하고 개인적으로 최대의 위기에 봉착하게 된다. '행동하는 페미니스트 이론feminist Theory in Action' 이라는 부제가 붙은 그녀의 저서 《열정의 정치학Passionate Politics》은 당시의 위기에 대해 다음과 같이 적고 있다.

"난 내가 어디서 살아야 할지도 몰랐다. 삶을 함께할 동반자도 없었고 직업도 없었고 내 삶의 기반을 이루던 사회운동도 무의미해져 완전한 공포에 빠졌다. 지금 생각하면 중년의 위기와 운동가로서의 위기가 한꺼번에 겹친 것이었다. 혼신의 힘을 다해 사회변화를 위해 일했지만 손에 잡히게 변한 것은 아무것도 없는 것 같았다. 내가 다음에 무슨 일을 하던 상관이 없을 거라는 생각이 들었고 내가 그동안 해온 일이 무슨 가치가 있는지 회의가 들었다. 그래서 변호사가 되거나 경리가 되거나, 어쨌든 사회에서 가치를 인정하고 돈도 주는 그런 직업을 가졌어야 했다고 느꼈다. 아침에는 침대에서 일어나는 것이 힘들었고 도대체 재미있는 일이 하나도 없었다. 글을 쓰려고 노력했지만 내가 생각하는 것도 더 이상 확신할 수 없었다."

그러나 당시 그녀가 겪은 위기는 오랜 활동가들인 1960년대 출신들이 공통으로 겪은 위기였고 그녀도 주변 친구들의 도움으로 그 위기를 타개하게 된다. 그것을 계기로 그녀는 결혼과 이혼, 사회운동, 공동체 생활, 여성운동 등 그녀의 젊음과 이상, 꿈 그리고 실천이 뭉뚱그려진 워싱턴 시대를 마감하고 1979년 뉴욕으로 옮기면서 새로운 시대를 연다. 현재까지 계속되고 있는 뉴욕시대에서 그녀에게 가장 중요한 작업은 '글로벌 페미니즘' 문제이다.

'글로벌 페미니즘' 활동과 관련되어 반드시 언급할 두 국제회의가 있는데 그것은 1980년 덴마크 코펜하겐에서 열린 '유엔 십 주년UN Mid-decade 여성회의'와 1985년 아프리카 케냐 나이로비에서 열린 '유엔UN여성회의'이다. 1975년 멕시코시티에서 열렸던 '유엔UN여성회의' 후속으로 열린 이 두 회의에서 그녀는 정부대표가 아닌 민간 여성단체들로 구성된 엔지오NGO포럼을 주도하며 국제여성운동을 연계시키는 작업을 했다.

"저는 이제 세계적인 여성운동의 시대가 도래했다고 생각해요. 1980년 코펜하겐 회의에서 중요하게 제기된 문제가 있었는데 그것은 당시 회의 속보에 "물도, 집도, 먹을 것도 없는 여성에게 페미니즘을 말하는 것은 넌센스*to talk feminism to a woman who has no water, no home, no food is to talk nonsense*"라는 한 참가자의 말이 인용된 거예요. 그래서 우리는 '무엇이 페미니즘인가?*what is feminism?*'라는 전단을 뿌리고 그 문제에 관한 집중토론을 벌였어요. 그래서 여성문제와 사회문제와의 연결점을 드러내 우리 삶에 관련된 모든 이슈들이 여성문제이며 페미니스트 분석이 필요하다는 결론을 내렸어요."

그녀에게 세계적인 관점이란 선택에 의한 것이 아니다.

"미국의 정책이 다른 3세계 국가 사람들의 삶에 영향을 미치고 있으니 미국 국민들이 깨닫고 있건 아니건 핵무기에 의한 폭발 가능성이나 전세계의 화학 오염문제에 이미 개입하고 있는 셈이에요. 미국의 여성운동이 '개인적인 것이 정치적*The Personal is Political*'이라는 기본명제에서 많은 힘을 얻고 있지만 미국 여성들의 개인적인 경험이란 한정될 수밖에 없어요. 우리는 다른 여성들의 삶과 경험, 시각으로부터 배워야 해요."

지난 1987년부터 럿거스대학 특별초빙 여성학 교수로 또 글로벌센터 디렉터로 재직 중인 샬롯 번치는 실상 학사학위 밖에 갖고 있지 못하다. 그러나 페미니스트로서의 이론과 실천을 겸비한 그녀의 드문 경험은 그녀를 손색없는 대학교수로 만들었고 어쩌면 그것이 가능한 것도 실천의 학문 페미니즘의 한 성과인지도 모른다.

그 후 35년 샬롯 번치

샬롯 번치는 1989년 럿거스대학에서 '여성글로벌리더십센터'를 창립한 후 대학 교수와 활동가 역할을 병행하며 여성 운동에 더욱 더 매진했다. 그녀는 2008년에 '성평등제도개혁Gender Equality Architecture Reform' 캠페인을 시작했으며, 2010년 6월에 유엔 주관의 '새천년발전목표Millennium Development Goals' 비공식 회의에서 유엔이 상응 조치를 취할 것을 호소하기도 했다. 그 결과 유엔 총회의 결의를 거쳐 같은 해에 유엔 산하 기관들의 성평등 문제를 다루는 개별 기구인 '유엔여성UN Women'이 설립되었다. 2009년에 번치는 글로벌연구소 총무로부터 창립회장 자리로 옮겼으며, 동시에 연구소 선임 학자로 일하게 되었다. 이와 같은 다양한 업적으로 번치는 1996년에 '여성명예의 전당'에 헌정되었으며, 또 '올해의 페미니스트'상(1993), 엘리노 루즈벨트 인권상(1999), '차이를 만드는 여성'상(2002) 등 많은 상을 받았다.

게릴라 걸스 〈여성신문〉 1991. 09. 27 142호

고릴라 가면 쓰고 남성 중심 미술계에 게릴라전 펼쳐

1989년 뉴욕 길거리에 붙은 게릴라 걸스의 엑티비스트Activist 포스터(제공 게릴라 걸스)

흉측한 고릴라 가면을 쓰고 뉴욕 미술계 백인 남성 아성에 대항하는 게릴라전을 펼치는 페미니스트 액션그룹 '게릴라 걸스Guerrilla Girls'는 스스로 자신들을 '미술계의 양심Conscience of the Art World'이라고 부른다. 그러나 양심이 귀한 세태 탓인지 게릴라 걸스를 만나기는 마치 탐정극을 벌이는 것 같은 미스터리의 연속이었고 겨우 전화 인터뷰만 허용되었다. 이들이 개인적인 인터뷰에 응하지 않는다는 것을 알고 있음에도 인터뷰를 요청하는 공식적인 편지를 띄운 지 두 달여 만에 '루이즈'라는 여성으로부터 전화가 왔다. 성은 밝히지 않고 '루이즈'라는 이름만을 준 그녀는 연락할 수 있는 번호를 주었으나 그 번호는 언제나 코드넘버로 메시지만을 남기게 되어있는 기계가 대답했다. 그래서 메시지를 남긴 후에 또 하염없이 그 쪽에서 전화하기를 기다려야 하는 일방적인 게임이 진행되었다. 그렇게 오랜 도입과정이 지난 후에야 "장님이 코끼리 다리 만지는" 듯한 게릴라 걸스와의 인터뷰가 이루어졌다.

게릴라 걸스 자신들이 밝히는 프로필에 의하면 출생연도는 1985년, 출생지는 '국제 현대 회화조소전'이 열린 '뉴욕현대미술관MOMA' 박물관 앞 거리. "미술계의 양심"으로 자처하는 이들은 스스로 "문화적 테러리스트"라 규정하고 미술계의 성차별, 인종차별, 폭로와 표현의 자유 사수를 위한 검열 거부 운동을 목표로 한다. "분노를 재미로 치환시키고자 하는 몇 명의 여성들"로 이루어진 이들은 길거리 포스터 배포, 고릴라 가면, 그물 스타킹 등을 주요 무기로 사용하며 이들의 야망은 전 지구 위에 게릴라 걸스 세포조직을 퍼뜨리는 것이다. 이들의 다음 사업계획(?)은 검열에 열 올리는 '극우파Ultra Rights'들에게 검열에 대한 그들의 진정한 욕구가 무엇인지 심리치료를 받게 만드는 것이다. 이들이 즐겨 쓰는 최근의 인용구는 예술규제와 검열에 앞장서고 있는 제시 헴즈 상원의원을 향한 것으로 "헴즈를 핥아라!Lick Helms!"이다.

다섯 마리의 고릴라들이 상원의원의 얼굴을 핥는 장면은 상상만으로도 섬뜩하다. 그러나 그 흉측한 고릴라들이 가면을 쓴 - 더구나 미니스커트에 그물 스타킹과 하이힐을 신은 도발적 여성미의 극치를 이루는 - 여성들이라는 사실은 많은 사람들에게 한바탕의 폭소와 아울러 속 시원한 해방감을 선사한다. 미니스커트를 입은 다섯 명의 고릴라 얼굴은 우선 보기에 충격적이다. 선정적인 그물 스타킹에 늘씬한 두 다리부터 시선이 올라가다 보면 예상했던 기대를 무참히 저버리는 흉측한 고릴라 가면이 나타나고 바로 이 충격요법이 이들이 노리는 효과이다. 여성들이 무슨 말을 하느냐에 따라서가 아니라 어떻게 생겼느냐에 따라 평가되는 현실을 고발하는 이 고릴라 가면은 또한 이들에게 익명성을 보장한다.

전화 인터뷰를 하게 된 루이즈는 게릴라 걸스가 몇 명으로 이루어졌느냐는 질문에 "후원자 명단이 500명이 넘는다"라고만 대답하고 구체적인 숫자는 밝히지 않았다. 그러나 활동에 직접 참여하는 여성들은 모두 화가나 디자이너 등 미술 분야에 종사하는 여성들이라고 말했다. 또한 회원들의 연령대는 20대에서 60대까지 다양하며 인종도 아시아, 흑인까지 고루 분포되어 있다고 밝혔다. 루이즈는 동양계 여성도 참가하고 있다고 말하며 자신이 1986년 한국을 방문한 적이 있다고 말했다. 왜 방문했느냐고 물으니 "더이상 밝히면 자신의 신분이 드러나므로 곤

란하다"라고 말하며 대답을 회피했다.

지난 3월부터 진보적 성격의 방송인 WBAI 라디오 프로그램 '게릴라 걸스 라디오 쇼'를 진행하고 있는 이들은 혹시라도 목소리를 알아듣는 사람이 있을까 하여 회원들끼리 돌아가며 방송하거나 때로는 영국식 악센트로, 때로는 남부, 때로는 서부 사투리 등 지방색 섞인 말투를 사용할 정도로 철저히 신분을 가장한다. '루이즈'는 또한 뉴욕이 자신들의 활동무대이기 때문에 노출 위험이 많아 뉴욕시에서 오는 인터뷰 요청에는 서면 인터뷰 같은 간접적인 형태로만 허용하고 있다고 설명했다. 그토록 익명성을 고수해야 하는 이유는 무엇인가? "우리는 문제 제기를 하는 것이 목적이지 개인적으로 유명해지는 것이 목적이 아니다. 또한 익명성은 우리의 활동에 여러 가지 이점을 준다"라는 것이 '루이즈'의 답변이었다.

1985년 뉴욕에서 처음 결성된 게릴라 걸스는 현재 샌프란시스코와 시카고에도 새로운 그룹이 결성되었다고 한다. 그러나 오리지널 그룹인 뉴욕 '게릴라 걸'에서도 소식만을 들었을 뿐 그들이 누구인지 알지 못한다. 뉴욕 '게릴라 걸'이 가장 주력하는 활동은 '히트 & 런' 포스터 작전으로 한밤중에 자신들의 포스터를 화랑가 곳곳에 붙여놓고 사라지는 것이다. 화랑, 박물관, 수집가, 비평가, 백인 남성화가 등 미술계 각 분야의 성차별을 각종 통계 숫자와 풍자적 도안 등을 이용하여 알리는 이들의 포스터는 그 내용과 방법도 충격이지만 포스터 자체의 작품성이 뛰어나 인기 품목이 되었다. 거리에 나붙은 이들의 포스터는 수집가들이 눈독 들여 품귀현상까지 빚을 정도로 인기를 끌고 있다. 뉴욕 공립도서관과 휘트니 미술관은 이들이 제작한 포스터 30종 모두를 영구 소장품으로 구입함으로써 이들의 포스터를 시대조류가 반영된 역사적 미술품으로 격상시켰다.

게릴라 걸스의 결성을 촉발시킨 사건이 된 1985년 뉴욕현대미술관MOMA에서 기획한 대규모 국제 전시회 '현대회화 조소전'에는 총 166명의 작가들이 출품했는데 그중 여성 참가자는 15명으로 10%에도 못 미치는 소수였다. 그것은 1970년대의 격렬했던 여성운동의 결과가 1980년대 들어 다시 원점으로 돌아가고 있다는 것을 뜻했다. '페미니즘을 다시 대중화시키기 위해' 그룹을 결성한 '게릴라걸'들은 뉴욕 미술계에 포스터를 통한 '게릴라전'을 펼칠 것을 선포하고 첫 포스터를 제작해 배포했다. 첫 포스터에는 42명의 저명한 남성미술가들의 명단이 적혀있고 '이 작가들의 공통점은 무엇인가?'라는 질문하에 미술계의 성차별이 통계를 통해 지적되었다. '버스회사가 뉴욕시 화랑들보다 더 깨었다.*Bus Companies are more Enlightened than NYC Art Galleries*'라는 제목의 한 포스터에는 각 직종의 여성들의 참여도가 백분율로 나타나 있는데 버스 기사(49.2%), 세일즈(48%), 매니저(43%), 우체부(17.2%), 뉴욕시 주요화랑에 소속된 여성화가(16%), 트럭 기사

(8.9%) 순으로 여성 화가들에 인색한 화랑가를 꼬집었다.

또 '여성화가로서의 이점 *The Advantages of Being a Woman Artist*'이라는 제목의 포스터는 "성공의 압력 없이 일하는 점, 무슨 그림을 그려도 '여류'라는 타이틀이 붙는 점, 모성과 직업의 기로에서 선택할 기회를 가지는 점, 애인이 젊은 여자에게 가버린 후 일할 시간이 많아지는 점, 수정미술사에 포함되는 점, 천재라고 불리는 황당한 일을 당하지 않아도 되는 점, 80세가 넘어야 성공할 수 있다는 것을 아는 점, 남성화가들과 같이 전시회를 하지 못하는 점, 생계해결을 위한 여러 개의 아르바이트 직업으로부터 미술계로 탈출할 수 있는 점, 고릴라 얼굴을 쓰고야 잡지에 사진이 나는 점" 등을 들어 여성 화가들의 불리한 점을 역설적으로 풍자하고 있다.

미국의 1달러짜리 지폐가 전면으로 클로즈업된 또 다른 포스터에는 "미국의 여성들은 남성들이 버는 돈의 2/3만을 받는다. 여성 화가들은 남성 화가들이 버는 돈의 1/3만을 받을 뿐이다"라고 쓰여있고 달러 지폐의 1/3에 절취선이 그려져있다.

성차별에 대한 날카로운 공격을 기지와 유머가 넘치는 풍자적 '재미'로 전이시키는 이 특이한 '게릴라'들의 활동으로 지난 5년간 뉴욕 미술계의 백인 남성 아성이 흔들리고 있는 것만은 누구도 부인할 수 없는 사실로 여겨지고 있다. 이들의 방법론에 대해서는 이견이 많지만 무장 게릴라를 연상시키는 '게릴라'와 나이든 여성에게나 어린 소녀에게나 미국 남성들이 애완용 호칭으로 무차별 사용하는 '걸'을 대비시키고 또 미니스커트와 고릴라 얼굴을 대비시키며 미국적인 '게릴라전'을 펼치는 이들에 대한 페미니스트들의 환호와 도취는 가히 열광적이다. 이들에 대한 매스컴의 집중보도는 물론 미 전역의 박물관, 대학 등지에서 강연 요청이 쇄도하고 있다고.

루이즈는 인기를 끌고 있는 '게릴라 걸 강연'[*]에 대해서 다음과 같이 말한다.

"강연에 나가게 되면 처음부터 끝까지 다섯 명이 모두 고릴라 가면을 쓰고 진행하기 때문에 보통 고역이 아니에요. 그래서 중요한 행사만 골라서 선별 수락하고 있어요."

가장 최근에는 샌프란시스코 문화센터에서 열렸던 특별 강연 시리즈로 호평을 받았다고 전하는 루이즈는 현실적인 불편함에도 불구하고 가면을 쓰면서 얻게 되는 자유도 있다고 말한다.

"가면을 쓰고 내가 아닌 다른 '무엇'이 된다는 것은 참으로 놀라운 자유와 해방감을 줘요. 역설적인 이야기지만 '가면'을 씀으로써 일상에서 우리가 써야하는 '가면'으로부터 해방된다고 할 수 있어요."

이제 창립 5년이 지난 초창기임에도 불구하고 '게릴라 걸'의 인기는 미국 내에 한정된 것이 아니다. 이미 지난해 스웨덴, 스위스, 영국에 초청받아 순회강연을 성공리에 끝마쳤고 또 이

---

[*] 보통 GG Lecture 시리즈라고 불린다.

들에 대한 다큐멘터리 영화가 곧 일반에 공개될 예정이다.

자기 자신도 그래픽디자이너로 미술을 하고 있다고 밝히는 루이즈는 "미술계에서 여자가 남자와 똑같이 평가받으려면 3배는 더 잘해야 한다"라고 말하며 성차별뿐 아니라 인종이나 연령에 의한 차별 등 온갖 형태의 사회적 차별이 존재하는 한 자신들의 '게릴라전'이 계속될 것이라고 말한다.

한국에도 게릴라 걸스와 같은 문화적 테러리스트(?) 그룹이 자생적으로 생겨나길 바란다는 말로 인터뷰를 맺는 '루이즈'의 말을 들으며 고통스럽고 지루하기 십상인 '정의로운 싸움'을 '재미있는 구경거리'로 전이, 승화시키는 그들의 재기sense of fun가 한국의 여성운동계에도 필요한 때가 아닐까 생각해 보았다.

그 후 35년 게릴라 걸스

게릴라 걸스는 여전히 미국 내 유명 미술관에 포스터를 붙이고, 여러 대학과 미술관에서 발표도 하고 각종 전시회를 개최하고 있다. 이들의 활동은 국제적으로도 잘 알려져, 2000년대에는 베니스 비엔날레, 이스탄불 근대미술관, 아테네 아티나 미술박람회, 빌바오미술관, 퀘벡대학교 등으로부터 초청받아 포스터 전시회를 가졌다. 2024년에는 '게릴라 걸스 마니페스타'를 내고 여러 테이트 숍에서 포스터 전시를 했다. 또 전시 포스터들을 모아 《게릴라 걸스의 고백Confessions Of The Guerrilla Girls. 1995》 책을 출간했다. 2015게릴라 걸즈의 후속 팀, 게릴라 걸즈 온 투어는 한국의 페미니스트 아티스트 그룹 입김과 함께, 2004년 부산 비엔날레에서 "여성인권에 관한 국가의 책무" 를 주제로 협동 작품을 발표하기도 했다. 게릴라 걸스의 종횡무진한 활약에도 불구하고 미술계 내의 압도적 남성 우위는 여전히 지속되고 있다. 게릴라 걸스가 직접 조사한 바에 의하면, 1989년 뉴욕 메트로폴리탄뮤지엄 근대 미술 섹션에서 여성 화가는 화가 전체의 5% 미만이고, 누드화의 85%가 여성의 누드였다. 2005년 조사에서 그 비율은 각각 3%, 83%이었으며, 2012년 조사에서는 각각 4%, 76%로 나타나, 여성 차별이 거의 개선되지 않고 있다. 또 뉴욕시 4대 미술관(구겐하임, 메트로폴리턴, 모던아트, 휘트니)의 여성 개인전 개수는 1985년에 단 1건(모던아트)이었으며, 30년이 지난 2015년에도 총 5건(모던아트 2건, 나머지 3개 미술관은 각각 1건)에 그치고 있다.

홈페이지 https://www.guerrillagirls.com 인스타 @guerrillagirls

게릴라 걸스 홈페이지에 2023년 프로젝트 중 하나로 소개된 웹포스터(제공 게릴라 걸스)

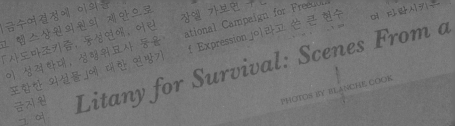

Litany for Survival: Scenes From a

PHOTOS BY BLANCHE COOK

Chapter 3

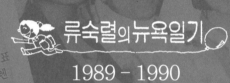

류숙렬의 뉴욕일기

1989 - 1990

Professor Audre Lorde and her students (left to right), Gina Rhodes, Lorde, So
Deborah Aguayo-Delgado.

* 이 장은 1989년부터 1990년까지 '류숙렬의 뉴욕일기'라는 꼭지명으로 〈미주 조선일
보〉에 연재되었던 칼럼들을 모아 구성했습니다.

류숙렬의 뉴욕일기

1937년 나찌독일에서 열렸던 「퇴페미술전」이 오는 91년 10○ 로스앤젤리스 미술관에서 54○에 다시 열릴 계획이다.

○찌정부가 아방가르드예술○ 일문화에 끼치는 「부도덕 ○을 폭로하고 또 「비독○ German)적인 작품활동○ 반국가적 화가들을 규○ ○기 위해 기획한 이 전시회○에는 약6백50여점의 미술품들이 전시되었었다.

1933년 정권을 잡은 나찌정부는 당시 유럽을 풍미하던 큐비즘, 퓨처리즘, 다다이즘 등의 급진예술들에 부도덕, 반국가의 낙인을 찍고 탄압하기 시작하여 「바우하우스」폐쇄를 시발로 숱한 예술가, 지식인들을 내쫓았다. 같은해 5월 베를린오페라하○ 우스앞에서는 토마스만, 참○ 크스, 지그문트, 프로이○ 히, 레마르크 등 금○ 의 색들이 장작○

올랐다.

37년 뮌헨에서 열린 「퇴페미술전」은 나찌정부의 「반국가문화」소탕작전의 최대정점을 이룬 사전으로 정부는 내용이 불온한 것으로 간주되는 1만6천점의 책, 회화, 조각품들을 전국의 박물

나찌의 「퇴

관들로부터 압수했다.

이 압수된 작○에는 독일 작가뿐만 이○ 고갱, 세잔, ○ ○의 ○ 유럽

8/n ipo

1989년

5월 23일 여자의 수식어

뉴욕일기의 연재를 알리는 안내 문구를 읽어본다. '주부로, 어머니로, 또 직장여성으로, 학생으로'라고 소개되어 있다. 나를 소개한 이 표현들을 읽으며 난 스스로도 숨이 찰 지경이다. 주부에다가 아이 엄마에다가 또 직장여성에다가 거기에 또 학생이라니! 아연해진 독자들의 소리가 들리는 듯하다.

"아니 이 여잔 뭐가 이렇게 많아?".

뉴욕일기를 맡게 된 기자가 남자였다면 그가 남편에다가 아버지에다가 직장인이라고 표현되었을까? 그걸 탓하자는 이야기는 아니다. 그만큼 여성들에게는 가정과 가족이 신분을 규정하는 주요 조건이 된다는 차이를 지적하자는 것이다.

어쨌든 그렇게 복잡하고 힘겨운 여러 역할들에 쫓기며 살고 있는 것이 나 뿐 아니라 우리 교포 여성들의 공통된 현실이고 상황이다. 이런 나의 여러 역할들을 알게 된 사람들이 흔히 보이는 반응은 '슈퍼우먼'이라는 소리이다. 농반진반의 이 소리를 들을 때마다 난 심정이 복잡해진다. 여성의 사회진출이 늘어나며 생겨난 매스컴의 조어인 이 '슈퍼우먼' 신화는 마치 가정과 직장 또는 그 외의 어떤 역할도 훌륭하게 수행해 낼 수 있는 특별한 종류(?)의 여자들이 있는 양 여성들의 현실을 오도한다.

이 세상에 '슈퍼우먼'이란 존재하지 않는다. 모든 인간이 똑같이 하루 24시간 밖에 쓸 수 없고 내가 여러 역할을 동시에 수행한다는 것은 곧 어떤 부분들의 타협과 희생을 의미하는 것이다. 그것은 잔뜩 어질러진 집안에서 그걸 무시하고 무언가 읽거나 써야 한다는 것을 의미하고 더 이상 입고 신어야 할 양말과 속옷이 없을 때까지 빨래를 쌓아둬야 한다는 것을 의미하며 손가락을 입에 물고 재워달라는 아이를 방으로 쫓아 혼자 두어야 하는 것을 의미한다. 그렇지 않아도 터질 것처럼 복잡한 내 머리에 볶아칠 일이 하나 더 늘었으니 솔직한 말로 난감하다. 그러나 나의 생각들이 여러 역할에 쫓기며 사는 우리 교포 여성들을 조금이라도 대변할 수 있지 않을까 하는 생각에 내게 던져진 또 하나의 짐 〈뉴욕일기〉를 받아들이며 전투태세(?)

를 갖춰본다.

5월 31일 천안문 시위

이번 학기 나의 클래스메이트Classmate중에 중국 본토에서
온 학생이 있다. 천안문 광장에서 학생들의 단식투쟁이 한창일
때 그가 내게 뜻밖의 질문을 했다. 즉 중국 학생들이 한국 학생
들에게 배우고 있다고 생각하냐는 것이었다. 나는 이 질문 조차
느닷없는 금시초문이라고 말하고 오히려 그에게 물었다.

1919년 중국의 5·4운동 당시 북경대학에 '조선의 3·1정신
을 본받자'는 격문이 붙었다는 것은 한국인들에겐 잘 알려진 사
실이다. 물론 중국의 역사는 중국인들의 것이다. 그러나 인접국
에서 상호 영향을 받는 것 또한 사실이다.

이제 미국 온 지 1년도 채 안 되는 그는 중국 학생들에게
한국 학생들의 용감한 투쟁이 많이 알려졌다고 말하며 자기는
천안문 시위 학생들이 한국 학생들로부터 영향을 받았다고 생
각한다는 것이었다. 내가 중국 학생들이 원하는 것이 무엇이냐
고 묻자 그는 별로 생각하는 기색도 없이 언론자유, 부패척결,
사기업의 확대, 다당제 등을 차례로 들었다. 그렇다면 사회주
의의 포기가 아니냐고 내가 묻자 그는 그러한 반응은 이 쪽 자
본주의 매스컴의 호들갑이라며 자기들은 사회주의나 자본주의

같은 이름표에 신경쓰지 않는다고 말했다. 그는 또 복지정책을 확대하는 자본주의 국가에 대해 자본주의의 포기라고 말하느냐고 반문했다.

그는 물론 11억 중국 인구 중 한 사람에 불과하다. 그가 어떤 사람인지 아는 것이 독자들의 이해를 도울 듯 하다. 그는 1952년에 태어난, 혁명 이후 세대로 공장노동자로 일했었다. 문화혁명 이후 9년 동안 폐쇄되었던 대학의 문이 다시 열리고 공장 책임자의 추천으로 그는 대학에 들어갔다. 졸업과 동시에 본래의 계약대로 자신이 일하던 공장으로 돌아가 공장 내 학교에서 노동자들을 교육했다.

그 후 그 지역에 들어선 사범대학에서 영어를 가르치게 된 그는 같이 영어를 가르치던 미국인들과 친해져 바로 그 미국 친구들의 초청으로 미국 유학길에 올랐다. 그의 표현에 따르면 위험을 감수하면서까지 미국 친구들에게 잘해 주었다니 그는 친미적(?) 성향인 셈이다. 지금 중국이 어떤 변화를 향해 가고 있는지 아무도 모른다. 그러나 세계 인구의 5분의 1이 넘는 중국인들이 창출해 내는 역사가 인류에게 중요한 한 부분이 될 것만은 틀림없다. 중국의 신세대로 불리우는 그 노동자 출신 지식인의 말을 들으며 그날 나는 중국인들에 대해 많은 생각을 했다.

6월 13일 마약 판 선생님

지난 주 딸아이가 학교에서 보낸 편지를 갖고 왔다. 공지사항을 알리는 예사로운 편지인 줄 알고 그 편지를 읽던 나는 소스라치게 놀라고 말았다. 딸아이가 다니는 학교의 교사 한 명이 마약소지 혐의로 체포되었다는 것을 알리고 협조를 구하는 편지였기 때문이다. 그런데 체포된 교사는 다름 아닌 바로 딸아이 반의 보조교사였다. 나는 그 교사를 직접 만난 적이 없다. 숙제를 담당했던 그 교사는 숙제 검사 후 노트에 유머러스한 코멘트를 써놓곤 해서 여유있고 유쾌한 모습의 선생님을 나는 상상하곤 했다. 그런데 그녀가 학교 주변에서 마약을 팔다 경찰 단속에 걸린 것이었다.

편지를 읽고 난 나는 마치 둔탁한 몽둥이로 뒤통수를 맞은 것만 같았다. 마약을 파는 사람에게 내 아이의 교육을 맡기고 있었다니! 만화영화를 열심히 보고있던 아이에게 물었다.

"로자도 선생님한테 무슨 일이 났는지 아니?"

"제일^{감옥 jail}에 갇혔어."

"왜?"

"사람들을 허트^{아프게 hurt}시키는 마약을 팔았기 때문이야. 나는 절대로 마약을 유즈^{사용 use}하지 않을거야"

"마약이 뭔지 알아?"

"마약을 먹으면 죽을지도 몰라."

큰일 난다는 듯이 눈을 동그랗게 뜨고 마약에 대해 말하는 여섯 살짜리 딸아이의 얼굴을 보며 난 갑자기 미국살이에 정나미가 뚝 떨어지고 말았다.

"그 이야기를 듣고 무슨 기분이 들었어?"

"스투피드멍청 stupid하게 생각됐어. 선생님은 마약이 나쁜지 아는데 왜 그랬지?"

어른들도 가끔은 알면서도 실수를 저지른다는 내 대답을 아이는 여섯 살 만큼만 이해하고는 다시 만화영화에 열중했다.

신문사에서 일하는 덕에 나는 뉴스의 홍수 속에서 산다. TV와 신문과 잡지들에서 쏟아져 나오는 뉴스들. 다른 세상 이야기처럼 느껴지는 이 뉴스들이 이제는 딸아이를 통해 구체적 현실로 나타난다. 학교에까지 만연된 마약, 폭력, 범죄문제를 나는 미국 시스템에 가장 많이 노출되어 있는 딸아이를 통해 확인하는 것이다. 각종 범죄와 폭력이 난무하는 속에서 동심을 키워가는 딸아이를 나는 어떻게 키워야 할까?

험한 세상 꼴을 못 보도록 가려주어야 할까? 그러나 온갖 일이 다 일어나는 뉴욕에서 그것은 불가능하다. 또한 나는 딸아이가 온실의 꽃처럼 무기력한 인간이 되는 것을 원치 않는다. 결국 있는 그대로 보여주면서 올바른 판단력과 가치관을 길러 줘야 하는 어려운 숙제가 부모의 몫인 것이다.

6월 20일 한글학교

딸아이가 다니는 한글학교가 방학을 했다. 이번에 딸아이를 한국학교에 보낸 것은 때를 놓치면 한글 배우기가 힘들어진다는 주위 사람들의 조언 때문이었다. 미국학교 1학년에 다니는 딸아이는 이제 막 영어읽기와 쓰기를 깨우치기 시작했고 또 한국에 있다면 지난 3월 1학년에 입학할 나이이기도 해 한국학교를 보내게 된 것이다.

차가 없이 맨해튼에 살고 있는 우리는 지하철로 갈 수 있는 맨해튼 내의 학교를 찾고 있었고 마침 〈한인경제인연합회〉에서 운영하는 한국학교 B는 맨해튼 내에 있을 뿐 아니라 오후 3시까지 수업을 하기 때문에 시간 여유도 있어 그곳에 등록했다. 피치 못할 각종 일이 생기기 쉬운 토요일 아침마다 숙제 챙기고 런치박스 챙기며 졸린 눈 비비는 아이를 끌고 가기란 엄마에게도 아이에게도 그렇게 쉬운 일은 아니었다.(더구나 반드시 그래야 한다는 강제적 의무가 있는 것도 아니니) 학교래야 토요일만 가니 총 16주 한 학기에서 연휴가 낀 두 번이 빠지고 열네 번만 가면 개근인 셈이다.

그런데 그 몇 달 사이에 아이가 한글을 읽게 되었다. 한글이라고는 제 이름 석 자 그릴 줄 밖에 몰라 한국에서 편지라도 오면 읽어줘야 했던 까막눈 신세가 어느 날 갑자기 한글 동화책을 읽는 것이었다. 물론 뜻도 모르고 억양도 이상하지만 한국

책을 읽는 것이 어찌나 기특하고 고마운지 감격스럽기까지 했다. 그 전에 집에서 몇 번 한글을 가르치려는 시도를 해보긴 했다. 그러나 글자가 무슨 그림인 줄 알고 그림 그리기만 할 뿐 읽지를 못해 버럭버럭 소리만 지르고는 집어치웠었다. 그런데 학교에서 선생님한테 배우는 것은 무슨 비법이 있는지 힘들이지 않고 읽기를 깨우친 것이다.

자기 가족이나 자식에게 공부 가르치기 어렵다는 것은 누구나 하는 소리지만 딸아이도 집에서 가르쳤다면 아마도 엄마는 소리지르거나 짜증내고 아이는 싫증내며 서로 씨름만 하다가 몇 년이 가도 깨우치지 못했을 것이다. 한국학교의 덕을 단단히 보고나니 선생님들이 마치 요술이라도 부리는 사람같이 불가사의하게 생각되고 또 한글학교가 있는 것이 얼마나 고맙게 느껴지는지 모르겠다. 그래서 아이가 방학하자마자 벌써부터 다음 학기에 또 보낼 결심을 다진다.

6월 27일 어떤 어머니 교훈

길거리에 장마당이 펼쳐지는 스트릿페어의 시즌이다. 해마다 여름철이면 뉴욕의 구석구석에서 각종 축제와 파티가 벌어지고 길거리에는 장터가 선다. 컬럼비아대학 부근인 우리 동네는 들고 나는 사람들이 많아서인지 한겨울만 빼고는 언제나 길거리에 물건을 팔려는 사람들이 늘어서 있다. 그러나 이들이 파는 것은 새 상품이 아니고 철 지난 잡지, 헌 레코드, 쓰던 교과서들, 헌 구두, 유행 지난 옷가지 등 삶의 흔적들로 상처나고 낡아빠진 중고물건 들이다.

어떻게 해서 나왔는지는 모르지만 흠집 투성이의 흔들의자, 쓰던 헤어드라이어, 손때 묻은 찻잔, 접시, 램프 등 자세히 보면 아마도 이사 가는 사람들이 버리고 간 물건들이 아닌가 싶다. 또 장사하는 사람도 파는데 별 애착이 없이 눈먼 손님한테 번 몇 푼의 돈으로 맥주 캔이나 기울이기 십상이다. 얼마 전에는 한국 유학생에게서 흘러나온 것이 분명한 '옛 시인의 노래'라는 타이틀 송이 박힌 한경애의 레코드와 한국기원에서 나온 몇 년 전 〈바둑〉 잡지까지 나와 있었다.

아무도 살 것 같지 않은 때 묻은 살림살이들을 길거리에 늘어놓고 파는 이 장사 아닌 장사들을 보면 난 언제나 친구의 어머니가 생각난다. 유학의 길이 열린 친구에게 그녀의 남자친구는 결혼과 유학 중 양자택일을 요구했고 기로에 선 그녀는 방문을 걸어 잠그고 울고 있었다. 그런데 고민하며 우는 딸이 안쓰러워 방문 밖에서 함께 울던 어머니는 딸에게 뜻밖의 소리를 했다. 즉 한국 남자는 여자에게 잘 못해주니 한국에서 결혼 안 해도 괜찮다고 말하며 그렇게 공부가 하고 싶으면 "똥묻은 빤스를 팔아서라도" 해야 한다고 말한 것이다. 더러운 속옷밖에 남지 않은 최후의 상태에 그것마저 팔아서라도 자신이 원하는 바를 추구하라는 가르침은 딸에게 가르치기에는 비장하다 못해 처절하기까지 하다.

그 어머니에게 미국은 할리우드가 양산한 신데렐라와 '레이디 퍼스트'의 달콤한 환상이었으리라. 또한 남존여비와 여필종부의 전통과 하늘같은 지아비 밑에서 짓눌렸을 그 어머니에게 '달링'과 '허니'를 속삭이며 키스를 퍼붓는 미국 남자는 그야말로 백마탄 왕자님 같아 보였으리라. 그래서 딸에게는 서슴치 않고 여자 혼자의 유학길과 미국 남자와의 결혼까지 암시하는 용감성을 발휘한 것이다.

그 친구는 어머니의 뜻대로 유학길에 올라 지난 5월 고운 한복을 입고 박사학위를 받았고 몇일 있으면 모교의 교수가 되어 귀국한다. 그러나 그녀의 오늘을 가능하게 한 그 어머니는 딸이 미국으로 떠나가 있는 동안 한국에서 돌아가시고 말았다. 이제 그녀는 어머니가 가졌던 미국에 대한 환상이 잘못된 것이었다는 깨달음을 얻었지만 어머니가 같은 여자로서 딸에게 가르친 불굴(?)의 생존 정신만은 잊지 못할 것이다.

7월 5일 한국여성 가치관

뉴욕에 있는 한인이민여성들의 노동량이 과중하다는 조

사 결과가 밝혀졌다. 퀸즈컬리지 민병갑 교수가 기혼여성을 대상으로 실시한 이번 조사에 의하면 한인이민여성들이 남성들보다 주12시간이나 더 노동을 한다는 것이다. 사실 한인이민여성들이 과도하게 노동한다는 이야기는 어제 오늘 나온 이야기가 아니다. 익히 알고 있는 사실이 학술적 통계를 통해 다시 확인되었을 뿐이다.

한인이민여성들이 겪는 가장 큰 변화는 한국과 달리 대다수의 여성들이(70%) 집 밖에서 일을 한다는 사실이다. 그런데 민 교수의 조사 중 의식조사 도표를 보면 우리 여성들이 얼마나 가치관의 혼돈 속에 있는지 잘 드러나 있다. 일종의 집단적 정신분열(?) 증세라 할 정도로 서로 모순되는 조사결과들이 나오는 것이다. 즉 조사결과에 대한 해석이 맥락을 알아챌 수 없이 혼란스러운 것이다.

예를 들면 '부인의 직업이 남편의 일이나 아기 기르는 일에 지장을 줄 경우 일을 포기한다'는 문항에 완전동의(61.3%), 어느만큼 동의(17.5%)를 합해 78.8%가 동의했다. 또한 '남편이 밖에서 돈벌이를 하고 아내는 집에서 가정을 돌보는 것이 정상적 가정'이라는데 동의한 사람이 58%였다. 그렇다면 70%의 여성들이 일을 하는 한국이민가정은 대부분 비정상이며 또 일하는 여성들의 직업이 가정에 지장을 주고 있지 않아야 한다는 결론이다. 그러나 사실이 그러한가?

이데올로기적인 측면이 강한 위의 문항들에는 한국과 다름없는 전통적 사고방식이 드러난 반면 구체적이고 현실적인 문제들을 다룬 항목들에는 상반되는 사고방식이 많이 드러났다. 즉 '아내가 남편에 말대꾸하지 않아야 화목한 가정을 누릴 수 있다'는 항목에는 동의가 총 47%, 반대가 47.3%로 여성의 목소리를 정당화시킨 견해가 약간 강세를 보였다.

또한 '맞벌이 부부의 경우 남편도 가사일을 같은 비율로 해야한다'는데 동의한 사람은 총 61.8%이며 반대는 33.2%로 남성의 가사노동 참여를 촉구했다. 또 '남편이 아내에게 묻지 않고 외식할 수 있어야 한다'는 사소한 일에도 총 44.3%의 반대가 있었다.(찬성은 52.3%) 이 조사결과들은 남성 중심의 전통적 가정상과 가치관을 드러낸 앞의 결과들과는 정면 배치된다.

따라서 직장과 가정을 양립하는 한인이민여성들이 전통적인 상부구조의 가치관은 그대로 온존시킨 채 구체적 현실에서는 의식변화를 일으키는 상황인 것이다. 새로운 현실은 새로운 가치관을 필요로 한다. 다 자란 몸에 낡은 옷을 꿰맞추려는 것처럼 우리의 현실과 맞지 않는 가치관은 우리의 정신을 병들게 할 뿐이다. 70%의 주부들이 일을 하면서 '남편이 돈 벌고 아내는 가정을 돌보는 것이 정상'이라고 대답한 여성이 58%나 된다는 것은 우리 한인이민여성들의 정신건강이 비정상적이라는 것을 의미한다.

7월 11일 사라진 뉴욕일기

※ 이 글은 7월 11일자 뉴욕일기였으나 임수경을 긍정적으로 묘사했다는 이유로 실리지 못했다.

2003년 10월 평양에서 임수경(맨 왼)과 저자(맨 오른)

　'서울에서 재채기하면 이곳 교포 사회는 독감을 앓는다'라는 농담을 종종 듣는데 요즘은 그 말이 정말 실감 난다. 문익환 목사, 황석영 작가, 서경원 의원 또 최근 임수경 양의 방북 파동으로 한국이 들끓고 있고 그 여파는 이곳 태평양 너머까지 미쳐 한동안 유행하던 평양 바람이 일시에 얼어붙었다. 다투어 북한 방문기를 게재하고 너도나도 통일을 외치던 교포 언론들이 요즘은 논조조차 바뀐 것이다.

민족 공동체의 정신으로 영주권자의 북한 방문을 비롯한 남북 교류를 허용한다는 노태우 대통령의 7·7 선언이 바로 엊그제인지라 더욱 어안이 벙벙하고 헷갈릴 뿐이다. 그러나 국민에게 감격과 기대감을 안겨줬다가 뒤통수 치는듯한 이러한 급격한 방향 선회는 사실 이번이 처음이 아니다.

1972년 7·4 공동성명이 나왔을 때도 금방이라도 통일이 될 듯이 온통 축제 분위기였다. 그러나 바로 몇 달 후, 10월 유신이 발표되었다. 그해 대학 신입생이었던 나는 10월 17일 아침 등교했다가 맞닥뜨린, 교정에 세워진 군인들의 천막과 교문을 막고 서있던 집총한 군인들의 모습을 지금까지 잊지 못한다. 휴교령이 내렸다는 공고문과 함께 굳게 닫힌 교문 밖에서 학교 안에 살림 차린(?) 군인들의 모습을 보는 것은 참으로 기이한 느낌이었다. 역사는 되풀이되는 것인가?

올해 대학 4학년인 임수경 양의 평양에서의 모습 또한 지워지지 않을 역사의 한 장면처럼 뇌리에 와 박힌다. 울어서 약간 부은 듯한 눈을 한 그녀는 대학가 주변에서 쉽게 볼 수 있는 너무나도 전형적인 한국 여대생의 모습이다. 그런 그녀가 판문점을 통해 내려오겠다고 한다. 어떻게 오던 간에 그녀 자신도 각오하고 있듯이 국가보안법 위반으로 구속될 것은 불을 보듯

환하다. 어쩌면 간첩 혐의를 받을지도 모른다. 이미 임 양의 언니가 직장에서 해고되었고 임 양의 아버지의 사촌 한 명과 팔촌 3명이 6·25 때 부역했다고 알려주는 보도가 있었다. 옛날 연좌제가 있을 때 사돈의 팔촌까지 해당된다더니 정말 잘도 찾아낸다 싶다. 그런데 부역했다는 친척 모두가 성명 미상이라니 어떻게 친척인 줄은 알았는지 신기하기만 하다. 배달의 자손은 모두 한핏줄이라서인가?

어쨌든 그녀는 실정법 위반으로 형을 받을 것이다. 도둑질을 한 것도 아니고 사람을 죽인 것도 아니고 파렴치범도 아닌데 그녀가 저지른 범죄의 본질은 과연 무엇인가? 소크라테스는 악법도 법이라며 독약을 먹고 죽었다. 그러나 법은 누가, 왜, 또 누구를 위해 만드는가? 소크라테스가 자신을 죽이는 법을 악법이라고 판단했다면 그는 자신이 희생자가 될 뿐만 아니라 또 다른 희생자를 낼 수 있는 그 '악법'을 올바르고 공정한 법으로 바꾸려고 노력했어야 할 것 같다. 실정법 위반의 회오리가 일고 있는 고국의 상황을 보며 이 모든 비이성적인 민족의 정신 분열 증세가 분단의 폐해라고 생각하면 가슴이 답답해 온다. 통일에의 길은 요원해 보인다.

7월 18일 기자 혐오증

나는 기자들을 싫어한다. 나의 기자 혐오증의 발단은 9년 전으로 거슬러 올라간다. 이제는 역사적 관용구가 되어버린 1980년 5월 기자들은 검열 거부, 제작 거부 등의 극한 방법론을 귓속말로 속삭였고 햇병아리 같았던 나는 갑자기 중압감으로 다가온 역사의 무게에 짓눌려 있었다. 당시 내가 소속해 있던 XX통신사에서 제작 거부 토의를 위한 기자총회가 열렸다. 계엄이라는 삼엄한 현실 속에서 회의 분위기는 침통하고 긴장되었다. 문단에 데뷔한 작가이기도 한 어느 기자는 일어나서 한참 말을 하지 못하더니 "차라리 붓을 꺾을지언정 역사에 죄를 짓지는 맙시다"라고 더듬더듬 말하더니 앉아버렸다.

4·19 때 한몫했다는 한 중견 기자는 한참 열변을 토하더니 스스로 자기감정에 못 이겨 울음을 터뜨리고는 "그러나 이번만은 참자"라는 현실론을 폈다. 그다음에는 광주에 취재 갔던 기자가 광주의 실상을 전했다. 그는 자신의 괴로움을 토로하고는 "그러나 내 배에 칼이 들어오는 걸 어떡합니까?"라고 물었다. 요는 '남의 배에 들어가는 칼은 눈감자'라는 얘기였다. 광주 취재기자의 발언 이후 몇몇 사람들의 제작 거부 반대 발언이 있었다. 자신들의 직업이 무엇인가를 잊은 듯한 이날 기자들의 제작거부 반대 발언을 들으며 나의 기자혐오증은 시작되었다.

그러나 당시 회의는 언론자유를 주장하는 젊은 기자들에 의해 주도되었으며 표결에 부쳐진 제작 거부안은 결국은 통과

되어 강행되었다. 그러나 일선기자들만이 제작 거부에 동참할 뿐 차장급 이상의 중견 기자 및 간부들이 손수 기사를 써 넘겨 통신사에선 통신이 나가고 또 신문사에선 통신을 받아 메꾸며 언론사에서 기자들이 제작거부 투쟁을 벌였다는 사실이 널리 알려지지 못한 채 신문도 방송도 나왔다. 그렇게 광주사람들은 '폭도'가 되어버린 것이다.

그리고는 곧 한국언론사상 유례없는 대학살로 불려지는 언론통폐합이 이루어졌다. 1,000명 가까운 기자들이 일시에 일터를 잃고 거리로 내쫓겼다. 당시 제작거부 회의를 주도했던 기자들이 모조리 쫓겨났음은 물론이고 한 구석에서 잠시 구경만 했던 나는 다른 사건(당시 한국기자협회장이던 선배를 숨겼다)으로 연루되어 같이 해직기자 대열에 서게 되었다.

그날 나의 기자혐오증의 진원지가 된 발언을 한 기자는 즉시 워싱턴 특파원으로 발령났으며 공인이기보다는 기능인에 충실한 그의 직업관에 맞는 언론상이 그 이후 한국언론을 지배했다. 위에 언급한 기자 중 해직된 사람은 소설가 뿐이다. 눈물까지 흘리며 현실론을 펼쳤던 중견 기자는 해직되지 않았다. 낭만적인 구세대(?)인 그는 남아있다는 자괴감을 견디지 못했는지 몇 년 뒤 낙향하여 과수원을 하고 있다는 소식을 들었다.

어쩌다 미국까지 흘러온 나는 다시 기자라고 불리고 있다. 요즘 이런저런 바람에 나는 다시 기자가 싫어진다. 그런 바람의

와중에 지난주 뉴욕일기도 날아가 버렸다. 내가 하고 있는 일이
싫어지니 참 사는 재미가 없다.

7월 25일 일본의 신종여성

일본의 여성들이 변하고 있다는 소식이다. '일본 여자'하
면 기모노를 입고 무릎 꿇은 자세로 '하이'를 연발하며 가부좌
한 남성에게 차를 따르는 모습이 떠오른다. 이렇듯 복종적이고
상냥한 이미지로 굳어진 일본 여성들이기에 그들의 변화는 더
욱 관심을 끈다.

남자의 인격과 '허리이하'는 무관하다는 이중적 성규범과
'영웅호색'이라는 봉건적 잔재는 동양 사회에서 정치 지도자들
의 사생활 논의를 금기시켰고 더 나아가 이들의 외도를 당연시
하는 풍토를 만들었다. 그러한 예를 우리는 일본까지 갈 것도
없이 한국의 정치지도자와 여자에 얽힌 무수한 소문으로 잘 알
고 있다. 그러나 소문뿐이었지 그런 문제들이 공식적인 정치적
문제로 비화된 적은 아직까지 없었다.

그런데 최근 일본에서 여성들이 우노 수상의 스캔들을 의
정단상에 끌어 올리는데 성공했고 여기에는 일본 최초의 여성
당수인 도이 사회당 당수의 공로가 크다. 도이 당수가 자민당의
부패와 여성이나 농민 등의 열악한 지위 등을 맹공하며 캠페인

을 벌일 당시 또 한 여인, 우노 수상의 부인 사이요 여사는 자민당 여성당원들의 집회에 나타나 남편을 두둔하며 그의 섹스 스캔들을 사과해야했다.

어느 여자가 다른 여자와 놀아난 남편을 두둔하고 사과까지 하고 싶을까? 정치인들의 '오입질'이 당연시되는 풍토에서 정치인의 아내란 참 '못해 먹을 노릇'이란 생각이 든다. 열불나는 속을 누르며 캠페인에 동원되어야 하는 수상 부인이 안쓰럽다. 자신의 야망을 위해 가정을 포기한 미혼의 도이 당수와 남편의 외도까지 두둔해야 하는 사이요 여사 사이의 중간쯤에 아마도 미래의 일본 여성들이 자리하고 있을 것이다.

일본 여성들의 변화 움직임을 보며 나는 지난해 뉴욕에서 열렸던 국제여성컨퍼런스에서 만난 한 일본 여성을 떠올렸다. 국제적 인신매매와 매춘 문제를 다룬 이 컨퍼런스에서 일본대표들은 "일본 남성들이 기생관광이 말썽을 빚자 이젠 다른 아시아 국가의 빈곤여성들을 일본으로 사들여 자신들의 성욕구 해소에 쓰고 있다"라고 맹렬히 비난했다.

그 와중에 한 미모의 여성이 내게 다가와 환하게 미소지으며 인사를 했다. 지금은 이름도 잊었지만 귀엽고 예쁘게 생긴 그녀가 자신을 초선의 도쿄 시의원이고 사회당 소속이라고 소개했을 때 정치인과 사회당에 대한 편견을 갖고 있던 나는 쇼크먹어 버렸다. 고교 교사 생활을 오래 했다가 처음 나선 선거에서 당선했다는 그녀의 상냥하면서도 확신에 찬 행동거지들은 마치 새로운 여성 정치인의 모델을 보는 것 같았다. 앞으로 이 신종여성들이 일본사회에 만들어 낼 변화가 자못 기대된다.

8월 8일 흑인들 착취자는 누구?

요즘 많은 화제가 되고 있는 스파이크 리 감독의 영화 〈똑바로 살아라Do the Right Thing〉를 보았다. 한인 배우들이 분한 한인청과상 부부가 등장하여 화제를 모은 이 영화는 철두철미한 흑인영화이다. 영화가 시작되면 자막과 함께 권투 글러브를 낀 젊은 여성이 증오 어린 표정으로 혼자서 권투를 한다. 배경음악으로는 강한 비트의 '권력에 맞서 싸워라Fight for the Power'라는 절규가 우리의 귀청을 찢는다. 도입부와도 같은 여성의 권투 장면이 끝나고 이어지는 영화의 첫 장면은 잠자고 있는 흑인의 모습이다. 잠자는 그의 초라한 방 라디오에서 나오는 '일어나 일어나! Wake up! Wake up!' 소리가 울려 퍼지는 것은 권투 장면과 함께 상징적으로 이 영화를 규정한다.

영화란 주도면밀한 계산하에 건축되어지고 만들어진 이미지의 총합이다. 등장인물의 대사는 물론 그의 이름이나 복장 심지어 배경장면의 소도구 하나까지 인위적이지 않은 것이 없다. 따라서 만든 이는 얼마나 성공적으로 자신의 의도를 관객들에게 전달하는가 또 관객들은 만든 이의 의도를 얼마만큼 잘 읽어내느냐에 따라 영화의 성공여부가 평가되는 것이다. 하워드 비치 사건과 한인 상점 보이콧 운동을 뒤섞어서 만든 이 영화는 인종문제가 주요 테마이다. 잠자고 있는 흑인들을 일깨워 싸우고 권력을 쟁취하자는 메시지가 담긴 이 영화는 그러나 지극히 현실적이고도 애정어린 자아비판을 먼저 보여준다.

이 영화에 등장하는 흑인 중 일하는 사람은 주인공 무키(스파이크 분) 뿐이다. 주급 250달러의 피자 배달부인 무키는 연애에 빠져 아이 아빠가 되었지만 부양능력이 없다. 미혼모가 된 애인은 친정엄마와 악다구니하며 엄마 집에 얹혀산다. 흑인 사회에서 일어났던 각종 사건들이 열거되는 이 영화에는 미혼모 문제에서 노동문제, 백인 또는 다른 유색인종 간의 갈등 문제, 음악과 리듬에 마춰되어 있는 흑인 청소년문제까지 흑인사회가 안고있는 문제들이 총망라되어 있다.

이 영화에 등장하는 몇 안 되는 백인 인물들 또한 전체 백인 사회의 전형적인 인물들로 그려져있다. 피자가게 주인 살과 아들 형제, 경찰관, 엔틱Antique 자동차를 끌고 거들먹거리는 치졸한 물신주의자, 자전거를 끌고 운동에 열심인 여피족, 그리고 말콤X와 마틴 루터 킹 목사의 사진을 파는 말더듬이 '스마일리'. 백인이면서도 흑인지도자들을 숭배하며 흑인과 함께하는 '스마일리'는 안타깝게도 사회에서 장애인와 마찬가지인 힘없

는 존재이다. 아마도 킹 목사와 말콤X를 팔며 흑인들에게 미소
작전을 펴는 힘없는 백인리버럴을 상징한 것은 아닐까?

영화가 끝나고 화면에는 마지막으로 킹목사의 비폭력노
선과 자기방어를 위한 폭력은 지혜라고 말하는 말콤X의 발언
이 자막으로 깔린다. 이들 서로 다른 두 노선에 대한 정답은 없
다. 단지 선택이 있을 뿐이다. 이 영화를 보고 흑인들이 자신들
에게 질문을 던지듯 우리 한인 이민자들도 생각해 봐야할 것이
다. 우리는 무지개연합의 일원인가 아니면 영화 속의 흑인들이
말하듯이 흑인들의 착취자인가?

8월 15일 만점 엄마 I

이번 14일은 유진이가 떠난 지 2주기가 되는 날이었다. 태
어날 때부터 심장에 이상이 있어 그 조그만 몸을 헤집는 수술
을 해야 했던 유진이는 그 후에도 입술에 늘 보라빛이 도는 약
한 아기가 되었다. 많이 먹지 못하고 잘 토하고 또 맘껏 움직이
고 놀기에는 힘에 부치니 유진이는 아무래도 엄마 아빠를 애달
프게 만드는 아이였다.

똑같이 유학생 와이프였던 유진엄마와 나는 서로 비슷한
또래의 아기를 두어 더 가깝게 지냈다. 한국에서 대학원까지 다
니고 또 교사로 일했던 경력이 있는 유진엄마는 아기 때문에 묶

여 있었으나 더 공부하고 싶어했다. 나 또한 결혼 후 더욱 절감
한 여성문제에 대한 인식으로 공부의 필요성을 느끼고 있었기
때문에 우리는 주변의 유학생 와이프들 몇 명을 더 모아서 독
서그룹을 조직했다.

　　우리가 첫 번째로 택한 책은 1960년대 행복한 주부상의
신화에 빠져 병들고 있던 미국여성들을 깨운 베티 프리단의
《여성의 신비Feminine Mystique. 1963.2.19. 초판 WW.노튼 출간》였다. 읽
어야 할 의무가 없었기 때문에 붙잡지 않게 된 영어책을 우리는
학교에서 세미나 하듯이 열심히 읽었다. 그러나 공통으로 느낀
절절한 체험과 일치해 공부와 의식화가 동시에 되었다.

　　처음에는 1주나 2주에 한번 씩인 우리 모임 날만은 아이를
남편에게 맡기고 홀몸으로 만나자고 했다.(24시간 아이한테 매
달려 있어야 하는 첫 1~2년 동안 여자들이 얼마나 육신의 자유
를 열망하는지는 아이를 길러본 엄마만이 알 수 있으리라. 그것
은 아이에 대한 사랑과 전혀 무관하다)

　　그러나 단 몇 시간뿐이지만 남편 혼자서 아이를 돌보는 것
은 불가능했다. 열나게 여성에 대한 차별과 불평등에 분노를 터
뜨리며 토론하는 중에도 누군가의 남편한테 전화가 와서 아이
가 어쩐다 저쩐다 어떻게 해야 할지 모르겠다는 짜증 섞인 문
의 전화가 오거나 또 급한 스케줄(이럴 경우 친구가 연락을 했
다던 가이다.)이 생겨 나가야 한다며 전화를 하기 일쑤였다. 결

국 우리는 아이들을 옆구리에 매달고 남녀불평등에 대한 토론을 했다.

독서그룹을 계속하며 공부하는데 동의한 유진엄마와 나는 저녁 강좌를 하나씩 신청하고 학교 가는 날 서로 아이를 봐주며 공부했다. 그렇게 유진이와 엄마를 가깝게 겪으며 난 유진엄마에 대한 경탄과 존경을 금치 못하게 됐다. 농담으로 늘 '만점 엄마'라고 그녀를 불렀지만 까다롭고 힘들고 안쓰럽게 만드는 유진이에 대한 그 엄마의 보살핌은 모성에 대해 회의적이던 나를 또 다시 회의하게 만들었다.

잘 먹지 않는 아이를 위해 온갖 머리를 짜내며 아이의 입맛을 당길 음식을 요리하고 짜증 한번 부리지 않고 유진이에게 온 정성을 다했다. 그렇다고 그녀가 눈물겹고 비장하게 자식에 대해 전통적으로 생각하는 것도 아니었다. 그녀는 여성 해방에 대한 책을 읽으며 명랑하고도 장난기 있는 태도로 아이에게 헌신적으로 대했다. 유진엄마를 보며 나는 늘 자문했다. 내 아이가 유진이 같으면 내가 저렇게 할 수 있을까? 난 자신 없었다. 그런데 유진엄마가 2년 전 어제 유진이를 잃은 것이다. -계속-

8월 22일 만점 엄마 II

유진이가 수술대 위에서 깨어나지 못했다는 소식을 들은

것은 그 일이 있은 지 2주일이나 흐른 8월 하순이었다. 처음 그 소식을 듣고 난 정신이 멍해질 정도로 충격을 받았다. 느닷없이 들이닥친 그 소식은 나를 벙어리로 만든 듯 전화로 소식을 전하는 사람에게조차 난 말을 이을 수가 없었다. 난 유진엄마에게 전화도 하지 않았다. 자식을 잃은 엄마에게 무슨 말을 할 수 있는가?

며칠 동안 주체할 수 없을 정도로 눈물이 흘렀다. 난 부엌으로 욕실로 다니며 수도꼭지 틀어놓은 사람처럼 울었다. 그러나 나를 그토록 슬프게 만든 것은 유진이에 대한 애도 때문이 아니었다. 사실 건강치 못했던 유진이었기 때문에 전혀 날벼락같은 소식도 아니었고 부모에게나 유진이 자신에게나 차라리 잘됐다고 생각할 수조차 있는 일이었다.

나를 그토록 울린 것은 '만점 엄마'라는 별명을 들을 정도로 유진이에게 정성스럽던 그 엄마의 가슴 속을 헤아려 보는 일이었다. 자식이 죽으면 부모 가슴에 무덤을 만든다는 말이 있지만 자식을 잃은 엄마의 가슴 속을 한 자락이라도 상상해 본다는 것은 참으로 기막힌 일이었다. 무럭무럭 건강하게 자란 내 자식 보기가 죄스럽고 싫었다. 자식이란 도대체 무엇인가? -계속-

8월 29일 만점엄마 III

유진엄마와 내가 함께 독서그룹을 조직하고 제일 먼저 시작한 것은 '이름되찾기운동'이었다. 첫날 토론하려고 모여 앉았을 때 우리는 누구도 서로의 이름 석자를 모른다는 사실을 발견했다. 우리는 이미 함께 피크닉도 가고 쇼핑도 가고 어디 가면 아기 기저귀가 좀 더 싸고 또 짜장면을 맛있게 하려면 어떻게 해야 한다는 등 생활의 많은 부분을 서로 나누고 함께 하는 사이였다.

그런데 서로의 이름을 아무도 알지 못한다는 사실은 우리를 놀라게 했다. 우리는 누구의 엄마 또는 누구의 부인으로 통했기 때문에 구태여 이름을 알 필요가 없었던 것이다. 결혼과 함께 또는 아이 엄마가 되면서 일어난 이 변화를 다시 돌리는 데는 부자연스럽고 인위적인 노력이 필요했다. 우리가 서로의 이름을 "XXX 씨"라고 부를 때면 마치 남의 이름처럼 낯설고 어색해 불편할 정도였다.

우리는 모임을 할 때는 의도적으로 서로의 이름 석자를 부르면서도 한편으로는 여전히 서로를 '누구 엄마', '미세스 누구'하는 호칭으로 불렀다. 우리는 이미 자신의 이름이 없어진 부자연스러운 상황에 길들어 있던 것이다.

어쨌든 어색한 이름 부르기를 고집하면서 우리는 베티 프리단을 읽고 도리스 레싱, 틸리 올슨, 앨리스 워커 등의 단편도 읽고 시몬 드 보봐르를 읽고 또 한국책도 읽었다. 그리고는 남편의 공부가 끝나 귀국하는 사람 또 남편이 학교를 옮겨 이사 가는 사람 또 중도탈락하는 이도 생기면서 우리의 독서그룹은 끝나게 되었다.

그러나 우리가 아기의 똥기저귀를 치우며 우리의 문제를 다룬 책들을 놓지 않고 같이 흥분하며 읽고 토론했던 경험은 우리를 결속시키기에 충분했다. 우리는 그 후 헤어졌어도 가끔 편지나 전화를 하지 않으면 안될 만큼 깊은 우정을 간직한 친구들이 되었다. 유진이의 일이 생긴 후에 유진엄마와 전화를 하게 되자 바로 그 호칭이 말썽을 부렸다.

나는 지금도 유진엄마라고 쓰고 있지만 그녀는 더 이상 유진엄마가 아니었던 것이다. 자연스럽게 대화 속에 삽입되는 그 호칭 때문에 나는 유진이라고 이미 발음이 다 된 혓바닥을 다시 집어넣어 삼키고는 그녀의 이름으로 고쳐 부르는 노력을 해야 했다. 그녀에게 이제는 이 세상에서 없어져 버린 유진이를 상기시키지 않으려는 내 노력이 실수로 몇 번 드러나자 그녀는 오히려 나에게 괜찮다고 말하며 먼저 유진이 이야기를 해주기도 했다.

그러나 이젠 그런 노력을 할 필요가 없게 되었다. 지난 봄 그녀는 유라엄마가 되었다. 아기가 우유 한 병 가득을 뚝딱 먹어 치운다는(그렇게 잘 먹고 건강한 아기가 그녀의 소원이었다) 사실이 자랑스럽게 쓰인 그녀의 편지를 읽으며 난 내 신념

과 약간의 편차를 빚더라도 기꺼이 그녀를 유라엄마라고 불러
주리라 다짐해 본다.

하늘나라에 별이 된 유진이에게

유진아!
다섯 번째 생일을 채 맞기도 전에
먼 나라로 떠나버린 너.
애끓는 엄마 아빠를 남겨두고
너는 혼자서 홀홀 가버렸구나.
어쩌면 너는
고통스러운 이 세상의 삶이
피곤해졌는지도 모르겠구나.
어쩌면 너는 저 하늘나라의 삶이
더 좋아졌는지도 모르겠구나.
그래서 너는 몸부림치며 우는
엄마 아빠도 떨치고
저 하늘나라에 별이 되었구나.
그러나 귀여운 다섯 살 아가씨인
어린 네가
수술대 위에서 느낀

이해못할 외로움과

막막한 두려움이

너의 마지막 생각이 되었을 것이

못내 가슴을 친다.

그러나 유진아

네가 보지 못했어도 수술실 밖에서

엄마 아빠가 하늘 땅 만큼의

사랑과 보살핌으로

너를 지키고 있었고

또 멀리에서도 너를 사랑하는 이들이

온 마음으로

너를 지켜주고 있었단다.

그 많은 사랑으로

너는 외롭지 않았단다.

유진아

이제 너는 태어나는 모든 아가들을

지키는 그런 생명의 별이 되어라.

다시는 엄마 아빠 가슴에

못박히는 무덤을 만드는 아가들이 없도록

모두모두 건강하게 뛰놀고 행복하게 자라도록

지켜주는 그런 사랑의 별이 되어라.

자, 유진아

이제 엄마 아빠의 눈에서

눈물을 걷어가거라.

영원한 어린 아이인 네가 준

아름답고 소중한 기억으로

미소지을 수 있게

그들의 가슴이 행복한 추억만으로

가득차게 하여라.

엄마 아빠가 어느 곳을 가든지

너는 찬란한 네 별빛으로

그들의 앞길을 밝혀주는

그런 영원한 별이 되어라.

9월 19일 리버럴 뉴욕

뉴욕시가 최초의 흑인 시장을 탄생시킬 가능성이 성큼 다가왔다. 소리가 크지loud 않아도 강할strong 수 있다는 딘킨스의 조용한(?) TV 광고문구를 들으며 많은 사람들이 반신반의했다. 더구나 상대는 '폴리티컬 애니멀Political animal정치적 동물'이라고 불릴 정도로 능란한 카리스마의 정치인 에드워드 카치가 아닌가? 그러나 놀랍게도 딘킨스는 그 잘난 언론들의 예측마저 보기 좋게 뒤엎으며 흑인만의 지지가 아니라 백인들의 지지로 인해 여유만만한 승리를 거두는 이변을 낳았다. 목소리를 높이지 않고도 그는 지난 1988년의 제시 잭슨보다 더 많은 백인 지지표를 끌어낸 것이다. 백인의 딘킨스 지지율이 34%를 상회했고 또 카치의 기반인 유태계마저 20% 가까운 지지율을 보였다는 소식을 접하며 '리버럴 뉴욕'의 진면목을 본 것 같아 괜히 기분이 좋아졌다.

어쩌면 앞으로 '코리안 아메리칸'임을 긍지로 내세우는 시장 후보가 나올지 누가 아는가? '치유자healer'로의 이미지를 내세우고 선전한 딘킨스가 '하워드 비치' 사건이나 최근에 벤슨 허스트 사건 등으로 나타난 인종 간 깊어진 불신의 골을 어떻게 치유할지 모른다. '치유자'의 이미지는 실상 페미니스트들이 활발하게 재조명 작업을 벌이고 있는 '마녀witch'의 주요 이미지 중 하나이다. 중세 유럽을 휩쓴 마녀사냥의 광풍으로 인해 수백만의 여성들이 불에 태워져 또는 목매달려 죽었다. 그들은 기독교에 의해 이단으로 몰린 '마녀'들이었으며 약초 요법을 처음으로 발견하고 개척한 선구자들이기도 했다. 가난한 농민들에게 그녀들은 가장 가깝고도 쉽게 치료를 받을 수 있는 '치유자'들이었다.

한국의 무당과도 흡사한 마녀와 조산원을 페미니스트들은 의료직종의 선구자들로 해석한다. 그 후 의학교육이 제도화

되며 의사가 되려면 많은 돈을 들이고 오랜 기간을 거쳐서 수련한 후에 가르고 자르고 도려내는 것을 중심으로 하는, 주로 남성인 의사들이 양산되었고 의사에게 치료받기 위해선 당연히 많은 돈이 필요했다. 또한 여성들은 보조적 역할인 간호원이 되었으며 여성들의 전문분야였던 출산까지 남성들에게 넘겨준 결과를 낳은 것으로 페미니스트들은 해석한다.

최근에 의사에게 가지 않고 조산원mid-wife에게 자연분만 하는 운동이 널리 퍼지는 것은 결코 우연이 아니다. 그것은 여성들의 자기통제능력self-control과 많은 관련을 가진 움직임인 것이다. 어쨌든 '치유자'로서의 이미지는 칼을 들고 치료하는 의사 이미지가 아니라 약초로 우리의 치유를 돕는 경험 많고 현명한 할머니 이미지이다. 딘킨스가 이미 사전적인 뜻을 벗어나 문화적으로 또 학술적으로 정착된 '치유자'를 내세운 것 또한 결코 우연이 아닐 것이다.

9월 26일 강간은 남성이슈

며칠 전 〈뉴욕타임스〉에 실린 사진 한 장이 내 눈을 사로잡았다. '캠퍼스 라이프'라는 섹션에 실린 이 사진은 시라큐스 대학에서 최근 연이어 발생한 두 건의 강간 사건에 대한 학생들의 시위 사진이었다. 이번 9월에 입학한 신입생들인 두 피해자는 뉴욕주가 정한 법정음주연령인 21세에 못미쳤으나 피해 당일 맥주를 마신 것으로 알려졌다. 학교 당국에서는 사후 미성년자는 술을 마시면 안된다는 점을 강조하며 피해자를 탓하는 듯한 성명을 냈고 이것이 학생들의 격분을 산 것이다.

그러나 내 눈을 사로잡은 것은 시위사실보다는 시위에 앞장선 남학생들과 그들이 들고 있는 배너에 쓰여진 문구였다. 배너에는 '강간은 남성이슈*Rape is a Man's Issue*!'라는 글이 쓰여있었고 이 배너가 사진 전면으로 클로즈업되어 있었다. 생전 처음 본 이 글귀를 보며 난 그것이 얼마나 맞는 말인지를 깨닫고 스스로 놀랐다. 강간 문제를 이슈화한 것은 여성운동의 공로이다. 여성운동은 피해자의 육체적 정신적 고통은 물론 사회에서까지 낙인찍히는 이중삼중의 피해때문에 쉬쉬하던 문제를 폭력적인 범죄의 차원으로 끌어올렸으며 희생자를 '더럽혀진 여자'에서 '피해자'의 위치로 옮겼다. 또한 부부사이 또는 데이트하는 연인 사이에도 일방적인 완력으로 강요된 성행위를 강간으로 규정함으로써 여성의 성적인 주체성을 강조하였다.

그 옛날 우리 할머니들은 손목만 잡혀도 자결해야 할 정도의 혹독한 이중적 성규범에 얽매여 살았다. 하지만 강간이라는 성폭력 문제가 사회문제로 대두된 지금 과연 우리가 그로부터 얼마나 자유로운지는 의문이다. 강간범은 고발되어 재판까지 가더라도 유죄판결을 받아내기가 아주 힘들다. 재판과정에

서 피해여성이 도발적인 옷은 입지 않았는지 또 그녀의 남자관
계는 어떠했는지 등 이를테면 그녀가 남성의 성적 충동을 '불러
들이지 않았는지'를 증명하는데 급급하며 실제 흉기로 위협당
하고 극심한 상처가 있지 않을 경우 범죄증명이 어려운 형편이
다. 이 과정에서 여성이 또 다시 인습의 희생자가 되는 것이 보
통이며 그러한 이유로 아직까지 강간은 은폐된 경우가 더 많다.

　　강간은 남성중심적 사고방식에 깊이 뿌리를 두고 있다.
'남자답다'는 말에는 폭력성이 내포되어 있고 또 가부장제 문화
에 길들여진 남성심리는 공격성을 띄고 있다. 그래서 강간범의
경우 그의 폭력에 초점을 맞추지 않고 피해여성의 옷차림이나
사생활을 문제시 하는 것이다. 여성들이 피해자의 고통을 줄이
고 치유하는데 급급해서인지 아직까지 강간에 대처하기 위한
모든 노력의 초점이 여성에 맞춰져 왔다. 강간피해자 대피소,
상담소, 셀프 헬프 훈련 등이 그것들이다. 그러나 '강간은 남성
이슈'라는 사진의 글귀를 보며 앞으로는 남성 쪽에 초점이 맞춰
져 예방에 주력해야 한다는 생각이 절실히 들었다.

10월 3일 '무식한' 미국인

　　얼마 전 밤늦게 택시를 탄 일이 있었다. 운전기사의 영어
억양이 모국어가 아닌 것 같아 어디에서 왔느냐고 물었다. 온갖

인종이 다 사는 뉴욕에서는 겉모습만으로 그가 미국인인지 외국인인지 구별하는 것이 불가능하다. 그가 시리아에서 왔다고 대답하자 우리 일행이 그렇다면 다마스커스에서 왔느냐고 물었다. 그는 눈이 휘둥그레지며 어떻게 다마스커스를 아느냐고 물었다. 그래 우리는 중학교 지리시간에 전세계의 나라와 수도 이름을 달달 외워야하기 때문에 그 정도는 기초라고 대답했다.

그 기사는 자신도 공부하는 학생이라며 미국인(이 경우는 이민자가 아닌)들은 시리아에서 왔다고 말하면 시리아가 어디 있느냐고 물어보는데 그 때 뉴저지 어딘가에 있는(*somewhere in New Jersey*) 작은 도시라고 대답하면 그대로 믿는다는 것이다.

자연히 화제는 미국인들의 '무식함'에 대한 경멸 어린 성토로 나아갔다. 우리도 한국 사람들의 고정레퍼토리인 거스름돈 계산도 못 하는 돌대가리 운운하며 미국인들을 비웃었다. 운전기사는 우리가 맞장구를 치자 더욱 흥이 나서 미국인들은 오로지 마약과 섹스, 돈밖에 모른다고 말하며 자신은 미국여자와 결혼해 영주권만 따고 헤어졌다고 자랑스레 말했다.

나는 그것이 소위 영주권을 위한 위장결혼인 줄 알고 그 여자에게 돈을 얼마 주었느냐고 물었다. 그러자 그는 손을 내저으며 '한 푼도' 내지 않았다고 말하고 자신은 "아메리칸 걸들을 다루는 법을 안다"라는 것이다. 그가 눈을 찡긋거리며 "유 노우

아메리칸걸스"라고 말할 때 나는 그가 미국여자를 꼬시기 위해 지었던 달콤하고 비굴한 얼굴 뒤에 숨겼던 음모를 발견한 것 같아 왠지 씁쓸해졌다.

그가 가히 미국을 대변할 마약과 섹스와 돈의 세 가지를 짚었을 때 나는 그것이 참으로 정곡을 찌른 듯하여 나도 모르게 고개를 끄덕였다. 그러나 다음 순간 과연 그것이 미국의 참모습인가 하는 의문이 들었다. 그는 왜 미국에 왔냐고 물으니 '기회'가 있기 때문이라고 대답했다. 그가 미국에서 택시기사 노릇을 하면서 대학공부를 끝내고 '기회'를 잡아 소위 전문직업인이 된다고 가정해보자. 그는 과연 미국의 주류가 될 수 있을까?

미국인들에게 야채와 과일을 팔고 또 세탁을 해주며 사는 한국 이민들이나 택시를 끄는 그나 결국은 미국의 주변부에서 벗어나기 힘든 것은 매한가지다. 미국을 움직이는 힘은 다른 데서 온다. 어쩌면 우리는 스트레스 해소하듯이 우리의 무력감을 '무식한 미국인'을 경멸하며 지워버리는 것은 아닌지 모르겠다. 미국인은 누구며 무엇이 미국인지 살수록 어렵다.

10월 24일 여자는 약한 존재?

지난 주말 미드타운에 있는 한국식료품점에서 쇼핑을 하고 돌아가는 길이었다. 내 어깨에는 커다란 가방이 메어져 있었고 또 양손 모두에 뚱뚱한 쇼핑백이 들려 있었다. 내 모습이 힘겨워 보였는지 뒤에서 도와주겠다는 제의가 들려 왔다. 뒤를 돌아보니 업무상 여행을 하는듯한 느낌의 말끔한 흑인신사가 서 있었다. 나는 호의는 고맙지만 내 짐들이 보기보다 가볍다고 말하고 괜찮다고 했다. 그는 자기가 펜스테이션 기차역까지 가므로 거기까지는 내 짐을 들어줄 수 있다며 또 다시 도와주겠다고 제의했다.

그는 내가 무거운 짐을 여러 개 들고 가는 것이 정말 안쓰러운 듯 순수하게 도와주려는 것 같았다. 물론 그가 짐을(그것이 무엇이던 간에) 갖고 도망가려고 그런다고 의심할 수도 있었으나 그의 옷차림이나 정중한 말투는 그런 의심이 들게 하지 않았다. 그러나 나는 그런 제의를 받은 것이 하나도 고맙지 않았다. 나는 내가 이만한 짐을 들을 수 있을 만큼은 충분히 힘이 세다*strong enough*고 말하고 계속 걸어가기 시작했다. 그러자 그는 나를 쫓아오며 여자들은 언제나 스스로를 약하다고 표현하며 남자들에게 의존하는데 자신을 스트롱하다고 말하는 여자를 처음 봤다고 말하며 그런 소리를 들어 정말 기쁘다고 말했다.

내가 웃기만 하고 아무 대답을 안하자 그는 내게 '아메리칸'이냐고 물었다. 한 번도 남들이 나를 아메리칸으로 보리라고 생각해 본 적이 없는 나는 펄쩍 뛰며 마치 모욕을 당한 듯이 너는 내 노란 얼굴과 까만 머리를 보고도 내게 아메리칸이냐고 묻느냐고 말하며 나는 '코리안'이라고 한자 한자 강조하며 말했다. 그러자 그는 웃으며 내가 동양출신이라는 것은 물론 알지만 자기의 질문은 내가 미국에서 태어났는가, 즉 미국국적을 가진 아메리칸이냐는 질문이었다는 것이다. 그제서야 나는 그 질문의 의도를 알았다. 그는 순종적으로 알고 있던 동양여자가 스스로 힘이 세다고 말하며 도와주겠다는 것도 마다하고 뻗대는 것이 미국교육의 산물이 아닌가 의심한 것이다.

그래서 나는 한국에서 태어나 한국에서 교육받고 뒤늦게 미국에 왔다고 말했다. 그 순간 내가 들어가야 할 펜스테이션 기차역에 도착해 나는 그에게 바이를 외치며 여전히 양손에 짐을 들고 계단을 내려섰다. 대부분의 경우 체력은 그 사람의 체중과 관계가 있다. 키도 크고 몸무게도 더 나가는 남자들이 힘도 더 센 것은 당연하다. 그러나 집에서 아이를 키우며 집안일을 하는 엄마의 경우를 보면 여성들이 실제 훨씬 많은 힘을 사용한다는 것을 알 수 있다. 문제는 남자들 앞에서는 남성들은 물론 여성들 스스로도 '여자는 약한 존재'라는 대전제를 세우고 서로 보호자와 의존자의 게임을 한다는 것이다. 자신의 남성성을 과시하며 '사나이'를 자처하는 남자나 또는 여자답다는 것을 보호본능을 자극하는 힘없는 존재로 착각하고 하늘거리는 여자나 모두 나를 화나게 만든다. 남자든 여자든 모두 그런 허위의식에서 벗어나려는 노력을 해야할 것 같다.

10월 31일 나도 야한 여자가 좋다

얼마 전 이곳 교포사회에서 발행되는 한 주간지를 보니 한 동안 세상을 시끄럽게 했던 마광수 교수의 《나는 야한 여자가 좋다 1989.01.25. 초판. 자유출판사》(이하 야한 여자)가 연재되고 있었다. 그래서 두세 차례 그 화제의 글을 접할 기회가 있었다. 마교수의 책 제목을 처음 들었을 때 나는 '나도 야한 여자가 좋다'라는 반응이 대뜸 나왔으나 책을 구해볼 성의까지는 내지 못하던 차였다.

야하다는 말은 흔히 색깔을 표현할 때 쓰이며 주로 화려하고 짙으며 원색적인 것을 표현할 때 쓰인다. 이말이 사람한테 적용될 때는 전반적으로 그 사람의 성격을 규정짓기도 하나 다분히 성적인 의미가 내포된 뜻으로 확대된다. 《야한 여자》에서 마 교수는 시종일관 모든 것을 인간의 배설욕구와 남녀관계로 푼다. 그의 전공인 시 해석은 물론 모든 인간사의 이면을 배설욕구와의 상관관계로 푸는 것이다.

처음 마 교수의 제목만 듣고 '나도'라는 동조의 반응이 나온 것은 그 제목이 포함하고 있는 일말의 정직성 때문이었다. 그러나 마 교수의 글을 읽자 그의 정직성이 남성중심적 사고의 병적 심리에서 비롯했다는 것을 깨달았다. 그에게 있어 여성은 성적인 대상물에 불과하다. 그를 위해 다섯 손가락에 제각각 다른 색깔의 매니큐어를 칠할 수 있을 뿐 아니라 동시에 지고의 쾌락까지 제공할 수 있는 대상물인 것이다.

　마 교수의 《야한 여자》는 스스로 원초적 본능에 충실한 주체로서의 야한 여자가 아니라 자신의 쾌락만을 중심으로 추구하는 남성에게 대상으로서의 객체적 존재이다. 따라서 그것은 또 다른 형태의 폭력이며 여성들에게 성의 해방이 아니라 성의 착취로 나타날 뿐이다. 뼈만 남은 것 같은 왜소한 모습의 그가 왜 장미여관을 외치며 야한 여자를 찾는지 알 수 없지만 그가 남성중심적 사고의 병든 심리를 대변하며, 또 한 개인을 벗어나 한국 남성의 한 전형인 것만은 분명하다.

　여성을 성적 대상물로 객체화시켜 보는 남성 사회의 병든 심리는 그의 분야인 문학비평이나 시 해석에 대한 반론으로 비판되어야 한다. 인간 보편성이라는 허울을 쓰고 있는 그의 학문이나 예술론이 얼마나 뿌리 깊게 남성중심적이며 불건강한 것인가를. 또한 그것이 우리 사회문화에 어떻게 악영향을 끼치는지에 대한 논리적 반박이 이뤄져야 한다. 충실하고 건강한 비판이 가해진다면 그에게 가르칠 권리의 일부를 박탈하는 편협하고 치졸한 해결책은 필요조차 없을 것이다. 오히려 그를 순교자로 만들어 버리는 우를 범한 점잖은 교수님들은 그의 견해가 박해받아야 하는 것이 아니라 비판받아야 하는 것이라는 사실을 몰랐을까?

　어쨌든 그가 "야한 여자가 좋다"는 말로 표현한 인간 본

연의 어떤 욕구에 대해 사회적으로 보다 정직해져야 할 것 같다. 다만 남성 중심의 병든 욕구로서가 아니라 남녀 모두 인간 본성에 충실한 입장에서 건강하게 또 과학적으로 풀어나가야 할 것 같다.

11월 7일 신문기자의 윤리

최근 〈뉴욕타임스〉에 재미있는 기사가 실렸다. 〈월스트릿 저널〉 워싱턴 지국장인 알버트 헌트 씨가 사설자선단체의 기금모금 활동에 적극 관계한 것이 언론의 윤리문제로 기자들간에 말썽이 났다는 것이다. 예의 자선단체는 출산장애아들을 돕는 스피나 비피다Spina Bifida협회로 헌트 씨는 8세 된 아들이 장애로 출생한 후 이 기관과 관계를 맺어왔으나 공식직함은 없었다. 그는 지난 10월 25일 열린 기금모금 파티에 약 1만 달러 이상(총 판매액은 30만달러)의 티켓 판매를 주선해 주었으며 댄 퀘일 부통령, 밥 돌 상원의원, 토마스 폴리 하원의원 등을 모금에 참여하게 만들었고 또 직접 파티에 나가서 찬조연설도 했다.

이 사실이 알려지자 기자들은 이해관계에 얽히는 것을 금지하는 신문사 방침에 어긋난다고 헌트 씨에게 항의했고 헌트 씨는 자신이 실수를 한 것 같다고 인정하였으나 아직까지 이해관계에 대해 금지하고 있는 범위에서 비영리단체는 특별한 범

주로 간주되고 있다고 지적했다. 모든 언론기관들이 일반적으로 이해관계에 관여하는 것을 금지시키고 있지만 무엇이 이해관계를 이루며 어느 정도가 관련하는 것인지에 대해서는 제각각 다르게 해석하고 있다.

경쟁지의 스캔들인 이번 일을 〈뉴욕타임스〉는 신이 나서 보도했지만 지난 번에는 〈뉴욕타임스〉가 바로 구설수에 올랐었다. 지난 봄 워싱턴에서 있었던 여성들의 낙태권 지지행진에서 각 언론사에서 취재 차 나온 기자들의 참여 정도가 말썽이 난 것이다. 취재 온 여기자들이 행진에 참가해 낙태권 지지를 외치는 등 시위대와 똑같은 행동을 취한 것이 알려졌고 이것이 문제가 된 것이다.

당시 〈뉴욕타임스〉는 해당 여기자를 다른 부서로 전보시켜 그녀의 분야이던 여성문제 취재와 보도를 금지해버렸다. 이 사실이 알려지며 신문기자의 윤리 문제가 한 차례 각 신문방송을 장식했으나 실제로 제재조치를 취한 곳은 〈뉴욕타임스〉하나 뿐이다. 다른 신문 잡지들이 이 문제를 놓고 입방아를 찧고 있을 때 〈뉴욕타임스〉가 꿀먹은 벙어리 노릇을 한 것은 물론이다. 거기에는 콧대 높은 〈뉴욕타임스〉의 평소 태도도 작용했을 것이다.

어쨌든 또다시 문제가 되고있는 신문기자의 윤리 문제를 보며 그것이 참으로 어려운 문제라는 것을 절감한다. 보는 입장에 따라 달라지는 이해관계에 과연 '객관적'인 입장은 존재하는지, 어디에 기준을 두어야 하는지 그것은 반드시 기자가 아니라도 쉽게 내릴 수 있는 판단은 아니다.

일제시대 조선의 독립을 외치던 우국지사 언론인들이나 군부독재의 퇴진을 이야기하는 오늘날의 언론인들이나 또는 출산과 낙태에 관한 결정권을 여성들이 가져야 한다는 미국의 여기자들이나 그들이 어느 특정그룹의 이익을 대변하는 것은 사실이다. 문제는 어느 그룹의 어떤 이익을 대변하느냐에 있으며 그 기준을 판단하는 것이 바로 기자의 가치관인 것이다. 그러니 기자의 윤리문제는 앞으로도 계속 우리를 괴롭힐 것이며 또 그 괴로움은 시지프스의 돌처럼 우리가 언제나 새롭게 고민해야할 숙제인 것이다.

11월 21일 어떤 용기

지난 주말 지하철에서 일어난 일. 일요일 한낮의 지하철에는 나들이 옷 차림, 운동복 차림, 등산복 차림 등 제각각 자유로운 차림을 한 많은 사람들이 가족 또는 친구들과의 시간을 즐기는 분위기였다. 평소 출근길과는 영 다른 모습의 지하철이어서 나는 덩달아 한가로운 기분이 되어 막 도착한 지하철 안으로 들어섰다.

그러나 문을 들어서자마자 확 끼치는 역한 냄새에 나는 코를 싸잡아 쥐었다. 안에는 한 홈리스 여성이 더럽고 냄새나는 담요를 뒤집어 쓴 채로(얼굴을 보이기에는 수치스럽다고 느꼈을까?) 물뿐인 구토물을 토해내고 있었다. 그녀 바로 옆에는 일행인지는 알 수 없지만 한 홈리스 남자가 앉아 알 수 없는 소리를 중얼거리고 있었다.

그 둘의 주변에는 아무도 좌석에 앉지를 않아서 약간의 공간이 확보되었다. 지하철 안에 가득한 모든 이들이 애써 그들의 존재를 잊으려는 듯 외면하고 있었지만 깊은 침묵이 모두 다 그두 홈리스들에 대해 생각하고 있다는 것을 반증했다. 담요를 뒤집어쓴 여자의 표정은 읽을 수 없었고 눈빛이 다 풀어진 채로 혼자 중얼거리는 홈리스 남자는 이미 인간이라고 말할 수 없는 폐인의 모습이었다.

'저들도 처음에는 사랑하는 가족이 있었겠지'라는 생각을 하니 그들이 풍기는 고약한 냄새만큼이나 독한 비애감이 들었다. 순간 그 남자가 자신의 바지 지퍼에 손을 갖다 댔다. 그러자 제일 가까이 서 있던 한 여성이 "지금 뭐하냐?"고 날카롭게 물었다. 예상치 못했던 반응에 그 홈리스 남자는 일어나서 그 여자를 협박하려는 듯 어깨 짓을 하며 그녀에게 다가섰다. 이 돌발상황에 승객들 모두 놀라서 숨을 죽이고 그 둘을 지켜봤다.

사실 욕조와 침실을 갖추고 있는 집에서 살면서 깨끗한 옷을 입고 다니는 사람들에게 냄새나는 홈리스가 접근하는 것은 엄청난 위협이다. 행여나 옷자락 하나라도 스칠세라 얼른 동전 한 닢 던져주고 피하기 십상이다. 나는 그의 쩌들고 냄새나는 몸이 마치 나에게 다가오는 듯 겁에 질려있었다. 그런데 그녀는 조금도 위축되는 기색이 없이 단호한 목소리로 "여기는 공공장소이다. 네 X을 밖으로 내놓지 마라! *This is a public place. Just don't let your shit out!*"고 말하는 것이었다.

나는 그녀를 다시 보았다. 30대 후반으로 보이는 백인 여성인 그녀는 청바지에 등산조끼 차림으로 콜라 캔을 손에 들고 서 있었고 그녀의 온몸에선 당당함과 단호함이 흘렀다. 소변을 보려고 했던 것 같은 그 홈리스 남자는 그녀의 기세에 눌려서인지 다시 주저앉아 주절주절하고 있었다.

승객들 모두 그녀의 용기에 감탄한 듯 그녀에게 감사의 눈빛을 전했다. 나는 용기있는 그녀의 행동에 고마움을 느끼면서도 자꾸만 비애감이 드는 것을 어쩔 수 없었다.

11월 28일 여성의 방귀 낄 자유

최근 한 친구로부터 재미난 이야기를 들었다. 뒤늦게 공부를 시작한 그녀는 남편과 아이들과 함께 미국에 왔다가 식구들이 돌아간 뒤에 논문 준비로 1년 이상을 혼자 있게 되었다. 보는

사람마다 남편, 자식과 떨어져 얼마나 외롭고 힘드냐고 인사를
했지만 그런 인사받기가 민망할 정도로 그녀는 행복해 보였다.

한참 자라나는 두 아이를 데리고 남편 뒷바라지를 하며 언
제나 바쁘게 공부할 때 그녀는 지쳐 보였고 그녀의 어깨엔 가족
들이 매달려 있는 무게가 느껴졌었다. 언젠가는 깨어진 찻잔을
자신의 가슴 속에 그려놓고 그것이 자신의 모습이라고 말해 주
변 친구들을 놀라게도 했었다.

그런데 가족들과 떨어져 있게 된 그녀는 놀랍게도 젊음을
되찾은 듯 생동감을 발산했고 분명히 더 예뻐졌다. 갑자기 얼굴
에 주름살이 없어진 것도 아닐테고 그것은 정녕 이상한 일이었
다. 온 몸에서 풍기는 분위기가 백팔십도 달라진 것이다. 그런
이야기를 하자 그녀는 자신이 결혼생활 15년이 넘었으나 시부
모님을 모시고 살았고 또 형제많은 가정에서 자라 결혼 전에도
'자기만의 방'을 가진 적이 없었다는 것이다. 난생 처음으로 혼
자만의 공간과 시간을 가지니 너무 행복하다는 것이다.

학생들과 밤새 토론도 하고 친구들과 연극 구경도 다니며
그녀가 느끼는 삶의 충일감은 그대로 그녀의 몸으로 발산된 것
이다. 그녀가 깨달은 자유 중에는 '방귀 뀔 자유'까지 포함되었
다. 시집살이 15년이 아니라도 여자들은 어려서부터 방귀라는
생리현상을 통제하도록 교육받는다. 방귀가 나오려 할 때 여자
들은 소리나지 않고 해결할 수 있는 방법을 자라면서 은연 중

터득하게 된다.

　　그런데 그녀가 혼자 있으면서 자신이 마치 남자들처럼 어떤 신호가 오면 엉덩이 한쪽을 들고 시원스럽게 소리를 내고 있다는 사실을 깨달은 것이다. 그것은 의도한 변화도 아니었고 자신도 모르는 사이 일어난 변화였다. 우리는 여자들의 방귀 뀔 자유를 이야기하며 할머니들로부터 들은 옛이야기를 떠올렸다.

　　시집온 며느리가 날이 갈수록 시름시름 병색이 짙어져 그 연유를 물으니 "방귀를 뀌지 못해서"라고 며느리가 대답했고 집안이 날아가지 못하도록 모두 묶어놓고 며느리가 그 동안 참았던 방귀를 뀌었다는 이야기. 웃음소리든 방귀 소리든 여자들의 소리는 모두 통제했던 우리 문화에서 '방귀 뀔 자유'의 깨달음은 참으로 커다란 자각이다. 우리가 집에서 숱하게 보아왔듯이 남자들은 방귀가 무슨 자랑이라도 되는 듯이 거리낌 없이 나온다. 그것은 방귀에 국한된 것이 아니다. 그것은 바로 인간의 자유와 억압에 직결된 문제인 것이다.

1990년

1월 9일 아! 지리산

방학인 요즘 유학생 사회에선 한국드라마를 비디오로 빌려다 보는 것이 유행하고 있다. 일부러 빌려볼 생각은 하지도 못하고 있었는데 아랫집에서 빌려온 비디오를 보라고 갖다 줘 덕분에 한국 드라마를 보게 되었다. 그것은 소설가 이병주 씨의 원작을 8부작 미니시리즈 드라마로 만든 '아! 지리산'이었다. 일제 치하 징용을 피해 들어간 때부터 정전회담 이후 완전 소탕이 끝날 때까지의 빨치산 투쟁을 그린 것으로 소재 자체가 새마을운동을 다루는 드라마나 만들던 옛날 KBS가 생각날 정도로 신기했다.

'아! 지리산'은 관계된 사람들의 삶과 사랑, 죽음을 통해

'덧없는 희생'에 초점이 맞춰지는 감상주의와 허무주의(그것은 적당하면 약이지만 지나치면 독이 된다)에 빠진 감이 없지 않지만 어쩌면 원작 자체가 안고 있는 결함에다 TV의 한계일 수도 있겠다.

어쨌든 8부작이라는 긴 시리즈 동안 펼쳐지는 지리산의 골짜기와 봉우리 등을 보며 난 남다른 감회에 빠졌다. 벌써 12년 전인 1978년 여름 난 친구와 남한에서 가장 긴 종주 코스인 지리산 종주를 시도했다. 대학 때의 단짝인 그 친구와 서로 다른 직장에서 일했지만 같이 휴가를 내어 여행가기로 약속했었다. 나는 떠남 자체가 여행이라 생각하기 때문에 아무 곳이나 상관없었지만 깡순이(?)였던 내 친구는 지리산 종주를 고집했고 내가 같이 안가면 혼자라도 가겠다고 우겨서 결국 여자 둘이서 종주길에 올랐다.

일부러 사람이 적은 8월 마지막 주를 택하기도 했지만 그때만 해도 지리산은 등산객이 많지 않아 한참씩 가야 사람을 만나곤 했다. 여자들이라 텐트에서 자기가 뭣해 우리는 종주코스 도중에 있는 산장들에서 자기로 하여 다음 산장까지가 매일의 코스였다. 가끔씩 만나게 되는 사람들은 여자 둘이서 등산하는 것에 대해 계속 놀라워했고 우리는 "즈이들만 발이 달렸나? 뭐가 이상해?"하고 "쳇체"거리며 지리산 종주를 끝마쳤다.

나는 그 산행에서 지리산에 반해 버렸다. 원시의 냄새가 그때까지도 남아있는 지리산은 설악산처럼 자태가 수려하고 곱지는 않았지만 아지 못할 어떤 분위기가 원시성과 비장미를 풍겼고 왠지 긁히고 벗겨진 상처를 그대로 노출시킨 채 무덤덤하게 있는 것만 같았다. 특히 느닷없이 펼쳐지는 세석평전의 그 넓은 들판과 또 곳곳에 있던 고사목의 숲, 산장에서 밤중이면 울부짖는 것만 같던 바람 소리. 물론 그 때 나는 지리산과 빨치산에 대해 별 생각이 없었기 때문에 특별히 궁금하지 않았다.

지금은 이병주의 《지리산1985년 초판. 한길사》 말고도 조정래의 《태백산맥 1986년 10월 초판. 해냄》, 이태의 《남부군1993년 초판. 두레》 등 그 외의 여러 책들이 나와 박탈당한 우리 역사의 한 부분을 폭로하고 있다. 그들이 실패한 역사의 교훈을 우리에게 주고 있지만 굶어 죽고, 얼어 죽고, 총 맞아 죽어 떠돌고 있는 그들의 원혼을 위로할 사람들은 바로 그들의 후예이고 자식인 우리다. 바다 건너 멀리 뉴욕에서 지리산의 모습을 보며 난 갑자기 그곳으로 가 죽어간 사람들을 위해 술이라도 몇 잔 뿌려주고 싶은 생각이 간절해진다.

1월 17일 킹 목사의 생일

1월 15일은 마틴 루터 킹 목사의 생일이다. 한국에서는 예수와 석가의 탄신일 말고 일반인의 생일을 경축일로 정한 경우는 없다. 그러나 미국에서는 초대 대통령인 조지 워싱턴의 생일과 킹 목사의 생일이 나란히 연방 공휴일이다. 링컨의 생일은 연방 공휴일은 아니지만 쉬는 곳도 있다. 그러니 미국 내 인종차별의 현실과는 별개로 상징적으로 킹 목사의 존재가 미국에서 어떤 의미인지 알 수 있다.

미국 곳곳에서 기념행사가 열리겠지만 딸아이가 다니는 학교에서는 연극을 한다고 한다. 딸아이는 이 연극에서 내레이터(해설자)를 맡았다. 인종차별 철폐를 위해 싸운 킹 목사의 정신을 기리기 위해 아마도 의도적으로 동양 아이를 발탁한 것 같다. 딸아이가 집에 와서 연습하는 킹 목사의 비폭력 노선과 그의 저항운동을 설명하는 내레이션을 들으며 아이에게 인종차별이 무어냐고 물으니 아이는 그것이 무엇인지 모른다. "평등을 위해 싸웠다"는 말을 줄줄 외우지만 그것이 무엇을 의미하는지는 모르는 것이다.

그러나 나는 그 아이가 킹 목사를 기리는 해설을 하고 평등equality을 말하고 민권운동을 말하는 것이 기특하고 또 그것을 가르치는 백인교사, 특별히 예쁜 드레스를 입혀 보내라는 편지까지 쓴 그 선생님이 고맙게 느껴졌다. 1953년 버스에서 백인 좌석에 앉아 일어나기를 거부함으로써 1960년대 흑인민권운동의 시발점이 된 로자 파크 여사의 이야기가 무대에서 재현되는데 딸아이는 그녀가 지금은 할머니라는 사실을 이해하지 못한다. 내가 미세스 로자 파크라고 이야기하자 아이는 '로자라는 이름의 소녀'라고 우기는 것이었다.

아이는 킹 목사의 생일을 기념하면서 왜 케이크와 촛불이 없는지 이해하지 못하며 하늘 나라에 있는 킹 목사가 자기 생일 파티를 보느냐고 묻는다. 그래서 킹 목사는 미국 역사에서 아주 중요한 사람이기 때문에 미국 사람들은 두고두고 그의 생일을 기념하는 것이라 말하니 자기는 한국 사람이라서 자기한테는 그렇게 중요한 사람이 아니라고 말한다. 한국에도 킹 목사처럼 훌륭한 사람들이 많다고 말하고 유관순을 이야기하려니 식민지를 어떻게 설명해야 할지 난감해 그냥 그만두고 말았다.

무대에서 마이클 잭슨의 노래에 맞춰서 가라테 하듯이 서로 치고받고 싸우다가 나중에 어깨 걸고 사이좋게 춤추는 것이 재미있기만 한 아이에게 억지로 설명한다는 것이 진부하게 느껴졌다. 그래도 딸아이는 훗날 자기가 일곱 살 때 킹 목사의 생일기념행사로 한 연극을 기억할 것이고 킹 목사가 어떤 사람인지 흑인민권운동이 무엇인지를 한 번 더 생각할 것이고 바로 그 점 때문에 나는 그 백인 여교사가 고마운 것이다. 어쩌면 그런 것이 참교육이 아닐까 생각했다.

1월 23일 미용사의 꿈

딸아이가 내 머리를 만지며 머리가 짧아서 예쁜 머리를 만들 수 없다고 불평한다. 그러면서도 숏 커트인 내 머리를 땋기도 하고 핀을 꽂기도 하고 이리저리 돌리며 온갖 모양을 다 내려고 한다. 그러나 짧은 내 머리는 손만 떼면 풀어지고 만다. 아이는 왜 엄마는 긴 머리를 하지 않느냐고 종알거리면서 자기가 크면 미용사가 되어서 매일 엄마 머리를 해주겠다고 한다.

딸 아이의 그 소리를 듣는 순간 나는 갑자기 타임머신을 탄 것처럼 아득하게 어린 시절로 돌아갔다. 바로 지금의 딸 아이 만할 때 나는 아카시아 줄기를 미장원의 핀처럼 사용하며 엄마의 머리카락을 갖고 놀았다. 마치 파마를 하듯이 아카시아 줄기에 엄마 머리를 말며 내가 크면 미용사가 되어 매일 엄마 머리를 예쁘게 해주겠다고 약속했던 것이다.

그 때 나의 엄마가 다니던 미장원은 바로 우리 집 맞은편에 있던 건물 2층에 자리 잡고 있었다. 조그만 소읍동네라 서로 안방살림, 부엌살림까지 다 아는 동네 아줌마들과 미용사 아줌마는 머리를 하는 동안 오래 묵은 친구처럼 그동안의 이야기를 주고받았다. 언제나 엄마의 미장원 길을 동반했던 나는 하얀 가운을 입고 요술사처럼 머리를 만지던 미용사를 혼을 쏙 빼고 올려다보며 동경했다.

그 미장원은 나에게 '멋짐'의 상징이었다. 미장원에 들어서면 우선 파마약, 매니큐어, 화장품 등 미를 가꾸는 각종 (약품의) 냄새가 났고 언제나 합창곡이나 클래식 연주곡 같은 은은한 음악이 흘렀다. 그 때는 그 음악이 어떤 것들이었는지 몰랐지만 얼마나 들었던지 나중에 학교에서 여수, 스와니강, 은발 등의 노래를 배울 때 미장원에서 듣던 그 음악이구나 바로 알았다.

그 미장원의 창에는 연한 핑크빛 레이스 커튼이 드리워져 있었고 외국 여배우들의 사진이 헤어 스타일 견본으로 붙어있 었다. 또 장식용으로 인적없는 숲을 찍은 커다란 사진이 걸려 있었다. 지금 생각하면 캘린더 사진같은 그림(?)이었으나 침엽 수들이 늘어선 그 숲의 사진과 은은하게 깔리던 음악은 어린 내 게 깊은 이미지를 남겼다. 지금도 난 '여수'의 멜로디를 들으면 그 미장원과 숲 사진이 떠오른다.

우리 동네에는 또 기술학교라는 학교가 있었다. 상급학교 에 대한 개념이 전혀 없던 나는 우리 집 앞을 지나가는 흰 블라 우스와 곤색 치마를 입은 기술학교 언니들이 너무 근사해 보였 다. 그 언니들은 기술학교에서 미용, 편물, 양재 기술을 배우는 학생들이었다. 그 학교를 다니면 내가 동경하던 미용사가 되는 것이다. 그래서 나는 기술학교를 가서 엄마의 단골 미용사같은 멋진 미용사가 되겠다고 다짐하고 엄마 머리를 만지며 놀았다.

그러나 내 꿈은 학교에 들어가자 선생님으로 바뀌었고 그 후 환경에 따라 계속 바뀌어져 갔다. 미장원에 데려가지도 않았 는데 미용사를 꿈꾸며 내 머리를 만지는 아이를 보며 되돌린 어린 시절의 회상은 지나간 세월에 대한 가슴 저린 향수를 불러일으켰다. 그때의 아이는 지금 엄마가 되어있고 그 엄마는 할머니가 되어있다. 그런 것이 인생이고 삶인가?

2월 6일 부모 용서하기

최근 신간 안내를 보다가 어느 한 책의 제목이 내 눈을 끌었다. 《부모 용서하기Forgiving Our Parents Forgiving Ourselves: Healing Adult Children of Dysfunctional Families. 1991년 초판》라는 제목의 그 책은 알코올 중독 아버지 밑에서 자란 작가가 자신의 이야기를 쓴 것이었다. '가정의 기능을 상실한 가족들로부터 자라난 어른 아이를 위하여'라는 부제가 붙은 이 책은 어른이 되어서도 어린 시절 부모에게 받은 상처에서 헤어나지 못하는 어른들을 위해 쓰여졌다. 작가는 자신의 고통을 토해내는 글쓰기로 상처를 극복하고 새로운 삶을 시작하게 되었다고 쓰고 있다. 책을 직접 읽지는 못했으나 소개글에 의하면 이 책은 주로 '받아들이기Acceptance'에 대한 것이다.

"어떤 부모, 어떤 가정에서 자랐건 간에 유년기를 종결지어야 다음 단계로 나아갈 수 있다. 마음을 정리하고 있는 그대로 받아들이지 않으면 우리의 과거는 마치 삐죽삐죽 나온 유리조각들처럼 건

드릴 때마다 언제나 피를 흘린다."

6·25 휴전회담 이후 태어난 전후세대인 나의 세대는 일제 치하의 식민 시절, 또 동족끼리의 전쟁 등 역사의 소용돌이에서 무차별하게 짓밟히고 치인 우리 부모 세대와는 엄청나게 다른 경험을 했다. 세대 차이는 어쩔 수 없다해도 그런 판이한 경험은 시각과 견해에서 더 많은 차이를 초래했다. 그래 그런지 내 세대에서 부모를 진심으로 존경하고 그들을 본받겠다고 말하는 친구들을 본적이 없다.(물론 예외적인 경우도 있으나 거의 드물었다.)

'우리 부모같이 되지 않는 것'이 우리들의 목표였다. 청소년기까지 많은 친구들이 부모를 미워하고 때로는 증오하기까지 하며 부모가 제외된 또 다른 세계를 구축했다. 어쩌면 어른이 된다는 것은 부모 사랑하는 법을 터득하게 되는 과정인지도 모른다. 우리는 우리 부모를 사랑했지만 그것은 동물적이고 본능적인 사랑이었지 인격적인 존경심에서 우러나오는 애정은 아니었다. 또한 부모가 우리에게 준 사랑도 마찬가지였다. 우리 부모 세대는 자식을 정당하고 독립적인 인격체로 대하는 법을 배우지 못했다. 한없이 자신을 희생하며 애절하고 찐득한 사랑을 퍼부었지만 우리가 원하는 사랑이 아니었다.

박노해 시인은 "오! 어머니 당신 속엔 우리의 적이 있습니다"고 노래했다. 역사의 수레 바퀴에 치이며 살아남는 것만이 중요했던 우리의 부모 세대는 우리에게 '굴종과 이기주의와 탐욕과 안일'을 몸으로 가르쳤다. 자신의 정당한 권리를 위해 목소리를 높이는 것도 뜯어말리고 주저앉히며 그저 아무 소리 없이, 탈 없이 남과 똑같이 살기만을 바랐다. 그저 내 자식, 내 식구만을 알고 남을 위해 또는 사회를 위해 목소리를 내면 어리석은 바보라고 꾸짖고 올바른 목소리를 냈을 때 올 책임과 피해가 두려워 애걸하면서 우리를 비굴과 이기의 나락으로 떨어트렸다.

요즘 교포사회 1세대 부모와 1.5세대 또는 2세대 간의 갈등을 보며 엄청난 경험의 차이 때문에 겪는 갈등과 상처가 우리 세대가 부모들과 겪은 것과 흡사함을 느낀다. 어떻게 사랑하는 것이 진정한 사랑인지 서로가 깊이 생각해야 할 것 같다. 잘못 사랑하는 것은 오히려 서로에게 괴로움과 상처만을 줄 뿐이다.

2월 13일 현대판 남성칠거지악

한국에 있는 한 대학의 여학생회에서 자체 신문을 통해 현대판 '남성칠거지악'을 발표했다고 한다. 이 남성칠거지악의 내용을 살펴보면 오늘날 한국 여대생들이 규정하는 바람직한 남성상을 역으로 알 수 있어 흥미롭다.

여대생들이 규정한 남성칠거지악의 내용은 일, '여자가 무
슨…'하고 말 첫머리에 여자를 비하하는 남성. 이, 밥이고 물이
고 제 손으로 못 찾아먹는 남자('물 하나 직접 찾아 마시지 못
하는 남자가 무언들 변변히 해낼 수 있을까'라는 반문을 제기한
다) 삼, 여자를 자기 소유의 인형이나 또는 애완동물로 보는 남
자. 사, 주체적이고 건강한 여성을 '드센 여자'로 몰아붙이는 남
자.(사회인의 몫을 훌륭히 수행하는 여자를 여자답지 않거나 드
세다고 비난하는 남자는 여자에게 순종만을 요구하는 남자로
제구실을 찾지 못하는 못난 남자라고 규탄) 오, 가부장이라는
전근대적 권위를 사칭, 아내 및 자식들 위에 군림, 억압하는 남
자. 육, 동료 여사원에 강하고 상사에게 약한 남자. 약육강식의
동물세계와 같이 출세지향에 빠져 상사에게는 비굴을 넘어 굴
종적인데 반해 여직원에게는 황제처럼 군림하려는 남자를 꼬
집는다. 칠, 마누라에게 한복을 6백 벌씩 해주는 남자.

우리의 할머니, 어머니들은 시부모 말을 듣지 않거나 아들
을 못 낳거나 간통을 하거나 질투를 하거나 병이 있거나 말이
많거나 도둑질을 하거나 이 일곱 가지 중 한 가지라도 하게 되
면 쫓겨나야 했다.

시대가 엄청나게 흐르고 변한 지금에도 사실 남자들은 종
종 칠거지악이나 여필종부 따위를 들먹이며 그런 이유로 쫓아
내지 않는 것만도 감지덕지 여기라는 듯 으름장을 놓는다. 칠거

지악을 논하는 그들의 입가에는 남을 짓밟고 위에 서있던 자의 득의와 아량이 더럽게 번득인다. 그런데 지금까지도 어떤 이들은 신주단지처럼 모시고 애지중지하는 유교의 찌꺼기들의 내용을 살펴보면 어떻게 그렇게 오랫동안 정당성을 가져왔는지 알 수 없는 비밀같기만 하다.

칠거지악의 항목 중 수긍할 수 있는 것은 도둑질 하나 뿐이다. 나머지 여섯 가지는 한마디로 웃기는 것들이다.

1) 시부모에 대한 무조건적인 복종: 가령 시부모가 도둑질을 하라고 하면 쫓겨나지 않기 위해 들어야 하는가? 반드시 도둑질이 아니라도 옳고 그름을 가리지 않는 무조건의 복종이 미덕이 될 수 없다.

2) 아들 못 낳은 죄: 수태시 남성염색체를 제공하는 이는 남성이다. 따라서 아들을 낳고 딸을 낳고는 남자 탓이지 여자 탓이 아니다.

3) 간통죄: 옛날 남자들에게 간통은 합법적으로 보장되었다. 대를 잇는다는 명분으로 혼외정사가 정당화되고 축첩제도로 일부다처제가 장려되었다. 남성의 간통은 정당하고 여성은 쫓겨나야 하는 것은 이중규범이다.

4) 질투죄: 남편이 여러 여자를 거느리면 질투는 지극히 인간적이고 자연스러운, 정당한 반응이다.

5) 질병죄: 여성에게는 결혼 전에 남편감이 죽어도 일생을

과부로 지내라고 꼭꼭 묶어놓는 그들이 여자는 살다가 병이 들
어도 내쫓는 것이 정당화된다.

6) 수다죄: 말은 인간의 자기표현이고 의사소통의 방법이
다. 그들은 애 낳는 도구로, 성욕을 채우는 도구로 여성을 원한
것이지 감정과 의견을 가진 인간으로서의 여성을 필요로 한 것
이 아니다.

7) 도둑질: 도둑질은 그 때나 지금이나 나쁘다.

2월 21일 "헬로우 스트레인저"

딸아이가 한글학교를 다니기 때문에 나는 매주 토요일 아
이를 데리고 학교에 간다. 그러나 학교는 다운타운 이스트 사
이드 끝에 있고 우리 집은 어퍼웨스트사이드라 지하철을 세 번
갈아타고도 일곱 블록을 걸어가야 한다. 그러니 아이를 아침
에 데려다주고 집에 갔다가 다시 데리고 오려면 왔다 갔다 길
에서 버리는 시간이 더 많다. 그래서 아이가 학교에 있는 동안
나도 그 부근 어딘가에 들어가서 아이를 기다리기로 했다. 내
가 고른 장소는 학교 부근에 있는 커피숍 겸 레스토랑인 한 식
당이었다. 그 후 매주 토요일 아침부터 오후 3시까지 평균 대
여섯 시간을 이 식당에서 뭉개다보니 나는 그곳의 토요일 단골
손님이 되었다. 겨울방학이 끝나고 아이가 개학해 지난주 다시

이 식당을 찾았다. 오랜만에 갔기 때문에 인사라도 하려고 낯익은 얼굴들을 찾으니 모두 전화를 받거나 서브를 하고 있어 바쁜 중이었다.

그래서 나는 그냥 내가 늘 앉던 자리로 가서 오가는 사람들에게 방해받지 않기 위하여 벽쪽을 향해 앉아 읽을거리, 쓸 거리 등을 펼쳐놓았다. 그 때 뒤에서 "헬로 스트레인저*Hello! Stranger!*"하는 소리가 들렸다. 식당 주인인지 매니저인지 책임자급의 사람이 다가와 내가 3개월 만에 왔다고 말하며 반가워했다. 그러자 영어를 잘 못해서 주문하기도 힘든 히스패닉계 웨이터도 쫓아와서 '쓰리 먼스*three months*'를 연발하며 웃었다.

나는 내가 3개월 동안 거기에 안갔는지도 몰랐는데 가만히 생각해보니 12월에 바빴던 탓에 남편이 아이를 학교에 데려갔었고 결국 나는 3개월 동안 거기에 안갔던 것이 사실이었다. 그가 나를 '스트레인저'라고 표현한 것은 반가움의 역설적인 표현으로 이를테면 "낯선 사람이 또 오셨구만"하는 정도인 듯 싶었다. 그는 내가 그 식당에서 늘 오래 있어 주었기 때문에 좋았다고 말하며 "오늘도 커피로 시작할거냐"라고 물었다.

사실 나는 그 집을 1년 가까이 거의 토요일마다 갔지만 간단한 인사말만 하고 그 집 사람들과 대화를 나누지 않았었다. 우연찮게 만들어진 황금 같은 혼자만의 시간을 나는 최대한도로 쓰기 위하여 나만의 활동에 몰두했던 것이다. 주로 밀린 공부를 하지만 어쨌든 읽고 생각하고 쓰는 것이 주된 활동이었고 그들은 그런 나를 방해하지 않고 가끔 와서 뜨거운 커피를 새로 따라 주곤했다.

아침엔 커피만 마시고 12시 전후 브런치를 먹거나 점심메뉴를 먹기 때문에 내가 그 집의 매상을 올려준 대야 기껏 10 달러도 되지 않는다. 그래서 속으로는 오래 앉아있는 것이 늘 켕기던 차였는데 이 집 사람들이 단체로 반가워하는 것을 보고는 마음이 봄바람처럼 따듯해졌다. 그 집에서 환영받고 있다는 것을 알게 되면서 이제는 토요일이 기다려질 정도이다. 살림살이와 밥벌이에서 벗어나 '혼자'가 약속된 그 시간이 소중할 뿐만 아니라 무뚝뚝한 얼굴로 음식 먹기가 무섭게 계산서를 갖다주며 눈치를 주는 웨이터들이 없는 그 집이 좋다.

2월 27일 머리가 느끼는 감정

흑인을 차별하는 정책, 아파르테이*의 실시로 인종차별의 대명사로 여겨지는 남아프리카공화국에서 감옥에 갇혀 있던 넬슨 만델라가 풀려났다. 정부전복 기도 혐의로 1962년 8월

---

* Apartheid. 남아프리카의 대표적 인종차별정책으로 유색인종에게 정치적인 권리는 물론 거주, 영업, 교육 등 사회 전반에 대해 차별했다. 1948년 법률로 공식화된 인종분리정책이었고 1994년 넬슨 만델라가 대통령이 되면서 폐지되었다.

투옥되어 1990년 2월에 풀려났으니 무려 27년 6개월을 감옥에 갇혀 산 것이다. 70대의 할아버지가 되어 풀려난 그와 함께 지난 30년 동안 불법의 그늘에서 지하조직으로 활동해 왔던 아프리칸 내셔널 콩그레스ANC(이하 ANC)도 합법 공개 조직이 되었다. 만델라가 이끄는 ANC는 1912년 창설된 조직으로 처음에는 주로 지식인 중심의 흑인 민권운동 단체였다. 그러나 1944년 ANC 산하로 청년연맹이 조직되었고 만델라를 비롯한 청년연맹을 이끄는 세력이 주도권을 잡게 되면서 인종차별과 싸우는 흑인운동은 대중적 성격을 띄게 된다.

1960년 3월 시위를 벌이던 군중들을 향해 경찰이 발포하여 69인의 흑인들이 사망하는 사건이 벌어지고 곧이어 4월에 남아공 정부는 ANC와 다른 단체들을 불법 반국가단체로 공표했다. 만델라는 다음 해인 1961년 무장투쟁을 선언하고 ANC 산하 무장부대를 결성한다. 그해 12월 전국 4개 도시에서 폭파를 비롯한 사보타주sabotage 투쟁이 벌어진다. 만델라는 1962년 8월 체포되어 무기형을 선고받고 다른 ANC 지도자들도 대부분 체포되거나 망명길에 오르게 된다. 1976년 요하네스버그의 최대 흑인 거주지역인 소웨터에서 대규모 폭동이 일어나고 약 1,500~2,000명의 흑인이 사망한 것으로 알려지면서 ANC 운동은 흑인 민족주의적인 학생운동으로 번진다.

그 이래 정부의 탄압으로 1만 5,000명의 젊은이들이 국

외로 추방당했고 그 중 2/3 이상이 주변국에서 또는 해외에서 ANC 활동을 벌이고 있는 것으로 추정되고 있다. ANC가 창설된 1912년 이래 숱한 피와 눈물을 흘리며 80년 가까운 세월을 싸워 왔지만 남아프리카의 흑인들은 아직도 기본적인 권리조차 제한받고 있는 실정이다.

만델라의 석방을 보면서 나는 참으로 이상한 감정을 느낀다. 가까운 이도 아니고 내 민족도 아니니 가슴에서 우러나오는 어떤 감정을 느끼기에는 그가 너무 멀리 있다. 그러나 만약 머리가 또는 이성이 감정을 느낀다면 꼭 그럴 것 같은 '실제real'한 어떤 '감각feeling'을 느끼는 것이다. 그것은 불같은 분노의 감정도 아니고 무력한 비애의 감정도 아니다. 한 인간을 그렇게 오랜 세월동안 좁은 감방 안에 가둬둘 수 있었던 것은 무엇인가? 국가권력이란 무엇이며 법을 만들어 강제할 수 있는 그 무소불위의 야만스러운 힘은 어디에서 나오는 것인가? 30년 가까운 세월을 인간다운 삶의 모든 것으로부터 단절되어야만 했던 한 인간이 어느날 갑자기 권력자의 말 한마디로 자유의 몸이 되고 모든 사람들이 그것을 감사해야 하는 것이다.

그의 석방이 너무나도 쉬워서 불가능하게 여겨졌던 지난 세월이 웃겨지기까지 하는 것은 아이러니일 수밖에 없다. 70대 할아버지이면서 아직도 기와 위엄이 살아있고 또 그러면서도 따듯해 보이는 그의 모습을 보며 난 이성도 감정이 있다는 것을 처음으로 깨달았다. 내가 깨달은 이성의 감정은 비통하고 차가운 분노의 의문부호였다.

3월 6일 더스틴 호프만과 부모노릇

지난 화요일 더스틴 호프만이 출연하는 연극 〈베니스의 상인〉을 보러 갔다. 그러나 실로 몇 년 만에 남편과 함께 간 모처럼의 이 나들이로 인해 소동이 벌어지고 말았다. 오락에 대한 개념과 접근법이 서로 다른 우리 부부는 영화 한 편을 함께 보아도 영락없이 싸운다. 그 때문에 우리는 그동안 '각자 놀기'를 지켜왔다.

오락을 릴렉스하며 머리의 전환을 위한 것으로 생각하는 남편은 SF, 추리, 무술 영화들을 좋아했고 나는 관심 있는 분야의 문제를 다룬 영화나 연극을 공부하는 심정으로 보는 입장이니 둘이 같이 볼 때는 충돌이 일어날 수밖에 없었다. 남편의 뜻을 따라 영화를 보면 폭력이 난무하고 무한한 상상력이 만든 황당한 과학 우주 세계가 펼쳐진다. 그러니 극장문을 나서며 나는 '가비지garbage'를 보는데 시간과 돈을 허비했다고 투덜거리게 되고 내가 고른 것을 보게 되면 지루한 것을 못 참는 남편은 잠자기 일쑤였다.

어쨌든 "대배우 더스틴 호프만이 샤일록으로 출연하는 세익스피어의 〈베니스의 상인〉이야 마다하지 않겠지" 하는 심정에서 표를 샀다. 그런데 문제는 아이였다. 한번 엄마를 따라서 연극 구경을 갔다가 혼이 났던 아이는 '어른 연극'은 절대로 가지 않는다는 것이었다. 다음날 학교를 가야 하니 아이들은 오후 8시면 잠자리에 들어야 한다. 그런데 그때부터 부모가 연극구경 간다고 아이를 남의 집에 맡길 수 없어 걱정하다가 결국 비디오 두 편을 빌려다 주고 집에 혼자 두기로 했다.

"학생들 아파트이니 별일 없겠지" 하고 억지로 마음을 안심시키며 집을 나섰다. 연극은 두 시간 50분을 했다. 불안해진 남편은 인터미션 시간에 먼저 가겠다고 들썩거렸고 나는 별일 없을 거라고 말하며 남편을 주저앉혔다. 연극이 끝나자마자 우리는 택시를 잡아타고 익스프레스를 외치며 집에 왔다. 밤 11시가 넘어있었다. 아파트 로비에 들어서니 코트까지 입은 차림으로 울고 서있는 우리 아이와 그 옆에 서있는 경찰의 모습이 보였다. 가슴이 덜컥 내려앉았다. 가슴 졸이며 불안해 하던 일이 그예 터진 기분이었다. 아이는 얼마나 울었는지 눈이 퉁퉁 부어 있었고 아파트 경비원은 어디 갔는지 보이지 않고 낯선 경찰만 서있는 것이었다. 선무당이 사람잡는다고 아이 혼자 둔 죄가 첫번부터 들통나 경찰서 신세를 질 판이었다.(미국에서는 아이 혼자 집에 두는게 불법이고 아동학대 범죄로 간주된다.)

그 동네 순찰 경찰이던 그는 아이가 문 앞에서 울고 있어서 들어와 보호하고 있었다는 것이다. 그 새에 그 경찰은 이미 신고를 했고 우리가 집에 들어가자 "방금 부모가 도착했다"라고 무전기로 보고하는 상황이었다. 그 흑인 경찰은 자기도 자식이 있다면서 책망의 빛이 전혀 없이 위험하니 조심해야 한다고 오히려 우리를 위로했다. 그 경찰에게 너무나 고맙고 민망하기도 해 나는 남편이 설명할 거라고 말하고 아이를 데리고 황망히 올라왔다.

아이는 약속한 두 시간이 지나도 오지 않는 엄마를 찾으러 나간 것이라고 한다. 그 밤중에 아이가 길거리로 나갔을지도 모른다고 생각하니 아찔, 아득하였다. 제 침대에서 따로 자는 아이를 그날은 꼭꼭 끌어안고 같이 잤다. 이 소동으로 인해 우리 부부는 다시 '각자 놀기'로 돌아가기로 했다.

3월 20일 모권회복

얼마 전 인공수정으로 임신한 백인 여성에게서 태어난 아이가 흑인인 것이 드러나 그 여성이 해당 병원을 고소한 사실이 밝혀졌다. 병원 측의 실수로 백인인 남편의 정자 대신 다른 정자가 수정되었고 하필이면 흑인의 정자여서 그 실수의 결과가 명백하게 드러난 것이다. 본인에게는 안된 말이지만 난 그 사건 보도를 읽으며 터져 나오는 웃음을 참을 수가 없었다. 이렇게 멋진 코미디라니*What a great Comedy*! 임신이란 남자의 정자와 여자의 난자가 결합하여 생명체가 착상되는 것을 말하며 그것이 여성의 자궁에서 10개월을 자란 후 세계를 찢으며 이 세상에 태어난다.

그 백인 여성에게서 태어난 아이는 한국식으로 표현하자면 흑백혼혈이다. 엄마가 그 아이의 생명체가 형성되는데 절반을 기여했고 또 무엇보다도 그 엄마의 몸 안에서 엄마의 피를 먹고 자라나 인간으로서의 형태를 취하게 된 것이다. 그러니 이 사건은 엄마 쪽에서 보면 잃은 것이 별로 없는 편이다. 병원 측의 실수가 야기한 것은 부권의 손상과 실추이다.

남성들에게 여성의 임신, 출산능력은 언제나 미스터리와 공포의 대상이었다. 원시시대로 가정해 보자. 남성은 여성이 어떻게 새로운 '작은 인간'을 만들어 오는지 모른다. 그녀들은 어느날 갑자기 가슴이 자라나고 피를 흘리며 '다른' 존재로 변한다. 그리고 또 어느 날인가는 엄청난 육체의 변화를 일으키며 아이를 몸 안에 키우다가 세상에 내놓는 것이다. 따라서 집단혼의 형태를 취했던 원시인들에게 확실한 것은 엄마 뿐이다. 그러니 원시시대를 모계사회로 보는 여러 학설이 일면 자연스럽게 느껴진다.

엥겔스는 《사유재산, 가족, 국가의 기원Der Ursprung der Familie, des Privateigenthums und des Staats. 1884. 초판》에서 일부일처

제, 사유재산제도, 가부장적 부권사회 확립을 '모권의 패배'라고 표현했다. 부권사회가 '인간 창조'의 수행자인 여성의 출산능력을 부정하기 위해 노력한 흔적은 헤아릴 수 없이 많다. 동정녀에게서 태어난 예수나, 곰에게서 난 단군, 또 모조리 다 알에서 태어난 삼국의 시조들.

여자가 남자와 관계를 맺고 아이를 낳는다는 사실을 부정하기 위한 안타까운 노력이 우습게 느껴질 정도이다. 부계사회의 확립 이후 생겨난 아버지의 성Family Name은 이를테면 태어난 아이가 내 소유라는 것을 외부에 공지하는 인위적인 장치이다. 그러나 어머니라는 존재는 열 달 배불러 아이를 낳았으니 부인할 도리가 없지만 아무리 성을 갖다 붙이고 우긴들 아버지가 누구인지는 확신할 수가 없다. 일부일처제가 지켜지지 않았다면 엄마도 아버지가 누군지 모르는 실정이다. 그러니 확실치 않은 아버지보다 엄마의 성을 따르는 것이 더 자연스럽다고 말할 수도 있겠다.

피임법의 개발이 여성해방을 불러왔다고 말하는 이들도 있지만 현대 과학기술의 발달이 인간관계를 근본적으로 변화시키고 있다는 사실은 부정하기 힘들다. 인공수정으로 인한 법률소송이나 자녀 양육권에 대한 소송들이 이제 우리 주변의 보통 사람들에게 나타난다는 사실이 그러한 변화를 입증하고 있다. 또한 요즘 미국 여성들에게 낙태권 이슈가 큰 문제인 것도 바로 모권의 싸움인 것이다.

3월 27일 아들은 잡초, 딸은 화초

꽤 오래전 어떤 모임에서 자녀 양육에 관한 이야기가 나왔다. 그 자리는 박사과정에 있는 한국 유학생들의 모임이었기 때문에 대부분의 사람들이 서너 살 전후의 그만그만한 자녀들을 두고 있었고 바로 그 공통점 때문에 교육 문제가 화제가 된 것이었다. 그 자리에서 여러 이야기가 오갔지만 일종의 합의를 이루듯이 많은 사람들의 지지를 얻은 발언은 '아들은 잡초처럼, 딸은 화초처럼' 키워야 한다는 교육론이었다.

아들은 험한 세상에서 살아남고 성공하기 위해 강인한 적응력이 필요하며 그 적응력을 위해 '잡초처럼' 키워야 한다는 것이다. 반면에 딸은 집안에서 키우는 화초처럼 필요한 모든 조건을 충족시켜 주면서 곱고 예쁘게 키워야 한다는 것이다. 물론 그 자리에서 딸은 부모의 집에서 남편의 집으로 옮겨갈 뿐이라 험한 세상에 노출될 필요가 없다고 드러내놓고 말한 것은 아니다. 그러나 "여자는 생선과 같아서 내돌리면 냄새가 난다"라는 할머니들의 말을 누군가 인용했고 딸을 '화초처럼' 키우겠다는 말에는 다분히 성적 통제의 의미가 내포된 것이다.

딸 하나뿐이고 더 낳을 계획이 없는 나는 이 성차별적인 교육론이 마음에 들지 않았다. 그래서 나는 내 딸아이를 아들, 딸 구별 않고 무성無性적으로 키우겠다고 말하고 또 잡초처럼 모험할 수 있게 격려하겠다고 했다. 그러자 그 자리에 있던 거의 모든 사람들이 정색하고 내 말에 이의를 제기했다. '딸과 아들이 엄연히 성이 다른데 인위적으로 무성적으로 키우겠다는 것은 잘못'이라는 것이다. 그래서 나는 내가 무성적이라고 말한 것은 남녀 성별 역할의 고정관념에서 벗어나기 위한 의미라고 말했다.

그러나 남녀를 불문하고 그 자리에서 내 말에 동조하는 사람은 아무도 없었다. 아들을 '잡초처럼' 키우겠다는 것은 이 세상의 모든 비밀과 모험에 노출시켜 스스로 체험하고 판단하게 만들겠다는 의지이다. 잡초는 바람 부는 대로 불려 다니다가 거친 들판 어디에서나 뿌리를 내리고 자라며 비바람에 시달리고 짓밟혀도 끈질기게 자란다. 그러나 화초는 집안에서 싸주고 감아주고 또 비료도 주고 늘 가꿔주어야 산다. 잡초가 넓고 넓은 이 세상을 체험하는 데 비해 화초가 체험하는 것은 좁은 울타리 안이다.

그 자리에 모인 사람들(교수님과 박사님 후보들)이 모두 동조한 화초와 잡초의 구별은 표현만 달리했을 뿐 전통적인 성차별과 별 다름이 없다. 이를테면 남자아이는 목소리가 크면 씩씩한 대장감이고, 여자 목소리는 울타리를 넘어가면 집안 망친다고 가르친다. 여자아이는 목소리가 작으면 참하고 조신하다고 표현하며 미덕으로 간주하고 남자아이가 목소리가 작으면 계집아이 같다고 야단맞는다. 여자 아이는 똑똑하면 '지나치게' 여겨지고 남자보다 적당히 모자라는 척을 하도록 사방에서 조언이 들어온다. 남자에게 미덕인 것이 여자에게는 저주가 되는 것이다. 그날 이야기를 하며 내가 느낀 것은 우리의 의식이 옛날 할머니 할아버지들이 살던 시절로부터 별로 바뀐 것이 없다는 자각이었다.

4월 3일 〈원더 이어스〉와 부고

딸아이가 좋아하는 TV프로 중 〈경이로운 시절Wonder Years〉(이하 〈원더 이어스〉)라는 시리즈 드라마가 있다. 매주 화요일 저녁 8시 반부터 9시까지 30분 동안 하는 이 드라마를 딸아이는 세상없어도 보아야만 한다. 벌써 월요일부터 기대에 부풀어 노래를 하고 화요일에는 〈원더 이어스〉하는 날이라는 것을 나에게 열두 번도 더 상기시킨다. 딸아이 덕분에 같이 보다가 나까지 덩달아 이 프로의 팬이 되고 말았다.

〈원더 이어스〉는 케빈 아놀드라는 주인공이 1960년대 미국에서 자라난 성장기를 그린 드라마이다. 회고 형식의 내레이션과 함께 케빈, 폴, 위니 등 막 10대에 들어선 세 소년, 소녀를 중심으로 경이로운 성장의 신비와 갈등, 고통, 기쁨이 펼쳐진다. 그러나 이 드라마의 특징은 사춘기에 접어든 청소년들의 개인 성장사를 사회적 구조 안에서 조명시킨다는데 있다(물론 당시 교외지역 백인사회에 노출되는 사회 경험에 한정된다).

비틀즈의 부상으로 상징되는 로크 세대의 대두, 케네디 선풍, 인간의 달 여행 등 당시 1960년대 사회 현상들을 배경으로 학교 공부, 친구, 가족에 얽히는 청소년들의 이야기가 교차하며 개인사와 사회사가 만나는 접점을 창조해 내는 것이다. 지난 주 이 프로에서는 재미있는 에피소드를 다뤘다. 학교에서 작문 시간에 선생님이 내준 숙제는 자신의 '부고Obituary'를 써오라는 것이었다. 이제 삶을 채 시작하지도 않은 이 아이들은 난감해하지만 각자 자신의 꿈대로 어떤 아이는 에밀리 디킨슨같은 시인으로, 또 어떤 아이는 하버드를 졸업한 노벨상 수상 과학자로 또 다른 아이는 소박한 소시민으로 다양한 부고를 써낸다.

글쓰는 데 자신있던 주인공 케빈은 처음 이 부고 작문 숙제를 대수롭잖게 생각했다. 그러나 생각하면 할수록 그것은 점점 더 어려운 숙제가 되었다. 결국 조지 워싱턴 대통령의 묘비명을 베껴갔다가 들통이 나 다시 해오라는 지시를 받는다. 걱정하는 친구 폴에게 "그 까짓 한 페이지 쯤이야"하고 핀잔까지 주었던 케빈이 그 숙제가 어렵다는 것을 깨달아가는 과정을 보며 나는 그것이 어른들에게도 어려운 숙제라는 생각이 들었다.

아이들에게 부고문 작성 숙제는 자신이 무엇이 되고자 하고 어떻게 살아야 할지를 생각하게 만든다. 자신의 삶에 대한 꿈을 꾸게 할 뿐 아니라 그 꿈을 구체적으로 어떻게 실천해야 하는가도 생각하게 하는 것이다. 그러나 모든 꿈이 가능한 아이들과 달리 이미 많은 선택을 하고 삶을 산 어른들에게 자신의 부고를 써본다는 건 더 무서운 숙제다. 자기가 어떻게 살고싶은지 자기 자신을 아는 일도 어렵지만 꿈과 현실의 괴리감을 감당하는 일도 어려운 일이다. 먼훗날 언젠가 올 미래의 시간으로 알았던 '언젠간someday'이 바로 '오늘'이며 또 어린 시절 꿈꿨던 그 '언젠간'이 결코 오지 않는다는 자각은 잔인하고도 허전한 깨달음이다. 그래서 사람들은 되는대로 사는지도 모른다.

4월 17일 일본은 희생자?

가끔 만나는 한 중국 친구가 있다. 그녀는 중국에서 태어났지만 어린 아이 때 미국에 와서 40년 가까이 살았으니 이미 완전 미국화가 다 된 미국인이다. 그러나 그녀는 뼛속까지 미국인은 아니었다. 그녀는 2차대전이 미국과 일본 간의 태평양전쟁으로만 좁게 파악되는 것에 분노했고 진주만 공격이 있기 전 이미 전 아시아를 짓밟다시피 한 일본 제국주의의 희생자를 기리기 위한 다큐멘터리 영화를 제작하려고 작업하고 있다.

몇 년째 리서치 작업을 하고 있는 그녀를 보면 이상한 생각까지 든다. 그 옛날 전쟁터에서 죽은 한국의 정신대 여성이나 또는 생체실험을 당한 중국인들, 생매장당한 필리핀인들이 지금 그녀에게 무슨 의미가 있다는 말인가? 더구나 지금 그녀는 피해국인 아시아에 살고 있는 것도 아니고 법적인 신분뿐 아니라 문화적 정체성까지 상당 부분 미국적인 미국 시민권자가 아닌가?

어쨌든 간에 그녀가 요즘은 더 바빠졌다. 최근 미국에서 2차 대전시 일본의 범죄를 감추고 축소시키려는 움직임이 일고 있기 때문이다. 그들은 전승국인 미국을 중심으로 한 연합국 측이 치른 도쿄 전범재판이 인종차별적으로 가혹하게 판결이 났다고 보며 오히려 일본을 희생자의 위치에 놓는다. 주로 미국의 리버럴 입장 일본 전문 학자들에 의해 주장되는 피해국 일본의 근거는 원폭 피해자라는 데서 기인한다. 자신들이 저지른 원폭 투하의 원죄에 시달리는 양심의 몸부림이라고 할 수도 있겠으나 그들은 히로시마와 나가사끼 원폭 피해자의 4분의 1이 강제로 끌려간 한국 사람들이라는 것도 모르고 그 한국인 피해자들은 죽어서도 일본인과 구별되어 기념탑조차 같은 곳에 자리할 수 없다는 사실을 모른다. 또한 한국의 여성들이 일본군의 정액받이로 끌려가 무수히 죽어간 전대미문의 사실은 더더욱 모른다.

그들은 2차대전을 서구열강의 침략에 시달리는 조그만 섬
나라 일본이 생존하기 위해 어쩔 수 없이 치르게 된 전쟁으
로 이해하며 '셀프-디펜스'라는 개념을 도입시킨다. 자기방어
를 위해 전쟁을 한 나라에 미국이 원자폭탄을 떨어뜨렸다는 것
이다. 또 그것도 독일이 아니고 아시아인 일본에 떨어뜨렸다는
데 인종차별 논리가 비롯된다. 이러한 주장과 논리를 펴는 학자
들을 위해 지금은 세계 최고의 부자나라가 된 일본이 각종 재
단, 기금, 학술대회 등의 형태로 마음껏 돈을 지원하고 있음은
물론이다.

반전반핵, 평화운동의 전력을 앞세우고 일본을 희생자로
만드는 미국인들을 보면 참으로 착잡한 생각이 든다. 그들이 아
시아에 대해 얼마나 무지한지에 대한 확인과 더불어 새로운 미
국인인 나의 중국 친구가 하고 있는 작업이 더욱 의미심장해지
는 것이다.

4월 24일 사라진 봄맞이 대청소

지난 19일 〈뉴욕 타임스〉 홈 섹션에는 재미있는 기사가 실
렸다. 4월이면 연중행사처럼 온 집안을 뒤집어 엎곤 하던 봄맞
이 대청소의 관습이 사라지고 대신 묵은 때와 함께 사는 '더러
움의 시대Age of Dirt'로 들어섰다는 것이다. 그 이유는 물론 집

안을 쓸고 닦는 것이 일이던 여성들이 집 밖으로 일하러 나갔기 때문이다. 그 기사를 읽으며 나는 미국이나 한국이나 여자들의 일은 마찬가지라는 확인과 함께 그것이 마치 내 어머니와 나의 세대전이를 이야기하는 것 같이 느껴졌다.

어깨를 웅숭그리고 아랫목으로만 파고들던 겨울이 지나고 봄이 오면 엄마들은 광기와도 같은 청소 욕구에 사로잡혀 마스크, 머리 수건, 앞치마로 완전무장하고 식구 수대로 동원해 대청소를 한다. 겨우내 덮고 잤던 이부자리들은 모두 내다 햇볕에 널고 이불 홑청들은 다 뜯어내고 장 서랍도 다 뒤집어 엎어 계절 갈이를 하고 또 문이란 문은 다 활짝 열어놓고 집안 구석구석 틈새에 박힌 먼지까지 털어내고 쓸어내고 닦아내어 한바탕 툭탁툭탁, 쓱싹쓱싹 소동이 벌어지는 것이다.

이 소동에 아이들은 유리창 닦는 것이나 양동이에 물을 갈아대는 것으로 한몫을 했다. 어떤 핑계도 소용없이 유리창에 붙잡혀야 했던 나는 닦으나 안 닦으나 큰 차이 없는듯한 유리창에 매달려 건성으로 손놀림을 하면서 이 봄맞이 대소동을 구경하곤 했다. 그러나 이 연중행사 말고도 내 어머니는 아침저녁으로 매일 두 번 이상씩 청소를 했다.

나의 어머니는 살림살이를 반짝반짝 윤나게 해놓는 유난히 깔끔한 성격도 아니었고 오히려 편안한 성격인 편이다. 그런데도 최소한 두 번 종종 하루 세 번까지 청소를 해야했다. 그러나 침실과 거실의 구별이 없고 이부자리를 개고 깔아야 하는 한국의 주택구조에서 이 아침과 저녁 두 차례의 청소는 어느 집이나 필수적이었다.

내가 나의 엄마에 대해 갖고 있는 중요한 기억 중의 하나도 이 청소와 관련이 있다. 마음 약한 나의 어머니는 늦잠꾸러기 딸을 깨우러 왔다가도 '5분만'을 연발하며 이불 속으로 파고드는 딸이 안쓰러워 오히려 이불을 덮어주고 나가곤 했다. 그래서 내 어머니가 고안한 식구 깨우기 작전은 총채로 방문을 시끄럽게 터는 것이었다. 일식 미닫이문이었던 우리 집은 방마다 한 면이 모두 창호지를 바른 창살문이어서 이 문을 총채로 털면 그야말로 요란스러웠다. 나는 엄마의 총채 소리 정도로 당장 일어나야 하는지 아니면 5분 더 뜸을 들여도 되는지를 가늠하곤 했다.

그리고 이제 나는 유리창은 닦아본 기억도 없고 또 하루 두 번은커녕 일주일에 한 번 청소하기도 힘든 '더러움의 시대 Age of Dirt'에 엄마가 되어 살고 있다. 아파트에서 진공청소기를 쓱쓱 움직이기만 하면 되는 시대에 살면서도 도대체 왜 청소를 자주하기가 그렇게 힘든지 알 수가 없다. 집안이 아닌 밖에서 벌어지는 급한 일들에 신경과 에너지를 빼앗기다가 집에 가면 먹고 자는 것만도 다행이고, 이런 사정은 이 시대 대부분의 여성들에게 공통적이다.

그러나 전 시대의 유산인가? 나는 봄이 오니 집안을 온통 뒤집어엎어 청소하고픈 간절한 욕망에 시달린다. 그러나 그것이 요구하는 엄청난 노동량과 시간을 내가 낼 수 없다는 사실에 눈가리고 아웅하는 식의 청소로 끝내는 나는 이 봄이 우울하다.

5월 1일 '별난' 신문의 인기

우리 동네에서 나오는 신문에 〈웨스트 사이드 스피릿The West Side Spirit〉이라는 신문이 있다. 지난 가을부터 나오기 시작한 이 신문은 주간으로 발행되며 나오는 대로 슈퍼마켓, 아파트, 전철역 등 동네 곳곳에 무료로 배부된다. 그러나 정크메일과 정보의 홍수 속에 사는 뉴요커들에게 이 '무료' 배부는 신문의 인기에 전혀 플러스 요인이 되지 않는다. 그런데 뜻밖에도 이 신문이 뉴욕에서 상당한 성공을 거두고 있다.

신문 잡지를 읽는 것이 직업인 나는 우리 아파트 우편물 테이블에 쌓여있던 이 신문의 창간호를 집어들게 되었고 그 이래 이 신문의 애독자가 되고 말았다. 그런데 이 신문을 애독하는 사람이 나뿐만이 아니다. 처음에는 며칠 동안 없어지지 않고 쌓여있는 때가 많더니 요즘은 갖다 놓는 대로 금방금방 없어져 버린다. 우리 아파트의 경우만 보아도 집에 들어가는 사람마다 한 부씩 집어 갖고는 엘리베이터 안에서까지 열심히 읽는

다. 또 전철에서도 〈뉴욕타임스〉 〈뉴스데이〉 〈데일리뉴스〉 등 유료 신문을 읽는 사람들 틈에서 이 무료 신문을 읽는 사람들을 가끔 본다.

나는 이 신문의 인기도를 확인하며 이 신문이 나 자신을 비롯하여 독자들에게 어필하는 어떤 코드를 건드렸다는 것을 깨달았다. 이 신문은 맨해튼의 일부(어퍼웨스트사이드)만을 커버하는 무료 커뮤니티신문임에도 불구하고 나온 지 불과 몇 달만에 발행부수 8만 5,000부를 돌파했다. 이 신문이 인기를 끄는 이유는 무엇일까?

이 신문은 적절한 표현일지 모르나 일종의 '다운 투 어쓰 Down to Earth'* 저널리즘을 시도하고 있다. 주류 언론에 등장하는 유명인사나 중요 사건들은 이 신문에서 다뤄지지 않는다. 대신 우리가 일상생활에서 부딪히고 경험하는 일들이 지면을 장식한다. 웨스트사이드에서 벌어지는 각종 생활정보, 문화정보를 총괄 안내하는 것은 물론 우리 삶의 현장과 관련된 취재 기사들이 이 신문을 '읽는 신문'으로 만든다.

기자 개인의 터치가 많이 들어가는 미국식 저널리즘은 기사를 읽으면 그 기자의 입장이나 수준이 그대로 다 드러난다. 따라서 우수하고 뛰어난 기자들을 많이 확보한 신문이 독자들

---

* #downtoearth 현실적이고 허세가 없다는 뜻으로 사람을 표현할 때 사용하면 "진국이다"라는 의미로 통용된다.

의 사랑을 받기 마련이다. 그런데 〈스피릿〉지는 영화 연극평 등의 문화 기사가 신뢰할 수 있을 만큼 수준급이며 토막기사나 구색 맞추기 칼럼 하나에도 재미와 격조가 겸비되어 있어 독자들을 끈다.

이를테면 조그만 박스기사로 나오는 고정 요리 기사는 '남은 음식으로 만드는 캐서롤' 등 전문가가 하는 근사한 요리가 아니라 보통 사람들이 보통 부엌에서 부딪치는 현실적인 기사가 상황까지 곁들여 재미있게 쓰여있다. 그 뿐 아니라 밤에 여는 병원, 가게, 식당 등 응급상황에 필요한 정보를 취재해 안내하기도 한다.

지난 주 이 신문의 커버 스토리는 '자정 후의 맨해튼*Manhattan After Midnight*'이라는 기사였다. 이 기사는 마약이 거래되는 현장이나 올빼미형 인간들이 몰려드는 60년 전통의 당구장, 창녀들과 여행자들이 주요 고객인 야간 약국, 매일 밤 새벽 2시면 열리는 알콜 중독자들의 구조 모임, 잠긴 문을 열어주는 야간 열쇠수리공, 댄서들의 이름을 메뉴에 써넣은 남성 전용 토플리스topless 바, 한밤중에만 몰래 열리는 도둑 시장thieves' market 등 맨해튼의 한 밤 풍속도가 호들갑이나 과장 없이 그려졌다. 나로서는 도저히 직접 경험할 수 없는 뉴욕시의 여러 얼굴을 나는 이 신문을 통해 알게 된 것이다.

5월 8일 대만 관광객과 이산가족

대만 관광객들이 중국에 몰려든다는 소식이다. 대만은 지난 1987년 40년 동안의 통제를 풀고 중국방문 자유화 결정을 내렸다. 중국의 주요 관광기관인 〈차이나트래블서비스〉에 따르면 지난 1989년 한 해 동안 중국을 방문한 대만 관광객은 54만 명(대만 총인구의 2.7%)이었으며 이 숫자에는 개인 방문자나 비즈니스를 위한 상용 방문자는 포함되어 있지 않다. 관계자들은 올해 중국을 방문하는 대만 관광객은 20만 명이 늘어나 74만 명에 달할 것으로 전망하고있다.

이들 대만 관광객은 지난해 천안문 시위 이후 완전히 붕괴되다시피 한 관광업계의 손실을 메꿔주는 구원자의 역할을 하기 때문에 중국에서는 쌍수를 들고 대만 관광객을 환영하고 있다. 많은 호텔들이 대만여행사에 반값의 디스카운트를 적용하고 정부에서도 각종 특혜를 주고 있다. 또 40년 전에 비해 얼마나 어떻게 변했는지를 보고 싶어하는 대만 관광객들을 위해 관광청에서는 특별 루트를 개발하여 강제이별 했던 중국인들의 욕구를 채워주고 있다.

그런데 이 대만 관광객들의 행태가 재미있다. 대만 관광객의 급증 현상을 다룬 〈뉴욕 타임스〉기사에 따르면 대만 사람들의 인기 품목은 마른 오징어, 사향, 관절염에 특효라는 호랑이 뼛가루 고약, 약초, 말린 과실, 실크 베개 등으로, 돌아가는 관광객들의 짐에는 이런 것들이 가득하다는 것이다. 또 유럽이나 미국의 관광객들이 호텔 바, 식당, 커피숍 등을 주로 이용하는 데 비해 대만 관광객들은 동네 식당에 들어가 거북이, 뱀, 자라, 개등 그 지방 특산음식을 먹는다는 것이다.

나는 그 기사를 보며 북한 관광이 자유로워진다면 우리는 어떨지 상상해 보았다. 금강산에는 신혼여행 온 신랑 신부들과 또 자식들이 보내주는 효도 관광팀으로 온 남한 할머니 할아버지들이 들끓을 것이고 백두산에는 방학이나 휴가를 이용해 천지에 오르는 남한의 젊은이들이 꼬리에 꼬리를 물듯 끊이지 않을 것이다. 또 평양이나 함흥에는 진짜 평양냉면, 진짜 함흥냉면을 찾는 사람들이 갑자기 늘어날 것이다. 또 주체탑이니 만경대니 하는 분단 이후의 체제성 관광지에는 '어른을 존경할 줄 모르는 남한의 반권위주의적 젊은이들'이 내뱉는 조크와 우스갯소리로 순례지에서 관광지로 격하될 것이다.

북한을 관광하고 오는 남한 관광객들의 짐보따리에 어떤 것들이 들어있을지는 모르겠지만 녹용, 인삼, 약초 등 몸에 좋다는 보약재들은 분명히 들어있을 것이다. 이미 지난 2년 동안 100만 명이 넘는 사람들이 관광을 다녀온 대만과 비교하면 관광객은 커녕 이산가족도 만나지 못하는 우리 실정은 답답하기만 하다. 최근 국내 거주자로는 처음으로 한필성 씨 부부를 비롯하여 두 사람이 가족을 만나기 위한 방북 허가를 받았다. 한

필성 씨를 제외하면 나머지 두 사람은 모두 재미교포의 가족이다. 즉 미국에 있던 교포들이 그동안 수소문하여 북한에 남아있는 가족의 생사를 확인했다는 이야기다. 그러니 이산가족 문제에 재미교포의 역할이 얼마나 중요한지 알 수 있다. 관광은 둘째치고 가족 방문이나 자유로워졌으면 하고 꿈꿔본다.

5월 15일 중국판 킨제이 보고서

최근 호 〈타임〉을 보니 중국에서 처음으로 대규모의 섹스리서치가 실시되었다. 내년에 책으로 발간될 계획이라는 이 연구는 상해시에 있는 성사회연구센터에서 전국 15개 지역 2만 3,000명을 대상으로 실시되었다. 240개 항목에 달하는 응답지 처리에 500명의 소셜워커들이 동원되었다는 이 조사는 1950년대 미국에 충격파를 던지며 기념비적인 업적을 세운 「킨제이보고서」에 견주되고 있다.

이번 조사 결과 도덕적으로 경직된 사회주의 중국의 이미지와 달리 혼외정사가 많고 다양한 성행위를 즐긴다는 사실이 드러났다. 반드시 결혼을 전제로 성관계를 맺어야 한다는 굳은 통념이 급속도로 퇴조하는 추세로 이번 조사 응답자의 86%가 혼전관계를 인정했을 뿐만 아니라 혼외정사에 아무 문제가 없다고 대답한 사람도 69%에 달했다.

자연히 혼전 임신이 늘어나고 있는데 몇 년 전만 해도 미혼여성의 임신이 밝혀지면 직장에서 해고당하고 강제로 중절 수술을 받아야만 했다. 그러나 이제 정부는 혼전임신 여성들이 비밀리에 낙태 수술을 받을 수 있도록 허용하고 있다. 또 도시 지역 부부들의 60%가 다양한 체위의 성행위를 즐긴다고 대답했는데 중국인민대학 사회학과 연구팀이 1,279명의 남녀를 대상으로 한 또 다른 조사에 의하면 남성의 약 70%가 여성 파트너와 애널섹스 경험이 있다고 대답해 놀라게 했다.

그러나 성이 다양하고 흔해진 반면 성에 대한 만족도에 있어서는 남녀의 차이가 두드러진다. 특히 농촌지역 여성들의 불만족도가 높았는데 농촌지역 부부들의 34%(도시는 17%)가 전희가 없이 성행위에 들어간다고 대답했고 그 결과로 농촌 여성들의 37%가 성교시 통증을 느낀다고 대답했다. 남성 중심으로만 생각하는 이 남편들이 대부분 자기 욕심 채우기에만 급급하다는 이야기이다. 따라서 남성들의 오르가슴 성취는 70%인데 비해 여성들은 40%였다.

어쨌든 세계에서 가장 많은 인구를 가진 나라로 아이를 하나 이상 낳게 되면 벌금(?)을 물어야 하는 실정이니 종족 보존을 위해 존재했던 섹스가 쾌락을 위한 탐험의 대상으로 그 영역이 바뀌어가는 것은 당연하다. 또 성적인 욕망과 기능을 가진 인간의 몸body은 원시인이거나 문명인이거나 혹은 동양인이거나 서양인이거나 모두 같다는 사실을 상기하면 이번 중국의 조사 결과가 그리 놀랄 일은 아니다.

대만에서 유학 온 중국 친구에게 이 중국판 킨제이보고서 이야기를 해주니 믿어지지 않는다며 대만으로 돌아가지 말고 중국으로 가야겠다고 농담을 한다. 이 연구를 지휘한 상해성사회연구센터의 디렉터가 말하듯이 중국인들에게 이 보고서가 성에 대한 무지와 오류에서 벗어나 '더 안전하고 즐거운' 성을 위한 토론의 장을 마련하는 계기가 되는 것이 중요할 것 같다.

5월 22일 백인 리버럴의 실상

한국계를 비롯한 동양계는 물론 전 뉴욕의 언론계를 떠들썩하게 했던 〈뉴스데이〉 여지연 기자와 칼럼니스트 브레슬린과의 싸움이 브레슬린의 2주(무급) 정직 처분으로 일단락되었다. 2주 정직 처분이라면 별로 심한 처벌이 아니라고 느껴질지도 모르지만 브레슬린은 퓰리처상 수상의 경력을 자랑하는 〈뉴스데이〉 간판스타이다. 연봉 50만 달러에 〈뉴스데이〉가 모셔갔다는 말이 있지만 뉴욕의 여러 매체에 글을 쓰기 때문에 2주 무급 정직이라는 처벌이 그에게 미치는 영향은 돈보다는 명예의 손상과 실추에 있다. 더구나 그는 쿠오모 뉴욕주지사와도 오랜 친분을 자랑하는 리버럴 입장의 언론인으로 명성이 굳어져 있다. 때문에 새파란 동양계 여기자에 대한 인종적, 성차별적 발언으로 문책을 당한 것은 대중 앞에서 발가벗겨진 것과 마찬가지로 그에게 큰 타격이다.

여지연 기자의 항의가 한국 커뮤니티와 동양계 저널리스트 모임 등 여러 그룹들의 집단행동을 통해 사과와 처벌을 얻어낸 것도 다인종이 모여 사는 미국이라서 가능한 일이었지만 또 그 이면을 보면 소위 기회와 자유의 나라라는 미국 사회에서 인종차별이나 성차별 현상이 얼마나 내면화되어 있는가를 역으로 알 수 있다.

나는 브레슬린이 특별히 인종차별적이거나 또는 성차별적이라고 생각하지 않는다. 오히려 그보다 더 한 사람들이 많다고 보는 것이 사실에 가까울 것이다. 〈뉴스데이〉지는 뉴욕의 주요 신문사 중 동양계 기자를 가장 많이 채용하고 있고 따라서 동양계 이민자들의 이슈도 가장 민감하게 다뤄온 신문이다. 그래서 젊은 동료 기자들 47명이 브레슬린의 발언에 항의하고 사과와 문책을 요구하는 성명서에 사인을 하고 이 문제를 여론화시킬 수 있었던 것이다.

반면 신문사에서는 2주 정직 처분이면 2만 달러를 절약하게 되는 이익이 있는데도 불구하고 브레슬린을 두둔했다. (1987년 같은 신문사에서 편집자였던 존 카터기자가 동료를

'니거Nigge'라고 불렀다고 해서 해직시킨 것과는 대조적이다)
그러나 결국 브레슬린 자신의 라디오 방송 발언이 문제를 더 확
대하고 또 비난 여론이 높아져 2주 정직 처분이 내려졌다.

그러면 미국에서 존경받는 리버럴 입장의 언론인이란 어
떤 사람인가? 문제의 발단은 '집에 없는 아내'란 제목으로 뉴욕
시의회 의원직에 출마해 집안일을 제대로 돌보지 않는 아내에
대한 불평을 털어놓은 칼럼이었다. 그 후 다시 그는 "나는 공직
에 있는 여자들을 증오한다. 그들은 남자들이 해고할까 두려워
서 반쯤만 공손하다"라고 썼고 여지연 기자는 그의 칼럼이 성
차별적이라고 비판했다. 대부분의 신문들이 이 비판에 대한 브
레슬린의 반응을 약하게 포장해서 보도했으나 주간지 〈빌리지
보이스〉는 그대로 보도했다. 보이스지에 따르면 여지연 기자의
비판을 읽은 브레슬린은 *"a slant-eyed cunt. The fucking bitch
doesn't know her place! She is a little dog, just a little cur, a
cur running along the street. She is a yellow cur. Let's make
it racial"* 라고 소리치며 분통을 퍼뜨렸다고 한다. 번역하기가
곤란해 영문으로 인용했지만 이 발언이 미국 화이트 리버럴의
실상이다.

5월 30일 '세븐 트레인'과 완강한 잠

지난 주말 이티에이티ETAT극단의 공연 '7번 지하철seven train'(이하 '세븐 트레인')*을 보았다. 1.5세대들로 구성된 단원들이 공동작업으로 만들어낸 이 연극에서는 1.5세대가 아니면 도저히 그려낼 수 없는 그들 고유의 정서가 날카롭고 생생하게 드러났다. 자신들의 의사에 의해 자발적으로 이민을 온 1세대 부모들과 달리 가족에 얹혀서 따라와야 했던 1.5세대는 1세대와 엄청나게 다른 경험을 한다.

초등학교 때 이민 온 소년 K에게 있어 자신만의 고유한 것이란 고향에서 친구와 뛰어놀았던 전봇대 골목길이다. 그는 친구와 만지고 치고 놀며 세계를 나눌 수 있었던 고향의 골목길을 떠나 지구를 에돌아 미국 땅에 던져진다. 친구가 벗어준 검정 고무신은 이제 더 이상 맞지 않고 자신과 상관없이 움직이는 세상과 웃자라 버린 발에 대한 분노는 '거부의 잠'으로 나타난다. 꿈 속 골목길에서만 살아나는 고향을 찾기 위해 또 외부 세계의 침입을 막기위한 방어수단으로 그는 완강한 거부의 잠을 자는 것이다.

현실을 떠나기 위한 도피로 잠을 자는 소년 K는 꿈속에서 어린 시절의 날들과 만난다. 그러나 그가 꿈속에서 만나는 현

---

* 뉴욕 7번 지하철은 한국교포들이 많이 모여 살고 있는 퀸즈와 한국음식점, 상가들이 줄지어있는 맨해튼 32가 펜스테이션역을 잇는 지하철 노선으로 한국이민자들이 가장 많이 이용하고 있다.

실은 살아있는 현실이 아닌 조각난 이미지와 기억의 편린들이다. 생선가게에서 내장을 뽑아내며 아메리칸드림을 키워가는 말 없는 아버지와 환상의 로맨스와 서양 댄스의 허상에 젖어있는 엄마, 뜻도 모르는 팝송을 입만 따라 노래하며 껍질만의 미국문화를 쫓는 이민자들이 만들어내는 세상에서 K는 '집'을 찾지 못한다.

오랜 잠에서 깨어난 소년 K는 친구의 고무신이 더 이상 자기 발에 맞지 않는다는 것을 깨닫고 '세븐 트레인'을 기다린다. 세븐트레인에서 그는 '서울로 가야지'와 '장가 가야지'를 독백으로 되풀이하는 두 한국 이민자를 만나 고향이 무엇인가를 깨닫는다. 그의 고향은 더 이상 친구와 뛰놀던 고향집의 골목길도 아니고 꿈 속에 갇혀 멈춰버린 어린 시절도 아니다. 각종 이민자의 엉터리 영어broken English를 가득 담고 끊임없이 달리는 세븐트레인을 타고 가야 하는 곳이 그의 고향인 것이다.

꿈속의 고향이 작아진 신발과 붙박이 전봇대로 나타나고 현실의 고향이 새로 신어야 하는 신발과 끊임없이 떠나야 하는 지하철로 나타나는 것은 흥미롭다. 신발은 출발의 은유Metaphor이다. 어쩌면 붙박이 전봇대의 고향을 떠나 새로운 신발을 신고 출발해야 하는 것이 이민자의 삶인지도 모른다. 그래서 이민자의 고향은 지나는 거리일지도 모른다.

6월 5일 일ᵈ왕의 사과와 정신대

나는 '정신대'라는 글자만 보면 순간적으로 머리가 핑그르르 돌고 앞이 아득해진다. 그리고 무언가 저 속에서 치밀어오르는 느낌이 들면서 침을 꿀꺽 삼키며 숨을 훅 들이마셔야 한다. 그것은 정신대에 대한 생각이 일으키는 정신작용일 것이 틀림없는데 구체적인 육체적 현상으로 나타나는 것이다.

얼마 전 정신대에 있었던 한 일본 여인의 기사가 신문에 났다. 난 그녀의 기사를 읽으며 내가 경험하는 느낌이 '살의'라는 것을 깨달았다. 일본인 정신대 출신 최초의 증언자로 알려진 그녀는 이제 68세의 할머니이다. 술집에서 일하다 황군 위안부로 끌려간 그녀는 "특수 간호부라는 이름으로 장교만을 상대했던 나도 계속되는 일에 상대의 목을 졸라 죽이고 싶은 생각이 하루에도 몇 번씩 들었는데 사병들의 전유물이었던 한국 여자들은 오죽했겠느냐"라고 말한다.

나는 정신대를 있게 한 무엇, 그녀들에게 쾌락을 취한 일본군들(그들이 시골에서 징집당해 거짓 애국심에 팔려 와 전쟁터에서 죽어버린 불쌍한 희생자라도 상관없다.) 집단이건 또는 한 놈이건 아니면 군국주의의 망령이건 아니면 인간의 본성적인 악이건 간에 정신대 여성들의 적이라는 구체성만 주어진다면 그것이 무엇이든 상관없이 '목 졸라' 죽여버리고 싶은 강렬한 살의를 느끼는 것이다.

그녀들이 누구인가? 13, 14세의 소녀부터 40세까지 일본군에 성병을 감염시킬 위험성이 없는 '조선의 순결한 여자들'이었다. 여성 교육의 선각자로 우리가 지금까지 떠받들어 모시는 김활란, 이숙종을 비롯한 당시의 지도급 여성들은 전국을 돌며 여성들에게 정신대 지원을 촉구하는 연설을 했다. 또 여학교마다 배당된 두 명씩의 정신대원 차출을 거부하여 폐교당했다는 기록이 없는 것을 보면 각 학교에서 두 명의 여학생들이 정신대로 갔을지도 모른다.

그러나 정신대 관련 사실이 모두 나에게 살의를 불러일으키는 것은 아니다. 지금 일본에는 배봉기라는 이름의 정신대 출신 한국 할머니가 생존해 있다. 그녀는 정신대에 있었다는 사실이 알려진 다음 일체의 외부접촉을 거부한 채 혼자 침묵의 심연 속에 갇혀 있다. 그녀에게서 역사의 증언을 듣고자 찾아갔던 이화여대 윤정옥 교수팀은 굴 속같은 아파트 안에 혼자 살고 있는 배 할머니가 문을 열어주지 않아 울며 돌아섰다고 한다. 그녀에게 무슨 말을 시킬 것인가! 그녀의 침묵이 모든 것을 다 말하는데.*

그녀의 침묵은 거대한 바위처럼 우리를 짓누르며 진공의

* 배봉기 할머니는 1977년 4월 〈조선신보사〉에 처음으로 자신의 피해를 고백했고, 1987년에 작가 가와타 후미코가 배봉기 할머니와 10년간 나눈 대화를 녹음해 기록한《빨간 기와집》을 펴냈다. 그리고 그 빨간 기와집 자택에서 1991년 10월 마지막 숨을 거뒀는데 그 날이 김학순 할머니가 일본 정부를 상대로 고소장을 접수한 49일 전이었다.

무력감으로 빠뜨린다. 반세기의 세월이 지난 지금까지 소리조차 낼 수 없을 만큼 아픈 그녀의 과거. 그 상처를 겹겹이 싸고 있는 무거운 침묵은 가슴을 콱 막히게 만든다. 앞 뒤 안 보이는 '살의'에 눈이 뒤집혀 일어나 죽여버린다고 소리치고 달려들어야 할 기력도 의미도 잃어버리게 할 정도로 그녀의 침묵은 깊고 깊다. 일ㅂ왕이 1990년 5월 일본을 방문한 한국의 대통령에게 사과했다고 한다. '통석'인지 뭔지 뜻도 모를 말을 듣기 위해 45년의 세월이 흘러갔다. '정치놀음'같은 그 사과 장면을 보며 난 배 할머니를 생각했다. 아키히토가 머리를 조아리고 사과할 사람은 바로 그녀이며, 그녀가 침묵의 성을 깨고 나와 과거의 아픔을 소리높이 외치는 날이 일본의 사과가 완성되는 날인지도 모른다고 생각했다.

6월 19일 도망간 아담의 첫 부인

지난 주말 독일의 화가 안젤름 키퍼의 전시회에 갔다. 그의 전시회에 가려고 메모를 해놓고 다녔으나 문 닫은 뒤에 가서 한 번 허탕을 쳤고, 잊고 지내다 날짜를 보니 전시 마지막 날이었다. 그래서 허둥지둥 달려가 폐막 한 시간 전, 아슬아슬하게 볼 수 있었다. 사실 나는 미술에 대한 전문가도 아닐뿐더러 전시회를 찾아다니며 보는 성격도 아니다. 몇 년 전 안젤름 키퍼의 전시회가 처음 뉴욕에서 열렸을 때 신문 기사를 보고 난 그 작가가 주목할 만 하다고 느껴 교포사회와 별 상관이 없는데도 기사를 썼다. 그런데 이번에 다시 그의 전시회가 열려 나는 다시 기사를 쓰고 전시회도 직접 보러 간 것이다.

이번에 나를 그의 전시회까지 이끈 것은 주제의 특이성 때문이다. 그가 이번에 그린 그림들은 아담의 첫 부인으로 창조된 '릴리스'에 관한 것들이다. 아담의 갈비뼈로 만들어진 이브와 달리 '릴리스'는 아담과 똑같이 흙에서 평등하게 창조되었다. (이사야서 34장 14절) 사가들에 의하면 그녀는 아담이 관계를 맺고자 했을 때 여자가 아래로 눌리는 속칭 '선교사 포지션'을 거부하고 '여성 상위'를 주장했다. 그녀는 창조주를 조롱하고 그의 권위에 도전하는 큰 소리를 내고는 독자적인 삶을 살기 위해 남편을 버리고 도망갔다. 그녀는 남자들이 잠자고 있는 사이 아이를 얻기 위해 그들을 침입하여 하루에 600명이 넘는 악의 아이들을 낳는 악의 원조가 되었다. 그녀는 자신이 낳은 아이들도 남자아이는 8일 만에 여자아이는 12일 만에 잡아먹는 악의 화신으로 알려졌다. 중세 시대에는 신생아들과 남자들에게 릴리스가 침입하는 것을 방지하기 위한 특별한 의식이 행해졌다고 한다. 유대 기독교문화가 인간 악의 원조로 여성을 드는 것은 흥미로운 사실이다. 순종적인 이브도 뱀의 유혹을 받아 선악과를 따먹도록 아담을 유혹했으니 결국 여자 탓하는 데는 큰 차이가 없다.

키퍼의 작품들은 한 작품이 갤러리의 한 벽면을 다 차지할
정도로 대형이다. 창조 시의 지각처럼 그의 화면은 울퉁불퉁하
며 거칠고 불에 탄 듯하거나 아니면 흙에 짓이겨진 듯한 거대한
화폭에는 땅의 빛깔 같은 색뿐이다. 나무나 새나 하늘 같은 자
연의 빛깔은 그에게 존재하지 않는다. 회색, 흰색, 갈색, 검정 등
'흙'의 변화와 빛깔들을 통해 그는 인간 창조의 기원을 추적하
는 것이다. 그의 그림들은 보는 사람을 압도하는 어떤 절대적인
파워와 깊이가 있었다. 그가 창조해 낸 이미지들은 너무나 근원
적이어서 말을 잃게 만들었다.

장래 희망이 미술 선생님인 일곱 살짜리 딸아이는 엄마를
따라 왔다가 우중충한 그림 색깔과 바닥에 깨어진 유리조각(설
치작품)을 보며 얼굴을 찡그렸다. 그가 아주 '슬로피sloppy, 대충'
하게 그림을 그린다고 경멸을 표하고는 전시장 바닥에 앉아 열
심히 꽃이며 나무며 새들을 그렸다. 어쩌면 대가의 그림에 조롱
을 표하고 자기 멋대로 그릴 수 있는 딸아이의 자유와 독립에
인간 고통(?)의 근원이 있는 건 아닐까?

6월 26일 자식 망치는 모정母情

한국 사람들은 '어머니'에 대해 아주 특별한 감정을 갖고

있다. 많은 사람들이 자기의 어머니와 상관없이 떠올리는 희생과 헌신의 어머니상은 봉건 시대의 잔재, 가난, 전쟁 등 공통의 어려움 속에서 자식을 데리고 어떻게든 끈질기게 생존해 낸 많은 한국 어머니의 절대적 공로에서 만들어진 이미지이다. 이를테면 공통의 역사적 경험에서 나온 집단의식의 산물인 셈이다.

그러나 옛날과 엄청나게 달라진 사회적 조건 속에 살고 있는 요즘은 가족관계를 포함한 모든 관계에 변화가 일고 있으며 그 변화는 한국 어머니에게도 예외가 아니다. 한국 사람이면 누구나 떠올리는 눈물겨운 어머니상은 더 이상 오늘날의 어머니들과 맞지 않는다. 그 어머니가 사회 어느 부분에 속하는 가족의 일원인가에 따라 달라지는 경험의 차이는 이미 우리에게 한국의 어머니라는 공통의 어머니상을 불가능하게 만들고 있다.

얼마 전 한국의 한 어머니가 유학생 아들을 보려고 미국을 방문했다. 장남인 그 유학생은 한국에서 제일 좋다는 대학을 졸업하고 또 미국의 이름난 대학에 유학 온 소위 똑똑하고 잘난 아들이었다. 자랑스러운 아들을 더욱 자랑스럽게 만들기 위해 어머니는 한국에서 선물 보따리를 잔뜩 꾸려왔다. 그리고 교수님들에게 그 선물들로 '성의표시' 인사를 하라고 다그쳤다. 미국 생활에 익숙해진 아들은 그 선물이 적절치 않다고 생각했지만 엄마의 성화에 못 이겨 교수들에게 뇌물(?)을 바쳤다. 제자로부터 석연치 않은 선물을 받은 교수들은 그 선물이 받아도 되는 건지 아닌지를 결정하기 위해 긴급 회의를 열었고 그 선물은 보낸 이에게로 되돌려졌다.

그 아들은 또 엄마에게 미국에서 만나 데이트하던 교포 아가씨를 선보였다. 엄마는 아들이 마음대로 고른 결혼 상대자를 앞에 두고 "우리 아들은 박사학위도 하나 이상 받아야 하기 때문에 내조를 잘하는 아내가 필요하고 한국에서 열쇠 3개를 준비한 신붓감이 줄을 섰다"라는 요지의 말을 했다. 나는 이 이야기를 그 유학생의 여자 친구였던 교포 아가씨에게 들었다. 물론 아들과 어머니에게 듣는다면 또 다른 이야기가 나올 수도 있으나 분명하게 드러나는 것은 그 어머니의 자식 사랑 양태와 가치관이다. 교수에 대한 '성의표시'나 평생반려자의 선택에서나 어머니에게 질질 끌려다니는 '헛똑똑이' 수재의 참모습을 확인한 교포 아가씨는 그 장래가 유망한 유학생과 굿바이했다.

나는 그 어머니의 이야기를 들으며 내가 같은 한국 여자인 사실마저 징그럽게 느껴질 정도로 싫었다. 내 피와 살의 일부인 그 어머니들을 나는 혐오한다. 그녀들은 자식 사랑이라는 미명하에 자식들을 숨 막히게 질식시키며 더 무서운 것은 독립된 개체로서 자녀의 성장을 저해한다는 사실이다. 자녀들을 살려내고 민족을 생존케한 우리 어머니들이 이제는 자식을 망치고 나아가서 나라를 망치는 망국의 모성으로 바뀐 것이다. 물론 한국의 모든 어머니들이 그 어머니 같지는 않다. 그런 자식 사랑을 실천하는 어머니들은 돈 많고 권력 있는 중상층 이상의 팔자 좋다는 여자들뿐이지만 그들이 많은 여성들을 마비시키고 중독시키는 해약을 저지르고 있다는 게 문제다.

7월 3일 한 출판사의 수난

미국을 방문한 만델라에 대한 환영으로 전 뉴욕시가 들썩들썩하던 지난 주 신문사에 독자의 제보 전화가 왔다. 뉴저지 뉴왁Newark에서 비즈니스를 한다는 그 독자는 뉴저지에 만델라 환영 포스터와 함께 수상한 전단이 붙었다는 것이다. 그 전단에는 토끼모양의 우리나라 지도와 함께 한글로 "조국통일 만세"라고 쓰여 있고 또 서울과 평양에 북한 깃발 표시가 있다는 것이다. 그 독자가 직접적으로 표현한 것은 아니지만 그 독자와 신문사의 우려는 같았다. 즉 이북에서 수상한 사람들이 침투하여 뿌린 전단이 아닌가 하는 의심이었다. 그래서 취재차도 없는 신문사 실정에 그 먼 뉴왁까지 한 기자가 카메라를 들고 긴급 출동하였다.

졸지에 뉴저지 바람을 쐬고 온 기자가 허탈한 미소와 함께 가져온 문제의 '괴전단'은 뉴왁에 있는 패스파인더 서점path-finder bookstore에서 열리는 포럼안내문이었다. 16절지 크기의 이 전단은 영어와 스페인어로 쓰여졌고 그 서점의 문화행사로 열리는 포럼에서 코리아의 통일문제를 다룬다는 것이었다.

〈밀리턴트The Militant〉라는 미국 좌파 저널의 필자인 피터 티어융이라는 사람이 연사로 나오며 기부입장료는 3달러. 지도 위에는 커다란 글씨로 "장벽을 부수고 코리아를 통일하자!"라는 슬로건이 있었고 그 밑에 그려진 지도 옆에는 작은 글씨로 북한 방문자들의 투옥, 워싱턴의 대한 정책 비판, 통일문제 등에 대해 이야기한다고 쓰여 있었다. 북한깃발로 전달된 것은 서울과 평양을 표시한 별표였다. 제보자에 따르면 6·25때 '적들'의 깃발에 별 모양이 있었고 또 '조국통일'이라는 말은 남한에서 쓰는 용어가 아니기 때문에 의심이 갔다는 것이다.

북한에 대한 반대를 넘어 공포증이나 망상증까지 이른 이 병은 분단된 우리 민족이 집단적으로 앓고 있는 정신병이다. 미국의 많은 전문서점들이 시낭송회, 작가와의 대화, 출판 파티, 토론회 같은 문화행사를 정규적으로 연다. 이미 끝나버린 그 행사에 얼마나 많은 한국사람들이 갔는지 모르겠지만 서점의 안내 행사문을 가지고 헛걸음을 했다는 이야기를 들으며 누구를 향하는지 모를 울화가 치미는 것 또한 알 수 없는 일이었다.

말썽이 난 패스파인더 서점은 트로츠키 계열의 책을 많이 출판한 미국의 좌파 출판사인 동명출판사의 전문 서점이다. 맨해튼의 남단에서 웨스트사이드 하이웨이를 타고 올라가면 얼마 되지 않아 도로변 왼쪽으로 이 출판사 건물이 있다. 맨해튼의 마천루 숲과 비교하면 이 패스파인더 빌딩은 10층도 채 못 되는 초라하고 허름한 벽돌건물이다.

얼마 전 웨스트 하이웨이를 타고 올라가다 보니 이 건물에 벽화가 그려져 있었다. 차창 밖으로 스치는 그 벽화를 보며 난 작년에 시끄러웠던 뉴욕 시정부와 〈패스파인더〉 출판사 그리고 동네 주민들간의 싸움이 일단락되고 벽화가 완성되었다는 것을 알았다. 지난 해 〈패스파인더〉는 출판사 빌딩의 벽 한 쪽에 마르크스, 레닌, 트로츠키, 모택동, 카스트로, 체 게바라 등 사회주의 혁명가들의 초상을 넣은 벽화를 그리기 위해 남미, 아프리카를 중심으로 세계 여러 나라의 화가들을 초청해 집단 벽화 작업을 진행했고 동네주민들 일부는 불온한 혁명가의 얼굴들이 동네 젊은이들을 물들게 할까 시 정부에 진정서를 넣었다. 시 정부에서는 무슨 건축법규 상 하자를 근거로 벌금을 때려서 이 벽화작업을 저지했다. 당시 신문보도를 통해 이 벽화소동을 알았지만 잊고 지내다 보니 벽화는 이미 완성되었고 지나는 사람들은 그저 무심히 지날칠 뿐이다. 말썽많은 〈패스파인더〉가 수난도 많다 싶다.

7월 10일 무죄 받은 이멜다

필리핀의 이멜다 마르코스가 미국에서 무죄판결을 받았

다. 4년을 끌었던 이 재판은 그동안 세계 여러 나라의 이목을 집중시켰으나 미국에서의 여론은 '잘못된 법정Wrong Court'에서 열린 재판이라는 것이 지배적이다. 즉 필리핀에서 열려야 할 재판이 미국 법정에서 잘못 열렸으며 그것이 원고 측에는 가장 큰 패인으로 또 변호인 측에는 승인으로 지적되고 있다. (미국은 배심원 평결제도로 현지 미국 시민들로 이뤄진 배심원들에게 직접 증명이 힘든 마르코스 부부의 필리핀 국고 횡령과 사기 혐의가 설득력을 가지기 힘들다.)

어쨌든 이 재판과정에서 밝혀진 마르코스 일가의 치부사실이 엄청나다. 1982~86년까지 4년 동안 최소 8,300만 달러가 필리핀에서 마르코스 계좌로 알려진 소위 계좌번호 7700으로 입금되었고 이 돈의 대부분이 스위스 뱅크로 갔으며 거기에서 또 미국으로 와 빌딩, 미술품 구입 등에 투자되었다. 마르코스가 사들인 빌딩들은 변호사가 인정한 것만도 5번가 730번지에 있는 크라운빌딩, 헤럴드 스퀘어에 있는 헤럴드센터, 월스트릿 40번지에 있는 빌딩, 35가 매디슨 애비뉴 빌딩 등 맨해튼에서도 금싸라기 같은 지역에 있는 4개이다.

1986년 2월 자신이 25년 동안 통치해 온 국민들에 쫓겨 하와이로 도망간 마르코스는 다시 쿠데타를 일으키기 위해 2,500만 달러의 무기 구매를 기도한 사실이 알려져 미국 정부로부터 하와이 거주제한명령을 받았고 1988년 10월 국고횡령, 미국은

행 사기투자 혐의로 기소되었다. 그러나 곧 500만 달러의 보석금을 내고 자유의 몸으로 재판을 받았다. 재판 도중인 1989년 9월 마르코스는 72세로 사망했고 그 부인 이멜다는 같이 기소되었던 카쇼기와 함께 이번에 무죄판결을 받은 것이다.

신문보도에 난 재판기록을 보면 이멜다의 변호인 측은 이미 사망한 마르코스의 유죄를 부인하지 않고 오히려 부정한 권력자와 결혼한 죄밖에 없는 '불쌍한 미망인'으로 이멜다를 그림으로써 그녀를 무죄로 인도했다. 미국의 일급 변호사 4명으로 구성된 이멜다의 변호사팀은 마르코스가 공산주의자들과 싸우는데 'CIA가 시키는대로 했으며' 또 부시 대통령이 마르코스에게 미국 부동산에 투자하도록 촉구했다고 공공연히 암시했다.

또 이멜다가 '세계적 쇼핑가World Class Shopper'라는 것을 인정하며 그러나 그것이 그녀가 남편 돈의 출처를 알았다는 것을 의미하지는 않는다고 주장했다. 남편이 훔쳐 왔든 집어 왔든 갖고 온 돈을 그저 쓰기만 했으니 무죄라는 것이고 그것이 마르코스 이후 대통령 후보로 거론되던 권력과 부와 사치의 상징 이멜다에게 내린 미 법정의 판결이다.

재판 결과를 보며 법이라는 것이 참 웃긴다고 생각했다. 재판이라는 것은 법에 의한 증명을 요한다. 그러나 이러한 범죄는 산수공식처럼 확실하게 행해지는 것도 아니며 여러 가지 요인들이 복합적으로 얽히고 숨겨져 일어나며 그것을 법 구절에 적용해

판결한다는 것은 애초에 무리이다. 마르코스를 지지해 오다가 사태유지가 도저히 불가능해지자 하와이로 대피시킨 장본인 미국이 마르코스를 재판한다는 것도 웃기지만 직접증거의 법망을 피하고 무죄 선고를 받은 이멜다 카쇼기같은 인간들이 '정의'를 운운하는 것은 비애를 느끼게 하는 코미디이다.

7월 31일 표현의 자유 전쟁

요즘 미국에선 표현의 자유에 대한 논란이 야단이다. 표현의 자유를 사수하려는 예술가들과 이를 규제하려는 보수파 정치인들의 싸움이 지난해부터 불을 뿜고 있다. 이 싸움의 발단은 몇 년 전 에이즈AIDS로 사망한 사진작가 로버트 메이플소프의 전시회로 촉발되었다. 그는 미술이 생겨난 이래 추구되던 여성 누드에서 눈을 돌려 '남자의 몸'을 찍기 시작했고 그의 작품에는 남자의 성기가 그대로 노출될 뿐만 아니라 동성애적인 암시가 많아 '예술'과 '외설'의 경계를 흐리게 한다.

그 후 전국을 순회하며 열리는 그의 전시회마다 규제의 소리를 높이는 보수파들의 반대 시위가 잇달아 이 논란은 의회에까지 번졌다. 상원에서는 전국순회전에 재정지원을 한 '전국예술기금National Endowment for the Arts'의 지원에 이의를 제기했고 헴스 상원의원의 제안으로 '사도마조히즘, 동성연애, 어린이 성적 학대, 성행위 묘사, 등을 포함한 외설물'에 대한 연방기금 지원 금지법안을 제정했다. 그 여파로 지난 주에는 4명의 작가에 대한 전국예술기금 지원이 거부당한 사실이 밝혀졌는데 그 중에는 근친강간, 성폭력, 여성에 대한 폭력 등의 문제를 충격적인 행위예술로 표현하는 페미니스트 예술가 카렌 핀리가 포함되어 있어 또 다시 논쟁이 되었다.

예술가들이 이렇게 당하는 동안 가만히 있었던 것은 아니다. '표현의 자유를 위한 긴급 캠페인'이 전국적으로 조직되었고 의회에 편지 보내기, 전화 걸기, 검열 거부 비디오테이프 제작, 기금지원을 거부당한 작가들을 위한 전시회, 공연 기획 등 예술을 살리기 위한 운동을 여러 각도로 다양하게 펼치고 있다.

요즘 뉴욕에서 열리는 전시장에 가보면 우선 입구부터 '표현의 자유를 위한 전국 캠페인*National Campaign for Freedom of Expression*'이라고 쓴 커다란 현수막이 걸렸고 그 밑에는 이를 위해 수북하게 쌓여있는 각종 문건, 자료들과 또 서명받는 사람들 등으로 분위기가 아주 긴박하다. 상원으로 보내는 캠페인용 엽서에는 미켈란젤로의 다비드 조각상 사진이 있고 그 위에는 붉은 글씨로 "미국에서 금지되었는가?"라고 쓴 자막이 허리 아래 부분을 가리고 있다.

미국의 예술가들에게 전국예술기금NEA의 존재는 거의 밥줄이라 해도 별 과언이 아니다. 상업적 성공을 거둔 소수의 주류 예술가들 빼고는 대부분이 전국예술기금NEA을 비롯한 여러 재단의 기금지원으로 활동을 하고 있다. 이 기금의 수여는 재정적 지원 뿐만 아니라 예술가로서의 인정까지 뜻하며 해마다 3,000건 정도의 크고 작은 전국예술기금NEA이 예술가 개인 또는 집단에 수여된다.

　　예술가들을 굶겨 죽이지 않으면 타락시키는 한국적인 풍토를 생각하면 국민들이 낸 세금의 상당량이 예술가들을 위해 확보되는 이 전국예술기금NEA의 존재는 부러운 것이었다. 그런데 부러운 눈으로 바라보던 그 돈 덩어리가 흔들리고 있는 것이다. 사실 표현의 자유를 위한 싸움은 어제 오늘의 일이 아니다. 시대와 사회에 따라 내용이 달라지나 인간들은 언제나 통제와 억압에 맞서 싸워왔다. '사랑의 자유'를 위해 싸우는 미국의 예술가들과 '반국가죄'로 쇠고랑까지 차야 하는 한국의 예술가들이 엄청나게 멀리 있는 듯이 여겨지지만 어쩌면 그들은 서로 아주 가까이 있는지 모른다.

8월 7일 나치의 '퇴폐미술전'

　　1937년 나치 독일에서 열렸던 '퇴폐미술전'이 오는 1991년 10월 로스앤젤레스 미술관에서 54년 만에 다시 열릴 계획이다. 나치 정부가 아방가르드 예술이 독일문화에 끼치는 '부도

'덕한' 영향을 폭로하고 또 '비독일적인Un-German'적인 작품활동을 하는 반국가적 화가들을 규탄하기 위해 기획한 이 전시회에는 약 650여 점의 미술품들이 전시되었다. 1933년 정권을 잡은 나치 정부는 당시 유럽을 풍미하던 큐비즘, 퓨처리즘, 다다이즘 등의 급진예술에 부도덕, 반국가의 낙인을 찍고 탄압하기 시작하여 '바우하우스' 폐쇄를 시발로 숱한 예술가, 지식인들을 쫓아냈다. 같은 해 5월 베를린 오페라하우스 앞에서는 토마스만, 칼 마르크스, 지그문트 프로이드, 레마르크 등 금지된 작가들의 책들이 장작더미 위에서 불타올랐다.

1937년 뮌헨에서 열린 '퇴폐미술전'은 나치정부의 '반국가문화' 소탕 작전의 최대 정점을 이룬 사건으로 정부는 내용이 불온한 것으로 간주되는 1만 6,000점의 책, 회화, 조각품들을 전국의 박물관으로부터 압수했다. 이 압수된 작품들에는 독일작가뿐 아니라 반 고흐, 고갱, 세잔, 피카소, 마티스 등 유럽의 대가들도 포함되었고 이 중 4,000점이 불태워졌다. 그 중 주로 독일화가들의 작품들로 이루어진 650여 점이 '퇴폐미술전'이라는 이름으로 전시된 것이다.

작가를 조롱하는 명패를 붙여 전시한 '퇴폐미술전'이 열리고 있던 같은 기간에 나치 정부가 새로 건축한 '뮌헨 독일미술관'에서는 '독일미술대전'이 열리고 있었다. 정부가 '독일적 애국'의 도장을 찍은 이 전시회에는 행복한 농부 가족, 전쟁영웅,

이상적 형태의 누드, 전원풍경 등 현실적인 삶의 모든 문제들을 피해가는 그림들이 전시되었다. 그러나 '독일미술대전'에 전시되었던 정부가 권장한 화가들이 지금은 이름도 잊혀진 반면 '퇴폐미술전'에서 매도당하고 탄압받았던 마티스, 칸딘스키, 폴 클레, 마르크 샤갈, 베크만, 키르크너 등의 작품들은 세계 여러 박물관에서 군침을 삼키고 소장가들이 눈독을 들이는 작품이 되었다. '1937년: 현대미술과 전전 독일의 정치'라는 이름으로 전시 될 '퇴폐미술전'의 미국 전시회는 원래의 전시작 650점 중 150여 점이 미국 관객에 소개된다.

예술가들은 표현의 자유를 위한 긴급 캠페인을 조직하고 또 정부는 특정 예술가들에 대한 기금지원을 거부하는 등 한판 전쟁이 치러지는 요즘 반세기전 나치정부가 벌인 '퇴폐미술전'의 미국 유치는 재미있고도 의미가 깊다. 총경비 100만 달러가 넘게 든 이 전시회 유치는 아이러니하게도 지금 미국 예술가들의 공격목표가 되어있는 전국예술인문기금NEA&H에서 총 52만 5,000달러를 지원해 이루어졌다. LA에 이어 시카고에서도 열릴 이 전시회는 안타깝게도 뉴욕에는 오지 않는다. 보도에 의하면 모던아트, 구겐하임, 메트로폴리탄, 브루클린박물관 등 뉴욕의 4대 뮤지엄이 모두 이 전시회를 거부했다고 한다. 속사정이야 알 수 없지만 현대미술의 중심지라 자처하는 뉴욕시가 이 흥미로운 '세기의 전시회'를 놓치는 것은 의아스럽다.

8월 14일 세대차이 '인어공주'

요즘 나의 딸아이는 디즈니에서 내놓은 만화영화 〈인어공주Little Mermaid〉를 보느라 정신이 없다. 처음 극장에서 이 영화를 본 아이는 그 후 기회만 있으면 비디오 가게에서 이 영화를 빌려달라고 졸랐고 한번 빌리면 다음 날 반납할 때까지 서너 번은 보았다. 그러기를 하도 여러 번 하니 빌리는 돈이 비디오를 사는 값보다 더 나갔다. 결국 그 비디오를 산 친구 집에서 여차저차 비디오 테이프 자체를 구했고 아이는 그 덕에 매일 보고 있다. 그렇게 많이 보고도 질리지도 않는지 허구헌날 그 영화를 틀어놓고는 대사, 노래, 춤, 몸짓까지 모조리 따라 하느라 몸살을 앓는다.

어린이 영화를 많이 보았지만 아이가 이 영화처럼 혼을 쏙 빼고 또 싫증도 내지 않고 좋아하는 것은 처음이었다. 나는 아이가 이상 현상까지 보이며 좋아하는 영화가 바로 안데르센의 '인어공주'라는 사실에 묘한 인연을 느꼈다. 왜냐하면 어린 시절의 나를 처음 활자의 세계로 안내한 것이 바로 안데르센의 《인어공주》였기 때문이었다.

초등학교에 입학해 읽기를 막 깨우친 나는 친구 집에 갔다가 안데르센의 《인어공주》를 발견하였다. 동화가 무엇인지 안데르센이 누구인지도 모르던 나에게 《인어공주》가 안내한 세상은 '신비'와 '경이' 그 자체였다. 활자가 만들어내는 새로운 세상의 충격은 내 마음을 온통 사로잡아 나는《인어공주》이래 책벌레가 되었고 안데르센의 숭배자가 되었다.

그러나 딸아이가 빠진 '인어공주'와 내가 빠진《인어공주》에는 상당한 차이가 있다. '읽는' 책과 '보는' 영화의 차이는 물론이고 또 무엇보다 내용이 다르다. 안데르센의 원작을 아메리칸 컨템퍼러리 스타일로 해석 변조한 디즈니사의 '인어공주'는 신데렐라와 같은 해피엔딩이다. 부모에게 반항하는 10대 청소년의 심리와 다른 세계에 대한 동경을 인간왕자에 대한 사랑으로 빠르면서도 감칠맛 나는 음악과 함께 어우러지는 뮤지컬영화 '인어공주Little Mermaid'는 내가 보아도 아이들이 좋아하게끔 잘 만들었다.

그러나 디즈니사의 '보는' 인어공주가 빠뜨린 부분은 '읽는' 인어공주에서는 너무도 중요한 부분들이다. 인간 왕자를 사랑하고 인간 세상을 동경하여 인간이 된 인어공주는 새로 생긴 다리로 걸을 때마다 마치 바늘 밭을 걷는 것과 같은 고통을 느낀다. (다리가 있는 아기도 걸음마를 배우는데 오랜 시간이 필요한 것을 감안하면 아주 과학적인 설명이다.)

변신의 대가로 목소리를 잃은 인어공주는 의사전달과 대화가 불가능하다. (디즈니의 인어공주는 나중에 목소리를 되찾고 인간 왕자와 결혼한다.) 인간에게 필수적인 언어의 결핍, 발걸음을 옮길 때마다 수반되는 통증, 또 자기가 속했던 바다 속

세상과 인어들에 대한 그리움 등을 생각하면 인어공주를 바다로 돌아가게 한 안데르센의 결말은 현실적이다. 다른 공주와 결혼하는 왕자의 결혼 축하연이 떠들썩하게 벌어지는 물 위의 배를 멀리서 바라보고 돌아가는 것이 내가 읽은 '인어공주'의 마지막이다.

아이와 내가 각기 좋아한 '인어공주'의 차이가 곧 나와 딸 아이의 세대차이겠지만 도요다 자동차 선전이나 시리얼 선전으로 베토벤이나 거쉰의 음악을 기억하는 세대이니 난들 어쩔 도리가 없다. 그래서 아이에게 안데르센의《인어공주》책을 사줘야겠다고 마음먹었지만 언제 그걸 실천할지는 나 자신도 기약할 수가 없다.

8월 28일 결혼한 여자의 공간

나는 요즘 집에서 나와 있다. 가족들의 동의를 얻은 일종의 가출인 셈이다. 학교 친구 중 대만에서 온 친구가 있었는데 그녀가 귀국하게 되어 남은 계약 기간 내가 그녀의 방을 사용하게 된 것이다. 우리가 공부하는 여성학 분야에 동양 학생이 없었기 때문이기도 하지만 나는 대학생 자녀를 둔 나이에 뒤늦게 이혼하고 유학 나와 여성학을 공부하는 그 친구가 신기해 의도적으로 그녀와 가깝게 지냈다. 그녀는 나에게 일종의 '탐험대

상'이었던 것이다. (미국에서는 나이와 상관없이 친구가 될 수 있는 것이 좋은 점이다)

그녀는 혼자만의 공간을 필요로 하는 결혼한 여자의 열망을 너무나도 잘 이해했고 그 때문에 늘 우는소리 하던 나를 배려해 2주나 귀국 일정을 앞당겼다. 그래서 나는 요즘 혼자 산다. 지난 주부터 시작되어 이번 주에 끝나는 짧은 '혼자살이'지만 그 경험은 벌써 나에게 놀라운 신선함을 주고 있다.

내가 요즘 사는 방은 독신 학생들을 위한 기숙사로 몇 평 안 되는 조그만 방에 한 사람이 들어가면 꽉 차는 좁은 욕실이 달려있고 방에는 침대와 책상, 조그만 냉장고 하나가 전부이다. 그 방에 들어간 처음 두 날 밤, 나는 잠을 이루지 못했다. 새벽 두 시가 넘어 자려고 침대에 누웠으나 정말 오랜만에 갖게 된 혼자만의 공간과 시간이 너무나 벅차고 소중해 잠들면 안 될 것만 같았다. 약간 정상이 아닌 사람처럼 나는 흥분상태에서 누웠다, 일어났다 또 서성거렸다 창밖을 보았다 했다.

아침에 출근해서도 마치 그 방이 나를 막 잡아당기기라도 하는 것처럼 끝나자마자 그 방으로 달려갔다. 공동부엌이 있지만 난 방안에서 혼자 라면을 끓여 먹으며 문밖에도 나가지 않고 그 방에 붙어 있었다. 이상한 열병과도 같이 그 작은 방을 사랑하며 난 우습게도 '행복'이란 단어를 떠올렸다. 왜냐하면 난 '행복'이란 척도로 내 삶을 재단하지 않기 때문에 행복이란 단어는 내 머릿속에 거의 존재하지 않았다. 그런데 나는 내가 틀림없이 행복해하고 있다는 사실을 깨달은 것이다.

나는 초등학교 3학년부터 혼자 방을 쓰며 살았다. 집에 방이 많아 한 방에 싫증이 나면 다른 방으로 옮겨가며 살았던 나는 그 탓인지 나 자신의 공간에 집착이 심하다. 그런데 결혼생활 이래 '나만의 공간'은 불가능한 사치가 되었다. 9년째 되는 결혼생활에서 내 방이 따로 있었던 적도 없고 더구나 가난한 유학생 살림이라 지금 원 베드룸 학생 아파트에서 세 식구가 복작거리며 살고 있는 형편이다. 언젠가 이사 나가는 사람이 버리는 책상을 얻어 와 베드룸에 '내 책상'이라고 놓았지만 곧 아이의 장난감과 잡동사니에 쌓여 거기 앉아볼 염두도 못냈다. 결혼한 여자에게 집은 24시간 일터이다. 끊임없이 일거리를 만드는 살림살이들은 여자의 몸을 자유롭게 하지 않을뿐더러 정신도 구속한다.

버지니아 울프는 이미 오래 전에 《자기만의 방A Room of One's Own》이라는 글을 썼지만 아직도 여자에게 '자신만의 공간'은 너무나도 멀다. 혼자만의 방에 대한 엄마의 욕구를 인정하고 불평없이 엄마를 떠나보낸 아이와 또 남편에게 고맙지만 또 그들은 엄마의 부재로 인해 특별한 시간을 경험했으리라 기대하며 어떻게 '자기만의 방'을 영구히 가질 수는 없을까 궁리해 본다.

9월 5일 진화론과 창조론

'진화론자'와 '창조론자'가 만나 논쟁을 하면 죽어도 결론이 나질 않는다. 결론은커녕 싸움 나기 십상이다. 서로 출발하는 전제가 극과 극을 달리니 타협이나 절충의 묘안이 있을 수가 없고 상대에 대한 전면 거부 아니면 무시하는 수밖에 없다. 그러나 '창조론'이든 '진화론'이든 믿을만한 증거가 없기는 매한가지다. 창조론은 성서를 들지만 그걸 액면 그대로 믿는다는 것은 종교의 차원이다. 그러니 기독교 신자가 아닌 사람들에겐 창조론을 믿을 이유가 하나도 없다.

그러나 진화론 또한 믿을만한 근거가 없기는 마찬가지로 수십 만년 인류의 역사에서 불과 130여 년 전에 한 천재적인 과학자에 의해 추론된 가설인 것이다. 약육강식의 환경에서 적자생존의 논리가 종의 기원을 이루었다는 다윈의 진화론은 수명이 긴 인간의 경우 실험으로 증명하기가 거의 불가능하다. 그러니 '창조론자'가 되느냐, '진화론자'가 되느냐는 아무거나 마음에 드는 대로 골라 잡는 수밖에 없다.

그런데 최근 다윈의 진화론을 증명하는 실험 결과가 발표되어 화제를 모으고 있다. (US뉴스 & 월드리포트 보도) 리버사이드 소재 캘리포니아 주립대 연구팀이 실시한 이 연구는 총 11년에 걸친 것으로 '거피guppy'라는 이름의 송사리과 열대어에 관한 것이었다. 연구팀은 20피트 폭포 하류에 살던 200마리의 거피를 강 상류로 옮겼다. 폭포하류에는 다 자란 성인 거피만 잡아먹는 물고기가 있었고 이들을 옮긴 폭포 상류에는 어린 거피만 잡아먹는 물고기가 있는 환경이었다.

폭포 상류로 옮겨진 거피들은 60세대를 거치는 11년 동안 약육강식의 환경에 맞춰 진화했다. 연구팀이 다윈의 가설을 거피에 적용시켜 수학적 모델을 만들었는데 실험 결과 모델대로 맞아떨어진 것이다. 이 실험 결과에 의하면 폭포 상류로 옮겨진 거피들은 폭포 하류의 거피들보다 9일 늦게 배란기에 도달하며 처음에 태어날 때도 몸통이 더 크게 태어나고 알을 낳을 때도 더 적은 숫자를 낳는다는 것이다. 어린 거피들이 잡아먹히는 환경에서 생존하기 위해 더 크게 태어나고 또 재생산을 적게 하며 오랜 성인기를 갖게 된 것이다.

그런가 하면 중국에서는 '야인'이라고 불리는 사람 모습을 하고 직립으로 보행하는 동물을 보았다는 보고가 자꾸 들어와 미국과 중국의 합동조사팀이 조사를 실시했다. 그 동물이 남긴 것으로 추정되는 털을 연구한 결과 철부터 아연까지의 함유량이 아직까지 알려진 어떤 영장류보다 높게 나와 어쩌면 원숭이와 인간 사이의 새로운 종류의 영장류로 판명될지도 모른다.

평소에 나는 하나님이 흙으로 빚어서 만들었든 원숭이의 후손이든 지금 내가 사람의 형상인 것이 변하랴 싶어 아무 선택도 하지 않은 입장이었다. 그러나 미국학교에 다니는 딸아이가 이야기하는 것은 완전히 창조론의 입장이다. '아담과 이브'가 이 세상의 첫 부모라는 것이다. 서구 기독교문화의 뿌리를 그대로 받아들이는 아이의 모습을 보며 나는 혼란을 느낀다. '원숭이' 이야기를 해줘야 할까? '웅녀'의 이야기를 해줘야 할까? 적어도 아담과 이브뿐만 아니라 나라마다 각자 자신들의 '첫 인간'을 갖고 있다는 것만은 이야기해 줘야 할 것 같다.

9월 11일 맨발 예찬

나는 맨발을 좋아한다. 그래서 양말을 신지 않아도 되는 봄부터 초가을까지 하염없이 맨발로 다닌다. 내가 맨발을 좋아하는 이유는 물론 양말을 신으면 발이 답답해서이기도 하지만 그보다 더 중요한 이유는 스타킹 때문이다. 즉 맨발로 다니면 스타킹값도 아끼고 또 빨지 않아도 되니 경제적일 뿐만 아니라 노동력 절감의 효과도 있는 것이다. 그놈의 스타킹이라는 것이 마물이어서 대개는 신은 그날로 줄이 나가기 쉽고 또 세탁기에 빨면 상하기 때문에 일일이 손으로 빨아야 한다.

미국 생활을 하면서 내 적성에 가장 잘 맞은 것은 빨래를 한꺼번에 하는 것이었다. 아파트에 구비된 세탁실의 세탁기는 대형 사이즈여서 빨래를 조금 넣고 하기도 아까웠다. 그러나 무엇보다도 옷을 벗는 대로 빨래통에 던져넣고 빨래에 대해 한동안 잊고 살 수 있는 것이 좋았다. 그런데 스타킹을 신게 되면 매일 그걸 빨아야 하니 빨래에 대해 잊고 살고 싶은 내게 그리 달가운 존재가 아니다. 그래서 나는 만지기도 조심스러울 정도로 얇은 스타킹을 되도록 신지 않고 겨울에도 두꺼운 학생용 검은 스타킹이나 털양말을 신는다.

가만히 생각해 보면 스타킹이라는 것이 참으로 이상하다. 여름용이나 겨울용이나 차이가 없이 얇은 것이 마치 아무것도 신지 않은 맨살인 것 같은 효과를 노리기 위한 것 같다. 요즘에는 색깔이나 무늬가 다양하게 나와 스타킹도 패션인 시대가 되었지만 옛날에는 정말 아무것도 신지 않은 맨살 같은 살색 스타킹 뿐이었다.

어린 시절 할머니는 집에 스타킹을 신은 신식언니가 오면 언제나 발을 붙잡고 "추운데 왜 맨살로 다니냐?"며 혀를 차곤 하셨다. 아무리 스타킹이라는 것을 신었다고 말씀을 드려도 막무가내이셨던 것을 보면 아마도 양말을 신었던 안신었던간에 왜 맨살처럼 보이는 발을 내놓고 다니냐는 불만의 표시가 아니었던가싶다. 여자들이 발을 내놓는 것은 금기사항에 속했으니 누구 손님이라도 올라치면 양말부터 찾아 신느라고 온 집안의 여자들이 수선을 떨었던 기억이 난다. 또 어렸을때에도 어쩌다 맨발이 보이면 누군가 반드시 "여자가 어디 맨발을 내놓느냐?"고 호통을 치기 일쑤였다. 다분히 웃음 섞인 호통이었지만 호통은 호통이니 어릴 때부터 여자의 맨발은 X표라는 것이 뇌리 깊숙이 박혔다. 그러나 요즘 내가 거의 맨발로 지내는 것을 보면 그런 오랜 세뇌 작용도 소용이 없나보다.

한편 서양에서 개발된 스타킹은 우리의 맨발 금기와 달리 여자들에게 양말을 신으면서도 마치 신지 않은 것 같은 효과를 노리고 만들었으니 아이러니하다. 그러니 숙녀 소리를 들으려면 여름에는 다른 데 다 내놓아도 다리만은 스타킹을 신고 더위를 참아야 하고 또 겨울에는 다른 부위는 밍크코트니 뭐니 휘감아도 다리만은 얇은 스타킹 하나를 신고 견뎌야 한다. 여름이나 겨울이나 비슷한 얇기의 난센스, 스타킹이 잘 팔리는 이유는 신는 사람보다는 장사하는 사람과 보는 사람(여성의 몸을 보는 남성의 눈)에게 있는 것 같다. 맨발이든 스타킹이든 당사자, 또는 신는 사람을 위한 쪽으로 되었으면 좋겠다.

10월 2일 문화적 제국주의

얼마 전 조선일보 본지에는 에미상 시상기사가 문화면 머리기사로 실렸다. 최우수 주연여우상(여우주연상을 받은 캔디스 버겐의 사진이 대문짝(?)만하게 실리고 NBC의 '엘에이 로 LA law'가 삼관왕을 차지했다는 기사와 함께 부문별 수상작들이 자세히 소개됐다. 또 그 밑에는 포브스지에 난 미국 연예인 고

소득자들의 순위가 빌 코스비, 마이클 잭슨, 스티븐 스필버그 등의 사진과 함께 실렸다. 그 기사를 보고 처음에는 한심한 기분이 들다가 곧 화가 치밀어 올랐다. 도대체 미국에 사는 사람들도 잘 보지 않는 TV드라마 시상식에 대해 한국 독자들이 문화면 톱기사로 읽어야 할 이유가 어디에 있는가?

본지기사(번역기사의 경우)를 보면 그 쪽 기자들이 이쪽 사정을 잘 모르는 관계로 기사의 포커스와 경중을 잘못 다루는 경우를 종종 본다. 그러나 에미상 시상식같은 경우 그것은 기자들의 무지(?)에서라기 보다는 오히려 식민근성이 아닐까, 의심이 생긴다. 세계가 1일 생활권으로 되어 가고 소위 '글로벌리즘'이 판치는 요즘 '제국주의' 운운하면 껄끄러워하는 사람들도 있겠지만 뉴욕타임즈에 한국의 MBC 드라마 '배반의 장미' 기사가 실리지 않는 것을 보면 그 현상은 '힘power'과 무관하지 않다.

사실 나 자신의 경우를 봐도 미 군정하에서 기틀이 잡힌 교육제도와 그 문화의 산물이다. 그리고 내가 얼마나 미국문화에 물들었는가 하는 사실을 나는 미국에 온 다음 더욱더 뼈저리게 느꼈다. 초등학교 시절 미국에서 구호물자로 준 '옥수수빵' 급식을 나는 얼마나 부러워했던가? 그런 아이는 나뿐 아니어서 많은 아이들이 도시락과 옥수수빵을 바꿔 먹었다.

내가 제일 처음으로 본 만화영화는 디즈니의 〈피노키오〉였고 나는 피노키오가 고래뱃속으로 들어갔을 때의 장면과 공포감을 아직까지도 기억한다. 그리고는 아메리칸 청교도 이념을 그대로 심어놓은 '월튼네 사람들'이니 '초원의 집'이니 하는 TV 드라마와 할리우드의 영화를 보고, 3시의 다이얼이니 오후의 다이얼이니 하는 라디오 프로를 통해 팝송을 듣고 《빨간머리 앤》, 《작은 아씨들》 같은 책을 보며 감수성을 키웠다.

학교에서 배우는 것도 큰 차이는 없어서 사과나무를 벤 조지 워싱턴 대통령의 정직성 이야기, 가난하게 자란 링컨 대통령이 호롱불 밑에서 책을 읽은 이야기, 독립전쟁 때 "자유가 아니면 죽음을 달라"고 외친 패트릭 헨리 이야기 등등. 그러나 중요한 것은 그들이 미국 사람이라는 사실을 별로 의식하지 못하고 교육이 이루어졌다는 사실이다. 음악이나 미술 쪽은 더해서 교과서의 70~80% 정도가 외국 노래, 외국 그림이었다. 학교 때 음악대회에서는 '올드 블랙 조'니 '캔터키 옛 집'이니 '내 상전 위하여 땀흘려가며'라는 노래들이 불렸다.

한번은 딸아이가 학교에서 돌아와 노래를 신나게 불어 제끼는데 멜로디가 많이 익었다. 그래서 물어보니 '양키두들송'이란다. 그 노래는 바로 우리가 어린 시절 부르던 노래로 정확지 않지만 "채찍 감아 던지면 꼿꼿하게 서서 빙글빙글 잘도 도는 팽이하고 나하고 한 나절을 놀고"식으로 나가는 노래였다. (기가 막혀서!) '양키두들' 뿐만 아니라 아이가 학교에서 배워와 부르는 노래의 상당부분이 내가 그 옛날 미국노래인지도 모르고 한국말로 신나게 부르던 노래들이다. 그러니 그것을 식민문화가 아닌 어떤 다른 말로 표현할 것인가?

내가 미국문화에 물들여져 자랐다는 자각이 든 후 나는 새로운 버릇이 생겼다. 미국 사람들과 이야기할 경우 내가 너무 잘 아는 것 같다 싶은 이야기는 모르는 척 입다물고 처음 듣는 양 하는 것이다. 미국문화에 대한 일종의 '언러닝unlearning' 작업을 하는 셈이다. 아시아의 저 먼 나라에서 온 내가 자신들도 잘 모르는 것을 알고 있다는 사실 자체가 치욕적이다.

Chapter 4

페미니즘과
나의 삶

류숙렬의 뉴욕일기

1937년 나찌독일에서 열렸던 「퇴페미술전」이 오는 91년 10〔월〕 로스앤젤리스 미술관에서 54〔년〕에 다시 열릴 계획이다.

〔나찌〕정부가 아방가르드예술〔과 독〕일문화에 끼치는 「부도덕〔함〕을 폭로하고 또 「비독〔일적(un-German)적인 작품활동〕〔과〕 반국가적 화가들을 규〔탄하〕〔기 위해 기획한 이 전시회〔에〕에는 약6백50여점의 미술품들이 전시되었었다.

1933년 정권을 잡은 나찌정〔부〕는 당시 유럽을 풍미하던 큐비즘, 퓨처리즘, 다다이즘 등의 급진예술들에 부도덕, 반국가의 낙인을 찍고 탄압하기 시작하여 「바우하우스」폐쇄를 시발로 숱한 예술가, 지식인들을 내좇았다. 같은해 5월 베를린오페라하〔우〕스앞에서는 토마스만, 칼〔막〕크스, 지그문트, 프로이〔트〕히, 레마르크 등 금〔세기 최고〕의 책들이 장작〔불처럼〕

올랐다.

37년 뮌헨에서 열린 「퇴폐미술전」은 나찌정부의 「반국가문화」소탕작전의 최대정점을 이룬 사건으로 정부는 내용이 불온한 것으로 간주되는 1만6천점의 책, 회화, 조각품들을 전국의 박물

8/7/90

나찌의 「퇴〔폐〕

관들로부터 압수했다.

이 압수된 〔작품들에는〕 독일 작가뿐만 아〔니라〕 세잔, 〔고흐〕, 고갱, 〔마〕의 〔작품들을 포함한〕 유럽

클〔림트, 피카소〕 르〔노와르〕 러〔시아의〕

1980년 5월과 나

지난 2014년 80해직언론인협의회는 5·18기념재단의 지원으로 《5·18 민주화운동과 언론투쟁》이라는 증언집을 펴냈다. "80년 5월 우리들은 생명을 걸었다"는 부제가 붙은 이 책에는 22명의 해직기자들이 34년 만에 쓴 1980년 5월의 진실이 담긴 고백들이 실려있다. 나도 이 책에 "나는 고문기술자 이근안에게 물고문을 당했다"라는 증언을 실었다.

지금 생각하면 머리가 쭈뼛 서는 너무나도 무서운 일이지만, 불법 연행돼 고문받다 죽은 박종철보다 7년 앞선 1980년 7월 17일, 나는 남영동 대공분실에서 물고문을 당하다가 수사관들이 "너 죽으면 우리가 큰일"이라며 의사를 수배해 불러오는 일이 벌어졌었다. 다른 사람 아닌 바로 내가 1980년의 박종철이 될 뻔 했던 것이다.

내가 1980년 해직기자 대열에 서게 된 것은 사람을 숨겼기 때문이었다. 내가 피신을 도왔던 김태홍 선배는 1980년 당시 한국기자협회장이었고 고문 후유증으로 여겨지는 루게릭병으로 투병생활을 하다가 지난 2011년 10월 세상을 떠나고 지금은 광주 망월동 5·18 민주 묘역에 묻혀있다.

1980년 5월 나는 너무 괴로웠다. 1979년 10·26부터 느닷없이 준엄한 역사 속에 살고 있다는 자각이 들기 시작했다. 그렇지만 학창시절 운동권도 아니었던 내가 할 수 있는 일은 별로 없었다. 역사인식에 막 눈이 띄인 나는 당시 분신자살을 하는 사람들의 얘기도 예사롭게 들리지 않을 정도로 하루하루 지내는 것이 힘겨운 시절이었다.

5월 18일 즈음 아마도 하루 전이거나 당일이었을 것이다. 김태홍 선배로부터 전화가 걸려 왔다. 기자협회 동료들이 경찰에 잡혀갔다는 소식을 듣고 집엘 못 들어갔는데 은신처를 소개해 줄 수 있냐는 전화였다. 당시 나는 새롭게 깨인 역사의식과 광주에 대한 부채감으로 괴로워하던 때인지라 선배의 그 부탁이 너무나 반가웠다. 나는 그 즉시 바로 그런 일이 '지금 내가 할 수 있는 일'이라고 생각했다. 역설적으로 말하면 김태홍 선배의 은신처 요청 부탁은 당시 고민과 고통 속에서 허우적대던 나를 참여자로 살게끔 구제했다고 말할 수 있다. 그래서 김 선배를 친구 노현재의 화실에 숨겨줬다가 남영동 대공분실에 잡혀가게 된 것이다.

남영동 대공분실과 고문기술자 이근안

그러나 처음 고문을 당할 당시에는 거기가 어딘지, 나를 고문한 사람이 누군지 몰랐다. 이근안이라는 이름과 그의 고문 실상을 알게 된 것은 그로부터 몇 년이 흐른 뒤 김근태 님의 고문 폭로글을 읽고난 후였다. 그 글을 읽고 신문에 난 이근안의 사진을 보고 나는 단번에 그의 얼굴을 알아볼 수 있었다. 나를 고문한 그를, 그리고 5일이나 같이 지낸 그를, 어떻게 몰라보겠는가?

내가 이근안을 처음 만난 건 1980년 7월 17일, 마침 그날이 제헌절이었기 때문에 지금도 잊지 않고 있다. 그날 새벽 불시에 신원미상의 남자들이 김선배를 숨겨준 당사자였던 내 친구 노현재와 함께 집으로 들이닥쳤고 난 검은 안대로 눈이 가리운 채 승용차에 태워졌다. 그날 어딘지도 모르고 끌려간 곳이 바로 남영동 치안본부 대공분실이라는 곳이었다.

나는 처음에는 담담했다. 솔직히 사람 하나 숨긴 것이 무슨 그리 큰 죄이며 설마 죽이기야 하겠느냐 뭐 그런 생각이었기 때문이었다. 그들은 기를 죽이려는듯 처음에는 '년'자를 붙인 험악한 말로 욕설을 퍼부으며 협박했다가, 다시 정중하게 '기자'대접을 했다가, 또 다시 뒷덜미를 잡고 물이 담긴 욕조에 머리를 쑤셔박았다가 하는 등 냉탕과 온탕을 오가는 작전을 썼다.

그러다 드디어 "이재문(남민전 사건의 주동자)이 죽어나간 방"으로 가야겠다고 말하고 정말 다른 방으로 옮겨졌다. 나는 그 때 이재문이 누군지도 몰랐다. 그 방에는 30, 40대의 건장한 남자들 여러 명이 몽둥이를 들고 둥글게 모여있었고 가운데는 칠성판*이 놓여 있었다. 누군가 내게 칠성판 위로 올라가라는 신호를 보냈고 나는 그 위에 올라가 본능적으로 몸을 엎드렸다. 그러자 다시 누군가 돌아누우라고 했고 돌아누운 내 몸 위에 안전벨트 같은 버클이 주루룩 채워지고 육중한 몸집의 남자가 올라탔다. 그가 바로 이근안이었다.

그리고 바로 얼굴 위로 수건이 덮어 씌워졌고 다음 순간 물이 쏟아지기 시작했다. 여기서 얼마 당하지도 않은 내가 고문의 고통에 대해서 이야기하고 싶지는 않다. 그러나 물고문 한번 당한 나는 완전히 다른 사람이 되었다. 온몸이 물에 젖어 한 여름인데도 사시나무 떨듯이 몸이 떨려왔고 담요를 여러 장 뒤집어써도 추위가 가시질 않았다. 그 때 경험한 추위는 한여름 날

* 관속 바닥에 까는 얇은 널판지로 이근안이 직접 고문기구로 만들었다고 한다.

씨나 실내온도와는 전혀 무관한 추위였다. 그 상황에서 담요를 뒤집어쓴 내 눈에 아마도 다음 순서로 준비된 듯한 빨간 고춧가루가 반이상이 담긴 투명한 물컵이 보였다. 가장 괴로웠던 일은 앞으로 무슨 일이 닥칠지 전혀 모른다는 사실이었다.

거기서는 모든 일이 내 뜻과는 전혀 상관없이 진행되었다. 밥 먹는 일도 큰 일이었다. 나는 정말이지 밥을 전혀 먹을 수가 없었다. 그들은 밥을 못 먹는 내게 영양제라며 초콜렛색 당의정을 입힌 알약 두 개를 강제로 우유와 함께 먹게 했다. 난 그 약이 무엇인지도 모르고 그 약을 먹을 수밖에 없었다. 그리고 점심 때가 되자 또 식사가 들어왔는데 이번에는 돼지 순댓국 같은 국이었다. 나는 비위에 안 맞는 그 국물을 억지로 떠먹다가 결국 모두 토하고 말았다. 방 안에 있던 변기에 먹은 것도 없어 액체만 게워 올렸는데 나중에 보니 검붉은 피 같은 액체가 나왔다. 그걸 본 그들이 놀란 듯했다. 그들은 "너 죽으면 우리가 큰일"이라며 의사를 수배하느라 난리를 피웠다. 휴일이라 그런지 한참을 수배한 후에 수도육군병원의 군의관이라는 사람이 도착했다. 그는 들어오자 바로 내가 보는 앞에서 "이 자리에서 있었던 일을 아무에게도 발설하지 않겠다"는 내용의 각서를 쓰고 나를 진찰했다. 그는 무표정하게 나를 진찰하고 '쇼크'에 '탈진'이라고 진단내리고 링거를 처방했다.

그리고는 어쩐 일인지 잠시 방 안에 그와 나 단둘이만 남게 되었다. 나는 나를 찬찬히 살펴보는 그의 눈길 때문에 그와 눈을 마주치게 되었다. 의사의 날카로운 눈으로 내 온몸을 살펴보던 그는 아무 말없이 내 한쪽 손을 꼭 잡아 주었다. 짧은 순간이었지만 나를 응원하고 지지하는 그런 손길이었다. 아마도 그는 단발머리 티셔츠 차림의 젊은 여자를 보고 운동권 학생이라고 추측했던 것 같다.

그리고 모든 일이 끝났나 보다 했다. 이미 조서는 다 꾸며졌고 처분만 기다리고 있었기 때문에 수사관들도 와서는 잡담이나 나누었기 때문이다. 그런데 정말 난감한 일이 터지고 말았다. 때도 아닌데 생리가 터진 것이다. 그때처럼 여자라는 사실이 싫었던 때가 없었다. 달리 방법이 없던 나는 결국 침대에 누워 링거를 꽂은 채로 나를 고문했던 이근안을 불렀다.

"아저씨…저 생리가 터졌는데요."

그 말을 들었을 때 이근안이 어떤 반응을 보였는지는 기억나지 않는다. 다만 그가 생리대와 팬티를 사다 주면서 "내가 생전 여자 속옷을 사봤어야지. 가게 가서 얼마나 창피했는지 아냐?"면서 여자 팬티 사 온 얘기를 마치 무용담 털어놓듯이 호들갑스럽게 이야기했던 것은 기억난다. 어쨌든 나는 5일 만에 남영동 대공분실에서 용산경찰서 유치장으로 옮겨졌고 거기서 5일 있다가 다시 서대문구치소로 옮겨져 구속되었고 구치소에서 20일 만에 검사의 기소유예 결정으로 석방되었다. 그렇게 한 달 만에 풀코스로 별(?)을 달게 되었고 사표도 쓰지 못하고 해직기자가 된 것이다.

그로부터 32년이 흐른 지난 2012년 1월 이근안이 반공 목사가 되었다는 소식을 접하고 나는 경악을 금치 못했다. 피가 거꾸로 치솟는다는 말을 그때 실감했다. 1980년 7월 나를 물고 문했던 그에게 "아무리 간첩을 잡아도 왜 사람을 고문하는 일을 하냐"며 "직업을 바꾸라"고 말했던 기억이 났기 때문이었다. 그래서 그해 1월 17일 페미니스트웹진 이프와 오마이뉴스에 목사가 되어있던 이근안에게 목사직에서 스스로 내려오라는 권고의 편지글을 썼다. "내게 팬티를 사준 남자 이근안에게"라는 자극적인 제목으로 나간 탓인지 그 글은 금방 인터넷 검색 순위 1위를 달리며 많은 이들에게 읽혔다. 그리고 그 글이 나간 직후 이근안에게 목사 안수를 줬던 예장합동개혁총회에서 안수철회를 했다는 보도를 접했다.

페미니즘의 발견

1980년 여름 느닷없이 직장에서 쫓겨나 백수가 되고보니 정말 앞길이 막막했다. 매일 같이 해직된 선배, 동료들과 만나 술마시며 울분을 터뜨리는 것 밖에 할 일이 없었다. 갑자기 시간이 남아도는 백수 신세가 된 그 시절 사회과학 서적을 많이 읽었는데, 그때 페미니즘을 발견했다. 난 그때까지 페미니즘도 몰랐고 여성학이란 것이 있는지도 몰랐다. 그런데 창비에서 나온《여성해방의 이론과 실제》라는 책을 보고 페미니즘을 처음 접하게 된 것이다. 그 책은 단번에 나를 열혈 페미니스트로 만들어버렸다. 그 후 나는 페미니즘 도서만을 골라 읽는 편식주의자가 되었고 페미니즘 탐구를 필생의 업으로 삼게 되었다.

1980년에 나를 담당했던 검사는 나에게 "여자가 언론자유 그런데 신경쓰지 말고 시집이나 가라!"고 말했다. 내가 남자였다면 그가 나에게 그렇게 얘기했을까? 어쨌든 당시 나는 언론에 취업이 금지되었기 때문에 정말 결혼 밖에 달리 할 일이 없었다. 그래서 나는 검사 말대로 정말 결혼을 하고 미국으로 갔다. 마침 남편이 뉴욕 컬럼비아대학으로 유학을 가게 돼서 같이 동행한 것이었다.

처음 미국에 갔을 때 나는 임신중이었다. 그래서 미국생활의 첫 2년간은 아이를 낳고 키우느라 아무 것도 할 수 없었다. 아이가 20개월이 될 때까지 키우다가 도저히 안되겠어서 한국에 계신 친정엄마에게 SOS를 쳤다. 그렇게 한국에 아이를 떼어놓고 다시 미국으로 돌아와 일과 공부를 병행하게 된 것이다. 나는 뉴욕에 있는 미주조선일보에서 일하면서 파트타임으로 뉴욕의 헌터컬리지 여성학 학부과정 과목들을 듣기 시작했고 이어서 뉴욕시립대 대학원CUNY Grauduate Center으로 진학해 여성학 석사학위를 취득했다.

내가 뉴욕에서 발행되던 미주 조선일보에서 일하게 된 것은 우연이었다. 페미니즘에 뜻을 두고 있던 나는 당시 뉴욕에 있는 한국여성들이 만든 여성청우회Korean -American Women for Action라는 페미니스트 단체에 합류했는데 그 단체에서 만든 뉴스레터를 보고 미주조선일보에서 인터뷰 요청이 왔다. 지금은 이름도 잊어버렸지만 나를 인터뷰한 그 여기자는 조선일보 본지에서 나온 기자로 미국 서부로 유학을 가야한다며 기자 경험이 있는 나를 자기 후임으로 추천했다. 그렇게 1984년부터 미주조선일보 기자로 일하면서 여성학 공부를 병행했다.

문화일보 노조결성과 파업 그리고 반강제 사표

그리고 1991년 가을 10년 가까운 미국생활을 청산하고 한국에 돌아왔다. 돌아오자마자 그해 11월 창간한 〈문화일보〉에 들어가게 됐다. 그렇게 1991년 창간 때부터 사직서를 쓴 2004년까지 13년간을 〈문화일보〉에서 일했다. 문화일보에서 일하면서 여성문제를 열심히 다뤄 한 사람의 페미니스트 기자가 거둘 수 있는 성과 이상을 거두기도 했다. 그러나 문화일보에서 재직하는 동안 나는 6~7명의 사장을 겪었는데 새로 사장이 부임할 때마다 인사상의 불이익을 당하고 사직서를 강요당했다.

내가 경영진에게 그렇게 찍힌 이유는 페미니스트라서가 아니라 노조 활동 때문이었다. 문화일보는 당시 신생 신문사였고 노동조합이 없었기 때문에 내가 처음 제안하여 노조가 만들어졌던 것은 사실이다. 그것은 언론노동자로서 당연한 권리임에도 불구하고 나는 노조의 대모(그들의 표현)라는 이유로 부임하는 사장들에게 우선 '제거대상자'로 꼽혀 고생을 한 것이다. 이해할 수 없는 것은 나를 탄압한 그들이 같은 언론인 출신이라는 것이다.

나에 대한 인사문제로 회사가 지방노동위원회에 부당노동행위로 제소되고 노조가 파업에 돌입하려하자 당시의 N사장은 "일개 여직원 하나 때문에 회사가 이렇게 난리냐"고 호통을 쳤다고 한다. 그 때 나는 40이 넘은 나이에 직급도 부장급이었지만 그들의 눈에 나는 일개 여직원에 불과했던 것이다. 그들은 여자를 인간대접하는 법을 배우지 못한 것 같았다. 그들 세대 남성들에게 여자는 아내이거나 술집여자이거나 비서나 여직원이 전부였는지도 모르겠다.

페미니스트저널 〈이프〉 창간과 안티미스코리아 페스티발

그렇게 남성 중심 언론에서 일하면서 나는 날이 갈수록 여성들만의 매체가 절실함을 느꼈다. 그래서 뜻을 같이 하는 페미니스트들과 함께 대한민국 최초의 페미니스트잡지 페미니스트저널 IF)(이하 이프)를 창간했다. 〈이프〉는 1997년 여름호로 창간되어 2006년 봄 완간호까지 만 9년 동안 총 36호가 발행된 계간 페미니스트 잡지를 말한다. 〈이프〉는 공동토론으로 잡지의 컨셉을 '여자의 욕망을 아는 잡지'로 정하고 '웃자! 놀자! 뒤집자!'라는 이프스피릿을 개발했다. 또한 '지식인 남성의 성희롱'을 창간특집으로 다루며 당시 전 언론의 집중적인 주목을 받았고 대중의 호응 또한 뜨거웠다. '지식인 남성의 성희롱'을 특집으로 다룬 창간호는 20년이 지난 지금까지 사람들 입에 회자되며 화제가 됐고 2017년 매니아팬들의 요청으로 소장본 특별호를 다시 찍기도 했다. 그 외에도 기존 여성잡지들과 다른 낙태특집, 간통죄특집, 군대특집, 트랜스젠더특집 등이 화제를 일으켰다.

　〈이프〉 얘기를 하면서 안티미스코리아 얘기를 빼놓을 수 없다. 안티미스코리아 페스티발은 〈이프〉 최초의 단행본 출판물인 김신명숙의 소설 《미스코리아대회를 폭파하라》의 홍보용 이벤트로 기획된 행사였다. 안티미스코리아는 가장 성공한 안티운동으로 꼽히기도 하는데 2004년 이미경의원 등 여성국회의원 등과 함께 손을 잡고 지상파방송의 미스코리아중계를 중단시키는 쾌거를 이루었다. 그래서 2004년 열린 안티미스코리아페스티발의 제목은 '굿바이 미스코리아'였다. 그런데 2005

년 5월 있었던 안티미스코리아 합숙훈련에서 난 병원으로 실려가게 된다.

〈이프〉가 사실상의 폐간호인 완간호를 내게된 것은 광고 수주의 어려움과 재정난 때문이었다. (완간이라는 표현을 한 것은 폐경이라는 표현 대신 완경이라는 표현을 쓰는 페미니스트의 자존심 때문이었다.) 나는 〈이프〉에 내 모든 것을 쏟아 부었다. 내 모든 능력과 열정과 시간과 돈, 하여튼 내가 갖고 있는 것은 그것이 무엇이든 어떤 형태로든 〈이프〉로 들어간 셈이었다. 설상가상으로 〈이프〉의 완간에 즈음하여 나는 내 인생 최악의 시기를 지나고 있었다. 직장에서는 강요된 사직서를 쓰고 쫓겨나다시피 나왔고, 22년간 결혼생활을 한 남편과도 이혼을 했다. 그래서인지 정신건강에 이상신호가 왔고 이후 총 다섯 차례나 정신병원에 입원하며 투병생활을 했다.

다시 시작한 〈이프북스〉 - 《대한민국 페미니스트의 고백》

〈이프〉 창간 20주년이 되는 2017년을 앞두고 〈이프〉의 역대 편집장들을 중심으로 자연스럽게 무언가 해보자는 분위기가 무르익었다. 2015년 메갈리아의 미러링 논란, 2016년의 강남역 살인사건 등을 계기로 페미니즘이 다시 이슈가 된 것도 영향을 미쳤다. 그래서 다양한 페미니스트들에게 각자 자신의 삶에서 페미니스트가 된 계기를 돌아보고 그런 경험들을 밝히는 고백글로 구성한 단행본을 기획하게 되었다. "대한민국에서 살고 있는 당신을 페미니스트로 만든 것은 무엇인가?" 라는 질문에 대해 세대와 경험이 모두 다른 26인의 페미니스트들에게 고백형태의 답변을 받아 책을 출판하기로 한 것이다. 그렇게《대한민국 페미니스트의 고백》출판을 계기로 페미니즘 전문 출판사〈이프북스〉의 활동이 시작되었다. 그 후 현재까지 총 20여 권이 넘는 신간을 출간하며 페미니즘 도서 전문 출판사로 자리매김 중이다.

1980년 5월 광주는 나를 해직기자로 만들었지만 나는 그 시절 발견한 페미니즘으로 내 인생의 지도를 그릴 수 있었다. 역사의 부름에 응답하며 사는 것이 기자의 길을 선택한 언론인으로서 살아야할 길이라고 나는 생각한다. 1980년 5월 나에게 온 역사의 요구는 비상계엄하에 지명수배당한 선배기자의 피신을 돕는 것이었다. 그 이후 나에게 온 역사의 요구는 노동조합을 결성하는 것이었고 파업에 참여하는 것이었고 페미니스트저널을 만드는 것이었고 미인대회 반대운동을 하는 것이었으며 페미니즘 출판활동을 통해 여성운동을 실천하는 것이었다. 지금도 현재 진행형으로 계속되고 있는 그 길은 고되고 힘들긴 하지만 뜻을 같이 하는 많은 다른 사람들이 있기 때문에 나는 외롭지 않다.

유숙열의 뉴욕 페미니즘 리포트 1984-1991

초판 1쇄 인쇄 2025년 5월 12일
초판 1쇄 발행 2025년 5월 28일

지은이 유숙열
펴낸이 유숙열
편집 조박선영
마케팅 김영란
디자인 임지인
펴낸곳 이프북스 ifbooks
출판등록 제2018-000108
주소 서울특별시 마포구 독막로 18길 5
이메일 ifbooks@naver.com
홈페이지 www.ifbooks.co.kr
인스타 @if_book_s
페이스북 페이지 books.if
ISBN 979-11-90390-36-1(03330)